迁徙与回流

MIGRATION AND RETURN

城镇化进程中的
农民工

MIGRANT WORKERS IN
THE PROCESS OF URBANIZATION

周　振　著

社会科学文献出版社
SOCIAL SCIENCES ACADEMIC PRESS (CHINA)

前　言

农民工是我国改革开放和工业化、城镇化进程中涌现的一支新型劳动力大军，是新型城镇化建设不可或缺的重要组成部分，对中国的社会主义现代化进程起到了重要推动作用。农民工问题是中国特色新型城镇化过程中的重大问题，此问题的解决与中国特色新型城镇化目标以及乡村振兴战略的实现都直接相关。无论是新型城镇化还是乡村振兴，要解决的关键还是人的问题即中国的农民问题，特别是农民工的问题。国家统计局的数据显示，截至 2018 年底，中国的农村常住人口总数为 56401 万人，农民工总量为 28836 万人，占农村常住人口总数的 51.1%，超过农村常住人口的一半。

新型城镇化是解决农业农村农民问题的重要途径，也是解决农民工问题的切实有效途径，鼓励有条件的农民、农民工进城落户，总体上有利于集约节约利用土地，为发展现代农业腾出宝贵空间。随着农村人口逐步向城镇转移，农民人均资源占有量相应增加，可以促进农业生产规模化和机械化，提高农业现代化水平和农民生活水平。城镇经济实力提升，会进一步增强以工促农、以城带乡能力，加快农村经济社会发展。但同时，农民工的大量迁徙和落户城镇，也会带来诸多城镇问题，如加剧政府和社会的负担、城镇资源紧张等。因此，部分农民工回流是必然趋势，在中国城乡二元壁垒的条件下，回流的规模会不断加大。必须指出，在新型城镇化背景下的农民工回流并不可怕，关键是要解决好回流农民工问题，积极引导回流的农民工创业、就地城镇化、发展与壮大农村集体经济，是社会主义条件下解决农民工问题的本质归属和题中应有之义。

农民工回流并不是近年才出现的新情况，而是伴随中国农村劳动力迁徙的全过程。改革开放后，农村劳动力大规模向城市迁徙。1978 年，我国开始了经济体制改革和对外开放，开始了由计划经济体制向市场经济体制转型的过程。在农村，随着家庭联产承包责任制的不断推广和深入，农村的社会生产力得到了极大的解放，同时也出现了部分农业剩余劳动力。这一部分农业剩余劳动力在城市改革和市场的吸引之下，开始流向城市。根据学界统计，"我国农村劳动力非农转移规模从 1990 年的 8673 万人增长到 2011 年的 2.5 亿多人，其中有 53.7% 流入第二产业，其余流入第三产业。"① 随着改革开放和新型城镇化建设的推进，在产业结构调整和发生变化的同时，劳动力市场也在经历着变化，开始从"民工潮"转向"民工荒"，出现大量农民工回流。改革开放的最初 10 年，农村劳动力一般是就地实现转移。从 20 世纪 90 年代开始出现农民工向大中城市转移的"民工潮"现象，其中 70% 以上的外出农村劳动力到城市寻找打工机会，同时又有约 1/3 的外出农村劳动力从城市暂时地或永久地返回原籍地，农民工回流问题初现。②

如何透过现象认识和分析中国农民工的迁徙与回流问题？本书将尝试用中国特色社会主义经济学的相关理论阐释农民工问题，挖掘农民工问题背后的马克思主义政治经济学理论支撑，构建分析农民工问题的马克思主义理论框架，探讨中国特色社会主义政治经济学视角下农民工问题的未来趋向，并提出解决方案。目前，国内外学界对农民工的迁徙与回流问题有着诸多的理论分析和阐释。其中包括推拉模型、刘易斯二元经济结构模型、费景汉－拉尼斯模型等，但这些模型都是将西方经济学中古典经济学模型或新古典经济学模型应用到中国农民工问题，相关分析均建立在个人理性选择的基础上，忽略了农民工问题的中国背景和条件。虽然为农民工问题的研究提供了诸多前期成果积累和分析视角，但无法从根本上认识和解决中国的农民工问题。

本书的观点是：对农民工问题的分析与阐释最终还是要结合中国的实

际情况，回到马克思主义经典作家的基本理论上来，回到具有中国特色的城镇化道路上来。本书以马克思主义政治经济学的农业剩余劳动力转移理论、劳动力商品理论、地租理论等为基础，重点分析马克思的劳动力商品理论，通过对西方经济学理论在分析中国农民工问题上的认识误区的批判，用劳动力商品理论构建马克思主义政治经济学视角下分析农民工问题的理论框架；进一步厘清中国农村剩余劳动力在劳动力商品化的过程中存在的特殊性以及主要矛盾，即对马克思主义劳动力商品理论的发展，并用"劳动力半商品化"的概念来界定与分析当前的农民工问题；通过对当前农民工半商品化问题的合理性与不合理性的政治经济学分析，探讨新型城镇化背景下农民工半商品化问题的主要趋势并提出解决问题的理论方案。

　　本书的初稿是笔者在清华大学博士后学习期间完成的，合作导师给予了建设性的意见和建议。由于笔者的能力有限，书中浅薄和粗陋之处在所难免，恳请各位学界方家和广大读者批评指正。

目　录

第一章　绪论

一　农民工问题研究的学术价值和实践价值

（一）农民工问题研究的学术价值

农民工是中国特色新型城镇化进程中一个不容回避的群体，是新型城镇化建设不可或缺的重要组成部分和生力军。农民工的迁徙与回流则是改革开放伟大实践的一个缩影。中国特色社会主义进入新时代，在建设中国特色社会主义、实现中华民族伟大复兴中国梦的征程中，农民工的迁徙与回流问题直接影响着"两个一百年"奋斗目标的实现。深入分析迁徙与回流中的农民工问题，无疑具有重大的理论和现实意义。具体来说，研究这一问题的学术价值如下。

丰富和挖掘农民工问题背后的中国特色社会主义政治经济学理论基础。目前学界梳理农民工问题的文章和书籍较多，但大多是政策性的分析和对现象的梳理，缺乏对问题本身的理论分析和框架构建。因此，笔者希望回到农民工问题本身，回到对它背后蕴含理论的挖掘，这些理论包括马克思主义经典作家的农业剩余劳动力理论、地租理论、城乡理论、农民理论、劳动力商品理论等。尤其是马克思关于劳动力商品理论的相关论述在分析和认识农民工问题上仍然具有生命力。但同时，我们也可以看到，中国农村劳动力与世界其他国家农村劳动力的流动与发展轨迹不同，它呈现"半商品化"的状态，其中蕴含着中国农村劳动力转移的特殊背景和形成条件。农村劳动力作为一种"半商品化"的存在并不可怕，其出路也并不只有西方国家的道路，即只有通过农村人口的市民化或将农民工完全无产

1

阶级化才能真正解决问题。中国当前的新型城镇化战略也好，乡村振兴战略也罢，实质都是在探索解决"三农"问题的中国特色模式和经验。农民工的迁徙与回流，蕴含着对马克思主义相关经典理论的创造性继承和发展。

书中通过对西方经济学相关理论在分析中国农民工迁徙与回流问题上存在的认识误区的批判，构建马克思主义农业剩余劳动力、地租、城乡等理论（重点是劳动力商品理论）在分析农民工迁徙与回流问题上的政治经济学理论框架，进一步丰富和充实马克思主义政治经济学的相关理论内涵，同时试图构建分析中国农民工问题的中国特色社会主义政治经济学话语体系；阐释并厘清社会主义市场经济条件下农村劳动力向城市转移过程中的特殊性及存在的问题，总结并提炼劳动力半商品化的相关理论，进一步充实当前关于中国特色社会主义政治经济学理论的研究；探讨中国农民工问题未来的可能趋势，在分析半商品化并非长久之计、彻底商品化可能引发严重的社会失衡的基础上，提出依托集体经济实现对农民工半商品化的彻底超越。

（二）农民工问题研究的实践价值

镶嵌于中国特色新型城镇化进程中的农民工迁徙与回流，既是一个理论问题，也是一个实践问题。农民工问题作为"三农"问题的范畴，每年的政府工作报告中均会提及，"两会"上也少不了农民工代表的身影。自2004年以来，中央又每年发布以"三农"为主题的一号文件，这些均彰显了"三农"问题及农民工问题的重要性。首先，农民工问题与农业农村现代化的实现息息相关。习近平总书记在十九届中央政治局第八次集体学习时指出："没有农业农村现代化，就没有整个国家现代化。在现代化进程中，如何处理好工农关系、城乡关系，在一定程度上决定着现代化的成败。"[1] 农民工是农业农村现代化进程中可以依靠的中坚力量。其次，农民工问题影响作为新时代"三农"工作总抓手的乡村振兴战略目标的实现。

---

[1] 《习近平主持中共中央政治局第八次集体学习》，新华网，http://www.xinhuanet.com/politics/leaders/2018-09/22/c_1123470956.htm，2018年9月22日。

要实现乡村振兴战略的目标，必须始终把解决好"三农"问题作为全党工作重中之重。促进农业全面升级、农村全面进步、农民全面发展是乡村振兴战略的题中应有之义。农民工是农业全面升级、农村全面进步尤其是农民全面发展的重要组成部分。此外，农民工也是新型城镇化建设的主力军。新型城镇化是人的城镇化，农民工既是新型城镇化建设的主力军，也是新型城镇化建设的重要对象。

为此，2019 年的中央一号文件《中共中央 国务院关于坚持农业农村优先发展做好"三农"工作的若干意见》就明确指出，要稳定农民工就业，保障工资及时足额发放，同时鼓励外出农民工返乡创业，积极发展壮大农村产业。此外，农民工以及与此相关的诸多问题，如民工荒、农村失业人口、农民工市民化等本身就是一个值得研究和关注的现实问题。加强对新型城镇化进程中迁徙与回流农民工问题的研究，并从理论的高度出发提炼农村劳动力转移过程中存在的问题，在此基础上提出农民工问题的可能趋势以及解决方案，对于当下新型城镇化建设、乡村振兴、脱贫攻坚、全面建成小康社会等任务和目标的完成和实现具有较强的现实指导性和重大的实践意义。

二 农民工问题研究的学术史梳理

中国特色新型城镇化的主要特征在于人的城镇化，农民工是这一进程中的主力军和生力军。农民工的迁徙与回流，都会对新型城镇化建设产生直接的影响。农民工是中国改革开放的产物，近年来由于劳动力市场上对农村剩余劳动力的需求结构转型、社会政策以及农民工自身情况等原因，出现了大量农民工回流。目前，对农民工问题的研究介入的学科较多，从农民工问题的研究和分析范式出发，主要包括社会学、经济学、马克思主义理论学科、历史学、教育学等。在不同的学科背景之下，对农民工问题研究的视角和得出的结论也都不尽相同，相关研究主要集中在以下几个方面。

（一）新型城镇化进程中的农民工市民化问题

农民工是新型城镇化进程中一个重要的群体，农民工市民化直接决定并影响着中国特色新型城镇化目标和任务的完成。目前，国内外学界对此问题的研究较为充分。学者们分别从农民工市民化的进程、困境、成本测算、政策建议等角度进行了论述。

魏后凯和苏红键全面梳理了中国农业转移人口市民化进程并进行综合评估，在界定农业转移人口市民化的内涵与评价标准的基础上提出了推进农业转移人口市民化的政策建议。文中认为："农业转移人口市民化不单纯是将农业户口改为城镇户口，而是从农村转移到城镇的人口，在经历城乡迁移和职业转变的同时，获得城镇永久居住身份、平等享受城镇居民各项社会福利和政治权利，成为城镇居民并完全融入城镇社会的过程。"[①] 吕文静从户籍制度限制、各地社会保障的差异、目前农村土地的制度限制、社会就业难的客观事实、农民工自身素质高低等方面详尽阐释了当前农民工市民化的困境。[②] 陆成林以辽宁省为例对农民工市民化的成本进行了测算，认为对农民工市民化成本的构成及其规模缺乏清晰准确的推测，导致政府难以进行系统的规划和有效的分工，不同层级和不同地域的政府之间尚未构建起合理的成本分担机制，并提出了农民工市民化成本测算的基本思路和方法。[③] 刘蕾、匡萍和刘倩探讨了农民工市民化与地方政府成本的关系问题，从财政支出、公共服务生产和公共服务供给效率三个层面分析了农民工市民化带给地方政府的压力。[④] 欧阳力胜在分析了农民工市民化的现状之后，借鉴西方国家在市民化进程中的经验，提出了目前解决农民工市民化问题的重点应该是在劳动就业、公共服务、社会保障、住房保

[①] 魏后凯、苏红键：《中国农业转移人口市民化进程研究》，《中国人口科学》2013 年第 5 期，第 28 页。

[②] 吕文静：《论我国新型城镇化、农村劳动力转移与农民工市民化的困境与政策保障》，《农业现代化研究》2014 年第 1 期，第 57 ~ 61 页。

[③] 陆成林：《新型城镇化过程中农民工市民化成本测算》，《财政问题研究》2014 年第 7 期，第 86 ~ 90 页。

[④] 刘蕾、匡萍、刘倩：《农村劳动力转移、市民化与地方公共服务供给压力：基于三个层面的实证检验》，《宏观经济研究》2018 年第 12 期，第 104 页。

障、城市融入、政治参与、民主权利等多个领域进行制度改革，全面推进农业转移人口市民化，使农民工在公共服务、社会保障和政治权利等方面享受与城市居民同等的待遇，最终实现从传统乡村文明向现代化城市文明的整体转变。① 李家祥和李喆认为，新型城镇化重要的是要保证从农村转移出来的人口能在城市就业，实现完全市民化；新型城镇化的核心仍然是人的城镇化，即农村转移人口的真正市民化。推进新型城镇化的主要任务是解决农村转移劳动力就业问题。② 高飞从城乡收入差距的视角研究市民化的体制约束和政策推动等问题，并构建解决农民市民化问题更加系统的理论框架。③ 黄锟认为农民工不外乎三种前途，即融入城市，成为市民；返回农村，仍为农民；保持农民工身份，继续悬浮在城乡之间。解决农民工问题的基本思路和途径有三个方面，即市民化、回流与返乡创业、改善农民工待遇和生存状况，其中只有市民化才是解决农民工问题的根本途径。④ 此外，探讨农民工市民化的中国学者还有辜胜阻、李睿和曹誉波，王桂新和胡健，李练军，陈昭玖和胡雯等。⑤

国外学者对农民工的市民化也有相关研究，Nisbet 在 20 世纪 70 年代就对中国的市民化进行过探讨，在分析了中西方市民化进程中的传统差异后指出，主导中国农民市民化的主要和推动力量现在是未来也是国家和政党的力量，而非西方的重要社会组织。⑥ Watson 从中国农民工的社会养老

---

① 欧阳力胜：《新型城镇化进程中农民工市民化研究》，博士学位论文，财政部财政科学研究所，2013，第 28～39 页。
② 李家祥、李喆：《城镇化与农村转移劳动力就业》，《中国特色社会主义研究》2013 年第 1 期，第 105 页。
③ 高飞：《中国农业转移人口市民化政策研究》，科学出版社，2016，第 4 页。
④ 黄锟：《解决农民工问题的根本途径和基本条件》，《经济体制改革》2011 年第 5 期，第 83～86 页。
⑤ 相关文章如下：辜胜阻、李睿、曹誉波《中国农民工市民化的二维路径选择——以户籍改革为视角》，《中国人口科学》2014 年第 5 期；王桂新、胡健《城市农民工社会保障与市民化意愿》，《人口学刊》2015 年第 6 期；李练军《新生代农民工融入中小城镇的市民化能力研究——基于人力资本、社会资本与制度因素的考察》，《农业经济问题》2015 年第 9 期；陈昭玖、胡雯《人力资本、地缘特征与农民工市民化意愿——基于结构方程模型的实证分析》，《农业技术经济》2016 年第 1 期；等等。
⑥ Robert Nisbet, "Citizenship: Two Traditions," *Social Research: An International Quarterly*, 41 (1974): 612–637.

保障方面探讨了其市民化的程度，认为农民工的身份还有计划经济时代的影子，而这一身份也必将和社会主义市场经济下的劳动力市场发生矛盾，用社会养老保障来确保农民工市民化的工作中国政府正在推进。① Wang 和 Wu 考察了近年来深圳的农民工问题现状，认为中国的农民工在收入水平提高的情况下，正在进一步地融入城市生活，他们认为：随着农民工对资本积累的贡献不断变大、农民工自身技能不断提升以及工资水平的提高，农民工在城市的身份认同会越来越高。② Griffith、Yalcinkaya 和 Rubera 认为农民工市民化是个体自身对身份的认同，在城镇化进程中起着至关重要的作用。③ Nundy 关注到了中国农民工在市民化过程中的医疗保险和健康保险问题，指出中国的城市和农村地区在市民的医疗保险方面存在巨大的差异，亟须加强对中国农民工的健康医疗保险，以此增强农民工对市民化的身份认同。④ Nielsen、Nyland 和 Smyth 等以江苏省为例也从建立社会保障的角度探讨了农民工的市民化问题，指出，不同农民工社会保障的差异是导致其市民化程度差异的关键。⑤

（二）农民工的半无产阶级化

学界普遍认为，半无产阶级化为审视中国农民工问题提出了一个新的视角与方法论。孟庆峰从马克思的工人阶级无产阶级化的立场出发，论证了马克思这一理论在中国农民工问题上的新发展，即半无产阶级化。并给出了农民工半无产阶级化的含义及表现，包括"带着土地"进城、进工

---

① Andrew Watson, "Social Security for China's Migrant Workers—Providing for Old Age," *Journal of Current Chinese Affairs* 38（2009）：85 – 115.

② Mark Y. Wang, Jiaping Wu, "Migrant Workers in the Urban Labour Market of Shenzhen, China," *Environment and Planning A*：*Economy and Space* 42（2010）：1457 – 1475.

③ David A. Griffith, Goksel Yalcinkaya, Gaia Rubera, "Country-Level Performance of New Experience Products in a Global Rollout：The Moderating Effects of Economic Wealth and National Culture," *Journal of International Marketing*, 22（2014）：1 – 20.

④ Madhurima Nundy, "Transformation of Health Insurance Schemes in China：Lessons for Access," *China Report* 50（2014）：31 – 43.

⑤ Ingrid Nielsen, Chris Nyland, Russell Smyth, Mingqiong Zhang, Cherrie Jiuhua Zhu, "Which Rural Migrants Receive Social Insurance in Chinese Cities? Evidence from Jiangsu Survey Data," *Global Social Policy* 5（2005）：353 – 381.

厂，劳动力使用与劳动力再生产的分离等。① 贺雪峰和袁松等虽然没有明确指出半无产阶级化的概念，但在其著作中认为，中国未出现遍布于拉美和印度等发展中国家的大规模贫民窟，这不能不说是一个奇迹。而形成这一奇迹的根本原因，正是中国式的农民可以自由进城又可以自由返乡的城乡二元结构。通过让农民可以逆向选择（即返乡）而给予农民更大的选择自主权，中国在现代化过程中，摆脱了大规模城市贫民窟的噩运，虽然这是以较低的城市化率为代价来实现的。② 陆学艺指出，解决农民工问题，也就是解决农民问题。现行的农民工的做法，是不得已而为之的权宜之计。③

此外，也有部分学者将农民工的半无产阶级化问题与中国农村劳动力商品化问题视为同一问题的不同视角进行研究。孟捷和李怡乐首先综合了马克思与波兰尼关于劳动力商品化问题的两种视角，将劳动力商品化的含义界定为"劳动力再生产对市场的依赖"，讨论了各种影响劳动力商品化和去商品化的制度因素，并分析了这些因素在中国经济改革实践中的变化。④ 在另一篇文章中，两位学者进一步探讨了劳动力商品化的程度对劳动者报酬的影响，指出：那些推进商品化程度提高的因素将加剧劳动者对雇佣关系的依赖，削弱其规避市场风险的能力，从而抑制工人整体相对于资方的独立性，这将限制他们与资本谈判时的议价能力。⑤ 曾红萍从社区社会资本变迁的角度探讨了农村内部劳动力商品化带来的问题，指出："村庄内部劳动力商品化改变了村民之间的合作方式，直接导致社区社会资本各要素的流失，出现集体行动困境，农村社会内部也难以依靠自身力量实现发展。"⑥ 王俊则撰文总结了西方国家互联网经济发展的历史教训，

---

① 孟庆峰：《农民工劳动力市场的形成：一个制度分析》，《管理学刊》2012 年第 4 期，第 43 页。

② 贺雪峰、袁松等：《农民工返乡研究》，山东人民出版社，2010，第 22 页。

③ 陆学艺、温铁军、蔡昉：《将农民转移出来》，《四川政协报》2003 年 11 月 20 日，第 C 版。

④ 孟捷、李怡乐：《改革以来劳动力商品化和雇佣关系的发展——波兰尼和马克思的视角》，《开放时代》2013 年第 5 期，第 74 页。

⑤ 李怡乐、孟捷：《中国劳动力商品化程度的变动及其对劳动者报酬的影响》，《经济学家》2014 年第 12 期，第 21 页。

⑥ 曾红萍：《农村内部劳动力商品化与社区社会资本变迁》，《中国农村观察》2016 年第 4 期，第 23 页。

认为在互联网资本主义条件下，资本家通过不断扩大生产者与消费者、生产者与生产资料的双重分离，使作为一种社会权力的资本不断在劳动力商品化程度提高的过程中扩大着对社会经济的统治地位，并提出了对中国在互联网经济发展过程中做好扩大就业工作的相关启示。① 同时，吴玉彬和张敦福从个体的视角探讨了农民工无产阶级化的历史和现实困境，并提出农民工面临诸多西方式工人阶级形成的历史和现实困境，特别是在后物质主义价值观的影响下，亟须探索一个打破西方中心主义、适合中国境况的个体化和阶级观念。②

但是，必须指出，目前学界关于农民工半无产阶级化的分析和研究并没有受到应有的重视。孟捷就指出："学术界——包括政治经济学界、社会学界——对半无产阶级化农民工的分析，大体接近于完成，但没有受到'主流经济学'的重视。"③

目前，国外也有学者涉及这一方面的研究，但是整体数量不多。在为数不多的研究中，Smith 和 Pun 从当前西方国家工人阶级的形成过程中存在的问题出发，强调西方国家将就业情况、工人身份和法律权利作为阶级形成的理论组成部分，这是错误的，也是对中国农民工向工人阶级转化的错误引导④。Chan 和 Selden 认为中国农村劳动力迁徙的一个重要特征是其政治地位的变化，即向无产阶级和半无产阶级的转化，而当前的中国更多的是农村劳动力的半无产阶级化，这一趋势将长期在中国存在。⑤ Frenkel 和 Yu 分析了中国的农民工阶层和工人阶级的差别所在，认为新一代年轻的农民工在工作取向和工作生活策略方面与他们经验丰富的同行相比有显

---

① 王俊：《互联网资本主义下劳动力商品化的发展趋势与就业效应》，《政治经济学评论》2016 年第 4 期，第 188 页。

② 吴玉彬、张敦福：《农民工无产阶级化的历史与现实困境——基于个体化的视角》，《北方民族大学学报》（哲学社会科学版）2016 年第 1 期，第 129 页。

③ 孟捷：《农民工、竞争性地方政府和社会主义 - 政党国家——改革开放以来中国的经济制度和经济学话语》，《东方学刊》2019 年第 1 期，第 45 页。

④ Chris Smith, Ngai Pun, "Class and Precarity: An Unhappy Coupling in China's Working Class Formation," *Work, Employment and Society* 32 (2018): 599 – 615.

⑤ Jenny Chan, Mark Selden, "China's Rural Migrant Workers, the State and Labor Politics," *Critical Asian Studies* 17 (2014): 599 – 620.

著差异，他们正在慢慢地融入工人阶级。① Lu、Koo 和 Pun 试图超越新自由主义的价值观，构建中国青年一代农民工的社会价值观念的微观基础，探讨新生代农民工的半无产阶级化问题。②

（三）农村劳动力的供给现状

刘铮从农民工回流的角度出发，论证了劳动力的无限供给带来的问题，认为它奠定了农民工较低工资的现实基础，也是造成农民工回流的主要原因。在此基础上，他指出，劳动力回流尽管在一定程度上具有促进农村经济发展的正面效应，但从总的趋势而言，是城镇化进程的倒退。因此，善待农民工，确定合理的工资标准，不仅是保护农民工利益的需要，也是城镇化进程的基本要求。③ 孟艳春和张耀奇通过对"民工潮"和"民工荒"现象的分析，提出"民工潮"开启了中国低成本劳动力时代，而"民工荒"将成为中国社会发展的历史节点，中国廉价劳动力时代行将结束。④ 盖庆恩、朱喜和史清华在分析了部分省区市的面板数据后得出结论：结合传统的剩余劳动力理论可以推断在当前制度环境下，中国的"刘易斯拐点"已经到来。⑤ 孙燕铭探讨了城乡劳动力迁移背景下农村劳动力的现状。他指出，农村的人力资本在劳动力迁移的过程中水平有所提升，但提升不足，在人力资本投资总量上仍然无法满足农业部门的有效需求，在人力资本投资结构上，城乡差距依然明显。⑥ 罗明忠、罗琦和王浩基于新迁移经济学理论，以农户家庭为单位，在贝克尔家庭内部分工理论的基础

① Stephen J. Frenkel, Chongxin Yu, "Chinese Migrants' Work Experience and City Identification: Challenging the Underclass Thesis," *Human Relations* 68 (2014): 261–285.
② Benny C. Lu, Anita Koo, Ngai Pun, "Attempting to Transgress Neoliberal Value: Constructing a Micro-Foundation of Social Values of Working-Class Youth in Vocational Schools in China," *The Sociological Review* 67 (2019): 1050–1065.
③ 刘铮：《劳动力无限供给的现实悖论——"农民工回流"的成因及效应分析》，《清华大学学报》（哲学社会科学版）2006 年第 3 期，第 125 页。
④ 孟艳春、张耀奇：《"民工荒"与中国低成本劳动力时代的终结》，《西南民族大学学报》（人文社会科学版）2012 年第 2 期，第 138 页。
⑤ 盖庆恩、朱喜、史清华：《劳动力转移对中国农业生产的影响》，《经济学（季刊）》2014 年第 3 期，第 1148 页。
⑥ 孙燕铭：《乡城劳动力迁移与农村人力资本积累》，社会科学文献出版社，2016，第 94 页。

上，结合中国农村实际，应用拓展模型，分析农户家庭转移劳动力供给的决策机制及影响因素，认为："在农村劳动力转移的过程中，应该更加关注转移对劳动力家庭的影响；同时，要优化农地资源配置，通过土地流转降低家庭农业生产的劳动力需求，促进农户家庭劳动力转移。"[①] 李崇梅、王文军和胡际莲利用多变量非平稳时间序列的状态空间模型对影响农业劳动力供给水平的因素进行了分析，据此对 2017～2026 年的农业劳动力供给状态进行了趋势预测。[②] 高小明和郭剑雄研究了农村人口转型对二元经济结构收敛的影响、作用路径及其变化趋势。并得出以下结论：以从高生育率的数量偏好到高人力资本投资率的质量偏好为特征的农村人口转型对二元经济结构收敛具有显著作用。[③] 程杰、蔡翼飞和贾朋撰文探讨了农村劳动力供给与新型城镇化建设之间的关系，指出，农村面临"未富先老"的严峻挑战，农村劳动力继续转移的需求与经济发展对劳动力的需求之间存在日益突出的矛盾。[④]

国外学者对此问题的研究较为薄弱。Knight、Deng 和 Li 利用人口结构的方法，对中国目前农村剩余劳动力人口进行了详细测算，该方法以统计数据为基础，减去其中已实现向工业部门或现代部门转移的人口、减去农业生产需要的劳动力数量，再减去农村劳动力年龄结构中一定年龄以上人口，剩下的即为农村剩余人口。根据他们的测算，2007 年中国农村的剩余劳动力人口有 8000 万人。[⑤] Sidney Goldstein 和 Alice Goldstein 在 20 世纪 80 年代就撰文探讨了中国农村劳动力转移给中国社会和经济带来的深刻影响。他们认为，改革开放以来允许农村劳动力合理流动的政策已成为农村

---

① 罗明忠、罗琦、王浩：《家庭内部分工视角下农村转移劳动力供给的影响因素》，《社会科学战线》2018 年第 10 期，第 77 页。

② 李崇梅、王文军、胡际莲：《基于多变量非稳态时间序列模型的农业劳动力供给预测》，《统计与决策》2018 年第 10 期，第 97 页。

③ 高小明、郭剑雄：《农村人口转型对二元经济结构收敛的影响——基于引入劳动力供给数量与质量因素的二元经济收敛模型的分析》，《商业研究》2019 年第 6 期，第 129 页。

④ 程杰、蔡翼飞、贾朋：《有效挖掘农村劳动供给 切实推进新型城镇化发展》，《农村工作通讯》2017 年第 16 期，第 34 页。

⑤ John Knight, Quheng Deng, Shi Li, "The Puzzle of Migrant Labour Shortage and Rural Labour Surplus in China," *China Economic Review* 22 (2011): 585–600.

解决剩余劳动力问题和提高农村生活水平的主要机制，它还使城市地区能够在不给城市设施造成过度压力的情况下，获得短缺的熟练服务工人和非技术建筑工人。①

（四）农村劳动力迁移带来的影响

伴随着我国工业化、城镇化进程加快，农村劳动力持续向城市转移，由此带来了诸多的影响，存在不容回避的问题。温铁军就农村劳动力迁移的现状分析指出，不让农村人口转出来，就很难解决农村问题。② 对此，蔡昉也持相同观点，他撰文分析了农村劳动力流动的成因，认为人民公社体制解体和统购统销制度的废除以及城市户籍制度的松动，为农村劳动力流动创造了有利的制度环境。③ 孔祥智和钟真等指出，中国农村剩余劳动力向城镇转移，导致农业兼业化、副业化程度不断提高，尤其是农村青年劳动力的大量流失，阻碍了农业的发展。与大量农民向城市迁移相伴的，是不断增多的耕地抛荒现象。此外，由于农业部门的比较收益很低，在20世纪末的最后几年，越来越多的农民选择进城务工。④ Rozelle、Taylor 和 De Brauw 从劳动力外出对农业的具体影响方面进行了数据分析，指出，劳动力外出对农业生产有显著的负效应，这可能与劳动力流失有关。不过这种负效应会在一定程度上被增加的汇款部分补偿，通过对大量数据的分析得出，最终劳动力外出带来的净损失大概是年均产量的14%。⑤ 爱尔兰学者瑞雪·墨菲指出，城乡劳动力迁移对中国农村产生了重大影响，农民工成为农村与城市之间的联结，并引起了人员、技术、资金、商品和信息的

① Sidney Goldstein, Alice Goldstein, "Population Movement, Labor Force Absorption, and Ur-banization in China," *The ANNALS of the American Academy of Political and Social Science* 476 (1984): 90 – 110.

② 陆学艺、温铁军、蔡昉：《将农民转移出来》，《四川政协报》2003 年 11 月 20 日，第 C 版。

③ 蔡昉：《论市场对城乡劳动力资源的重新配置》，《广东社会科学》2003 年第 1 期，第 34 页。

④ 孔祥智、钟真等：《当代中国农村》，中国人民大学出版社，2016，第 34 ~ 35 页。

⑤ S. Rozelle, J. E. Taylor, A. De Brauw, "Migration, Remittances, and Agricultural Productivity in China," *The American Economic Review* 89 (1999): 287 – 291.

回流。①

　　目前学界研究农民工问题理论支撑的一个明显的特征便在于用西方经济学的相关理论来论证中国的农民工迁移、"民工荒"等一系列问题。如有学者主张用引力模型来分析中国的农民工问题，刘生龙就将人口迁移与迁出地人口、迁入地人口和两地之间的空间距离联系起来，认为人口迁移与迁出、迁入地人口正相关，与两地之间的距离负相关，并进一步指出，中国的人口迁移越来越符合引力模型的预测。② 也有学者主张用推拉模型来解释农民工问题，如金沙认为该模型是解释农村劳动力流动的经典模型。③ 孔祥成和刘芳利用刘易斯二元经济结构模型和托达罗的人口迁移模型来解释中国农村劳动力的流动。④ 张彩江和马庆国在刘易斯二元经济结构模型和费景汉-拉尼斯模型的基础上，建立了劳动力状态的静态模型和劳动力流动的动态方程，得出了"剩余劳动"是剩余劳动力转移的原因的结论。⑤ 这些研究看似分析得充分并考虑周全，但本质上强调以农民工成本收益来决定就业位置，具有较大的局限性。李强就认为中国农民工的流动和迁移是农村、城市推、拉力综合作用的结果。虽然推拉因素在中国城乡劳动力流动中所起的作用在某些方面与其他国家有相似之处，但是，中国城乡劳动力流动具有不同于国际上多数国家的突出特征。⑥ 西方学者中以 Islam 和 Yokota 为代表，也主张用刘易斯拐点等理论来分析中国的农民工问题，认为如果边际劳动生产率的增长速度快于工资增长，那么就认为刘易斯拐点已经到来。而他们的实证研究证明，1989～1996 年，中国的工资增速大于边际劳动生产率，1997～2005 年工资增长基本处于停滞状态，

① 瑞雪·墨菲：《农民工改变中国农村》，黄涛、王静译，浙江人民出版社，2009，第 1 页。
② 刘生龙：《中国跨省人口迁移的影响因素分析》，《数量经济技术经济研究》2014 年第 4 期，第 83 页。
③ 金沙：《农村外出劳动力回流决策的推拉模型分析》，《统计与决策》2009 年第 9 期，第 64 页。
④ 孔祥成、刘芳：《20 世纪 90 年代以来中国农村剩余劳动力流动问题研究综述》，《贵州财经学院学报》2002 年第 5 期，第 7 页。
⑤ 张彩江、马庆国：《"剩余劳动"与"劳动剩余"：对结构转换中劳动力转移的一种新解释》，《学术研究》2004 年第 11 期，第 33 页。
⑥ 李强：《影响中国城乡流动人口的推力与拉力因素分析》，《中国社会科学》2003 年第 1 期，第 125 页。

边际劳动生产率却得到大幅度提高。截至 2005 年，边际劳动生产率虽然仍略微低于工资水平，但已相当接近并有超越之势，因此，中国的刘易斯拐点已经到来，在此基础上分析农民工问题是合理的。①

Myerson 探讨了中国农民工在迁徙的过程中家庭观念和传统价值观的转变，通过分析比较后认为迁徙的农民工价值判断并未随着城市居住时间的变化而变化，他们并没有切断与家庭的关系而融入城市文化。并得出以下结论：农民工无法改变其合法居住地，即使他们计划不返回也与他们以前的家庭保持着心理和经济联系。② Swider 用就业配置理论分析了中国建筑行业的农民工问题，认为在中国的劳动力市场不能单纯考察工人 – 雇主的二元结构模式，应该从工人 – 雇主的二元关系模式转移到更复杂的工人、雇主和国家三位一体的劳动力考察模式。③

Feldman 和中国学者共同撰文讨论了社会关系网络在农民工融入城市居民中的作用，认为考虑到社会关系网络对农民工融入城市居民不同方面的不同影响，许多农民工有可能陷入永久性贫困并沦为城市社会的下层。④ Watson 用 "游泳池" 转移理论分析了农民工迁徙过程中的养老保障问题，指出，"农民工" 的概念源于中国计划经济时期的户籍制度，该制度的继续存在与发展中的劳动力市场是相冲突的。目前，中国的社会保障制度以户籍和大量当地人口为基础，由于流动性和缺乏在 "游泳池" 之间转移福利的机制，对于农民工是不公平的，指出需要建立统一的劳动力市场养老保障体制。⑤

---

① Nazrul Islam, Kazuhiko Yokota, "Lewis Growth Model and China's Industrialization," *Asian Economic Journal* 22 (2008): 359 – 396.

② Rebecca Myerson, "Home and Away: Chinese Migrant Workers between Two Worlds," *The Sociological Review* 58 (2010): 26 – 44.

③ Sarah Swider, "Building China: Precarious Employment Among Migrant Construction Workers," *Work, Employment and Society* 29 (2014): 41 – 59.

④ Zhangshan Yue, Shuzhuo Li, Xiaoyi Jin, Marcus W. Feldman, "The Role of Social Networks in the Integration of Chinese Rural-Urban Migrants: A Migrant-Resident Tie Perspective," *Urban Studies* 50 (2013): 1704 – 1723.

⑤ Andrew Watson, "Social Security for China's Migrant Workers-Providing for Old Age," *Journal of Current Chinese Affairs* 38 (2009) 85 – 115.

（五）农民工回流

农民工回流贯穿农民工迁徙的始终，但自 2008 年国际金融危机前后，回流大量出现且开始常态化。对农民工回流的研究论著主要集中在对农民工回流的原因探讨、回流农民工的再就业问题、回流带来的正负面影响等方面。明娟和王子成认为，中国农民工的回流原因是内生的，也就是回流是农民工自己的选择性行为。[①] 德国学者 Lee 就曾指出，迁移是一个选择性的行为，而且大多是正向的选择，即与非迁移者相比，迁移者有更多的优势或者有更大的能力来获取就业机会或者克服迁移中遇到的困难。[②] Radu 和 Epstein 认为，移民回流的原因主要是外生的，即它主要受经济周期等外部经济环境的影响。[③] 马红梅和金彦平分析了农民工回流带来的正负面影响，指出积极影响主要指农民工回流在一定程度上有利于城市发展：一是可以推动城市产业结构升级；二是可以缓解城市发展压力。同时农民工回流也带来了诸多消极影响，主要有：一是使得农村土地资源的稀缺程度提高；二是回流导致农户打工收入锐减，影响农民收入增长；三是部分农民工回流至农村，影响社会治安的稳定。[④] 谭崇梅、叶曦和曾志坚研究认为，农民工回流会对农村经济起到积极作用：一是回流的同时农民工也把资金带回农村；二是可以缓解农业劳动力的不足；三是回流农民工通过创业行动，可以促进农村工业化。[⑤] 李家祥则基于回流带来的不利影响指出，中国的农民工表现出逆向的回流，并且使中国的城市化水平难以快速提升，但同时也可以避免落入"拉美陷阱"。[⑥]

---

① 明娟、王子成：《劳动迁移与农民工回流动态决策机制研究》，社会科学文献出版社，2017，第 33 页。
② E. S. Lee, "A Theory of Migration," *Demography* 3 (1966): 47 - 57.
③ D. C. Radu, and G. Epstein, "Return Migration and Determinants of Subsequent Moves," *EALE Annual Conference* (2007): 20 - 22.
④ 马红梅、金彦平：《全球金融危机下我国农民工回流问题研究》，《农业经济》2009 年第 3 期，第 39 页。
⑤ 谭崇梅、叶曦、曾志坚：《当前农民工回流的原因分析及其影响、对策研究》，《金融经济》2009 年第 6 期，第 8 页。
⑥ 李家祥：《进城农民逆向回流及对中国城市化进程的影响——兼与拉美城市化相比较》，《求实》2007 年第 1 期，第 88 页。

也有学者探讨了农民工回流与乡村振兴之间的关系。如蒋海曦和蒋玲认为回流的农民工是乡村振兴的人力资本，当社会物质资本达到一定量时，尽快使大量社会人力资本进入农村农业，即形成当代新型的农业经营主体，特别是中国职业农民队伍，是当代中国乡村振兴的重要途径。[①] 对此，侯中太也持相同观点，认为在乡村振兴急需人才的情况之下，农民工回流潮正好能够为乡村振兴战略提供人才支持。[②] 同时，农民工回流相关问题的学者还有吴艳文和李蓓蓓、刘玉侠和石峰浩、肖艳栩和鱼洋等[③]，他们分别从回流的不同视角展开了研究。

在国外学者的研究中，印度学者 Mitra 较早地关注了中国的农民工失业和回流问题，他认为中国加入 WTO 必然加剧农民工在城市的失业趋势，从而导致大量农民工回流。[④] Roberts 将中国国内的流动人口与从墨西哥迁移到美国的劳动力进行了对比后认为，两者存在许多相似性：他们的流动都是自发的，存在相似的迁移网络；他们都很难取得正式的法律承认的居住许可，大部分从事着出卖体力的非技术性工作，也正因为如此，两者都存在循环迁移的现象，他们尽量保持着与家乡的联系以备最终返回家乡。另外，他还指出了墨西哥在人口流动政策方面与中国有相同之处，即墨西哥采取与中国一样的土地与农业政策，土地不能被交易。[⑤]

（六） 城镇化进程中的新生代农民工

对新生代农民工的研究首先涉及的一个核心问题就是农民工代际划

---

① 蒋海曦、蒋玲：《乡村人力资本振兴：中国农民工回流意愿研究》，《四川大学学报》（哲学社会科学版）2019 年第 5 期，第 151 页。

② 侯中太：《"农民工回流"为乡村振兴增添新动能》，《人民论坛》2019 年第 16 期，第 68 页。

③ 吴艳文、李蓓蓓：《高质量发展背景下农民工回流问题探析》，《理论导刊》2019 年第 3 期；刘玉侠、石峰浩：《农民工回流动因的影响分析》，《浙江社会科学》2017 年第 8 期；肖艳栩、鱼洋：《乡村振兴战略下新生代农民工回流创业竞争力研究》，《中国集体经济》2018 年第 34 期；等等。

④ Sabyasachi Mitra, "Chinese Agricultural Labourers and Migrant Workers Face a Lose-Lose Situation as China Joins the WTO," *China Report* 39 (2003): 81 – 86.

⑤ Kenneth D. Roberts, "China's 'Tidal Wave' of Migrant Labor: What Can We Learn from Mexican Undocumented Migration to the United States," *International Migration Review* 31 (1997): 249 – 293.

分。目前学术界对新生代农民工的界定一般有两种划分方法，一种是按照打工者年龄特点来划分的，认为新生代农民工是指 1980 年以后出生并在大中小城市务工的农民工。① 刘传江和徐建玲用改革开放这一时间点来界定农民工类型，把改革开放之前在计划经济时代成长起来的农民工称为第一代，而把改革开放之后出生的农民工称为第二代。② 这些根据农民工生活的社会经济背景以及在文化、观念和行为方面的差异来划分农民工类型的方式，其实质仍离不开年龄特征层面的区分。另一种是按照打工者外出打工的起始时间来划分。如王春光就认为，20 世纪 80 年代初外出的农村流动人口是第一代，而 90 年代初外出的是新生代。③ 也有学者以学历背景界定农民工，如张领认为，所谓的新生代农民工就是指在农村出生和长大、中学毕业或中学未读完、辍学而进入城市的务工者。④

还有学者撰文探讨新生代农民工的人口结构、特征等。如袁书华、贾玉洁和付妍从新生代农民工的规模、来源、女性比例、受教育程度、未婚比例等方面对其结构特点进行了论述。⑤ 也有学者关注新生代农民工就业问题，申鹏从劳动力的禀赋角度探讨了新生代农民工就业的行为模式，认为新生代农民工就业行为决策是一种经济理性的决策行为，由于禀赋的限制和就业的有限理性，新生代农民工就业行为是一种有限理性的就业选择决策行为，新生代农民工可以实现不同类别的就业及就业行为的多样化。⑥ 更有学者关注新生代农民工的社会心态，并进行实证研究，如石向实等在对新生代农民工的幸福感进行调查和取证研究后得出结论：新生代农民工

① 谢建社、谢宇：《新生代农民工融入城市的预期与构想——以珠三角"民工荒"为例》，《城市观察》2010 年第 3 期，第 131 页。
② 刘传江、徐建玲：《"民工潮"与"民工荒"：农民工劳动供给行为视角的经济学分析》，《财经问题研究》2006 年第 5 期，第 73~74 页。
③ 王春光：《新生代农村流动人口的社会认同与城乡融合的关系》，《社会学研究》2001 年第 3 期，第 63 页。
④ 张领：《流动的共同体：新生代农民工、村庄发展与变迁》，中国社会科学出版社，2016，第 20 页。
⑤ 袁书华、贾玉洁、付妍：《新生代农民工问题研究》，山东人民出版社，2014，第 33~37 页。
⑥ 申鹏：《基于禀赋的新生代农民工就业行为研究》，中国社会科学出版社，2016，第 28 页。

的幸福感，存在性别、收入水平、阶层感的显著差异，而在职业、受教育程度方面不存在显著差异。[①]

从以上的综述分析中可以看出，目前学界对新型城镇化进程中的农民工问题研究得还是比较充分和深入的，取得了一定的成果，为从事相关研究的学者提供了多方面的基础资料，也为本书的写作提供了大量的前期研究成果。但仍需指出的，目前对农民工问题的研究集中在对文件和政策的解读分析上，更多地倾向于现状调研和基于调研的路径和对策的提出。尤其是对农民工问题分析的理论模型和支撑大多数来源于西方经济学的相关理论，而这些理论本身在分析农民工问题上并不是十分具有说服力，用西方经济学的相关理论分析中国的农民工问题大多时候是一叶障目，并没有从本质上把握复杂的农民工问题。此外，中国农村劳动力商品化的未来走向和具体分析路径还较为模糊，需要进一步加强马克思主义政治经济学视域下的农民工问题研究，增强农民工回流现象背后的马克思主义政治经济学理论和话语体系构建，分析农民工回流后的未来社会主义趋势，这些是目前学界的当务之急。

三 本书研究的重难点、研究方法、拟创新之处以及思路和框架

（一）研究的重难点

本书要从迁徙与回流的农民工现象中挖掘其背后的马克思主义政治经济学理论支撑，并以劳动力商品理论为基点构建分析中国农民工问题的理论框架，梳理马克思主义劳动力商品理论在中国的新发展。其中，理论发展和创新的合理性分析以及存在的矛盾和问题是本书研究的重点所在。但是，合理地突破目前中国农民工半商品化的存在，阐明马克思主义理论解释中国农民工迁徙与回流过程的强大生命力，提出解决当前农民工回流问题的社会主义方案，是本书研究的难点所在。

[①] 石向实等：《新生代农民工社会心态调研报告》，浙江大学出版社，2015，第 125 页。

（二）研究方法

第一，文献研究法。在研读大量马克思主义经典文献和国内外关于农民工问题以及与农民工迁徙和回流问题理论文献的基础上，确保问题研究的科学性与理论深度。

第二，跨学科研究方法。全书坚持唯物史观，综合运用马克思主义理论学科、理论经济学和社会学等多学科研究方法，以系统、全面地梳理、解析城镇化进程中迁徙与回流的农民工问题。

第三，宏观与微观相结合的方法。书中既从宏观的城镇化进程的整体视野把握改革开放以来农民工的迁徙与回流历程，又从微观的农民工个体的角度尝试探索在发展与壮大农村集体经济条件下解决农民工半商品化问题的方案。

第四，理论逻辑与历史过程相一致的方法。唯物史观要求理论逻辑反映排除了偶然因素的历史必然性，揭示经济社会发展的客观规律。本书结合改革开放以来城镇化进程中农民工迁徙与回流的全过程，构建分析这一过程的政治经济学理论框架，在理论分析的基础上，探索解决农民工半商品化问题的切实可行的方案。

（三）拟创新之处

第一，研究内容的"理论性"。目前学界在这一领域已有一些相关研究成果，但正如前文在梳理时所指出的，对农民工问题研究的成果从总体上来说政策解读性的论著较多，缺乏系统和深入分析的理论性著述。尤其是从政治经济学理论阐释此问题的高水平的研究成果还较少。本书希冀能够在马克思主义劳动力商品理论的基础上构建认识和分析中国农民工问题的政治经济学理论框架，并对理论的应用和创新的合理性和存在的矛盾进行尽可能全面、系统、深入的研究，在此基础上探讨合理突破理论困境的解决方案，以期在丰富、深化、提升农民工问题之理论性研究方面有所突破和创新。

第二，研究方法的"协同创新性"。书中综合运用马克思主义、经济学、社会学等多学科的研究方法，进行"跨学科"交叉研究，形成"合力"，从而使这一研究产生较强的"协同创新"效应。

第三，研究视野的"以小见大性"。书中探讨城镇化进程中农民工的迁徙与回流问题，以马克思的劳动力商品理论在中国的新发展为突破口，以破除农村劳动力的半商品化理论之下农民工问题的未来趋势为基点，以此完成农村劳动力的再生产过程，进而带动整个新型城镇化建设和乡村振兴战略的实施，找到新型城镇化建设和乡村振兴战略的真正动力源泉，为缩小城乡差距、实现全面建成小康社会的目标提供政治经济学的理论支撑。

（四）思路和框架

书中以城镇化进程中迁徙与回流的农民工问题为研究对象，主要目的是构建分析中国农民工问题的政治经济学理论框架，以马克思的劳动力商品理论为分析支撑，探讨这一理论在中国的发展和创新，包括其合理性与非合理性，并寻找政治经济学视角下农民工问题的新出路、新起点。具体研究思路和框架如图 1-1 所示。

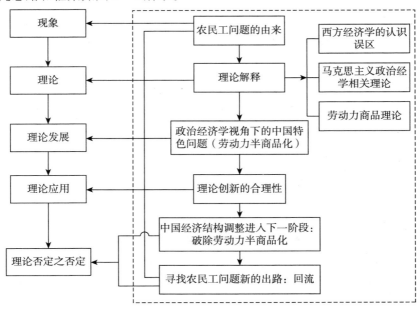

图 1-1　本书研究思路和框架

第二章　中国特色新型城镇化道路的
内涵及农民工问题的由来

　　城镇化是现代化的必由之路，是我国最大的内需潜力和发展动能所在。2016 年的政府工作报告明确指出："要深入推进以人为核心的新型城镇化，实现 1 亿左右农业转移人口和其他常住人口在城镇落户，完成约 1 亿人居住的棚户区和城中村改造，引导约 1 亿人在中西部地区就近城镇化。到 2020 年，常住人口城镇化率达到 60%、户籍人口城镇化率达到 45%。"① 农民工作为城镇化进程中最大的生力军，是我国改革开放和工业化、城镇化进程中涌现的一支新型劳动力大军和不可或缺的重要组成部分，与城镇化进程密不可分，其迁徙与回流也直接影响着城镇化的进程和质量。梳理改革开放以来中国城镇化的历史进程，有助于厘清农民工问题的由来及现状，为进一步分析与解决农民工问题做好相关前期准备工作。

一　改革开放以来中国城镇化的发展
历程及新型城镇化道路的提出

　　城镇化和一个国家的经济社会发展是相互促进的，城镇化也是发展中国家持续发展的必要因素。中国的城镇化伴随着中国经济社会的不断发展，也经历了一个不断调整的发展历程。

（一）改革开放以来中国城镇化的发展历程

　　改革开放以来，中国的城镇化经历了以下几个发展阶段，总体上保持

---

① 《2016 年国务院总理李克强政府工作报告（全文）》，中国网，http://www.china.com.cn/guoqing/2016－03/05/content_37944493.htm，2016 年 3 月 5 日。

了快速发展态势，城镇化率稳步提高。

第一阶段：城镇化恢复发展时期。1978 年至 20 世纪 80 年代中后期，即改革开放的最初 10 年左右，以农村改革为主动力，中国加快了经济体制改革的步伐，市场经济开始逐步从城市到农村全面展开，"文革"后城镇化开始恢复发展。1978 年的十一届三中全会，拉开了中国改革开放的序幕，全国的重心和重点转移到经济建设上来，城镇化进程缓慢逐渐重新走上了正轨。"文革"对中国城镇化发展最直接的启示在于要想搞好现代城市的规划和建设，必须尊重自然规律和社会主义经济规律。这是总结"文革"中中国城镇化发展的教训所得来的。"文革"时期，"左"倾思想在我国城市建设中的一个集中表现，就是不承认、不尊重城市规划是一门科学。这是我国城市盲目发展、建设混乱、城市内部各种关系严重比例失调的根本原因。因此，改革开放后中国城镇化的首要任务就是彻底肃清"左"倾思想的影响，重视城市规划工作，按照自然规律和社会主义经济规律办事。

正是在此背景之下，1980 年我国制定了"控制大城市规模，合理发展中等城市，积极发展小城市"的战略方针。在改革开放的浪潮中，以发挥沿海中心城市的连接作用为依托，中国的城镇化发展进入了快车道。通过沿海中心城市组织社会化大生产，把沿海和内地经济联系起来；通过沿海中心城市发展对内联合，打入国际市场，实现内联外挤；通过沿海中心城市引进技术，消化转让，加速科学技术发展，逐步把社会生产转移到新技术的基础上来，从而促进和带动整个国民经济和中小城市的发展。改革开放初期重视沿海中心城市的辐射和带动作用，是符合马克思主义的基本原理的，恩格斯早在《德国的制宪问题》一文中指出："要建立整套的工业体系，就需要把一切工业部门紧密地联系起来，就需要有依赖于内地工业的、商业繁荣的沿海城市。"[①] 列宁在论述生产社会化时，曾把工业中心的形成和发展，看成生产社会化发展的一个重要进程，是配置机器大工业的据点。恩格斯和列宁的这种论断，对于我们认识中心城市在社会主义条件

---

① 《马克思恩格斯全集》（第四卷），人民出版社，1958，第 61 页。

下组织社会化生产中的地位和作用，具有现实意义，也是我们改革开放初期重视沿海中心城市地位和作用的重要理论支撑。

1978～1984 年城镇化率从 17.92% 上升到 23.01%，平均每年提高 0.85 个百分点。此一时期，全国工业化战略由以重化工为重点转变为以消费品轻工业为重点，城镇就业吸纳能力显著增强。随着城镇吸纳劳动力能力的增强，农民开始被大量吸引到城镇就业，加之随着我国农村商品生产和商品交换的迅速发展，乡镇工商业蓬勃兴起，越来越多的农民转向集镇务工、经商，迫切需要解决迁入集镇落户问题。有鉴于此，1984 年 10 月国务院发布《关于农民进入集镇落户问题的通知》，规定凡申请到集镇务工、经商、办服务业的农民和家属，在集镇有固定住所，有经营能力，或在乡镇企业单位长期务工的，公安部门应准予落常住户口，及时办理入户手续，发给《自理口粮户口簿》，统计为非农业人口。① 这是对我国原有二元户籍制度的重大突破。在国家政策的引导下，各地加快了小城镇的建设步伐，全国建制镇由 1979 年的 2851 个增加到 1985 年的 7511 个。到 1990 年底，小城镇突破 1 万个，小城镇人口达到 2.67 亿人左右。

第二阶段：城镇化稳步发展时期。20 世纪 80 年代中后期至 90 年代初期，以城市改革为主动力，城镇化实现平稳发展。改革开放释放了中国城镇化建设的巨大能量。此一时期，城镇化的主要战略是"控大促小"，鼓励农村剩余劳动力"离土不离乡""进厂不进城"，小城镇遍地开花。1986 年通过的《中华人民共和国国民经济和社会发展第七个五年计划》明确了这一方针，提出继续贯彻执行"控制大城市规模，合理发展中等城市，积极发展小城市"的方针，切实防止大城市人口规模的过度膨胀，有重点地发展一批中等城市和小城市。1990 年，我国设市城市发展到四百多个，建制镇发展到一万多个。② 1991 年在《中华人民共和国国民经济和社会发展十年规划和第八个五年计划纲要》的文件中，从国家层面再一次强调了中

---

① 《国务院关于农民进入集镇落户问题的通知》（国发〔1984〕141 号），中央人民政府网站，http://www.gov.cn/zhengce/content/2016 - 10/20/content_5122291.htm。根据《国务院关于宣布失效一批国务院文件的决定》（国发〔2016〕38 号），此文件已失效。
② 《中华人民共和国国民经济和社会发展第七个五年计划（摘要）》，《光明日报》1986 年 4 月 15 日，第 3 版。

国城镇化发展的道路问题，指出要将城市发展与乡村发展统筹协调起来走出中国特色的城镇化发展模式。"加强城乡建设的统筹规划。城市发展要坚持实行严格控制大城市规模、合理发展中等城市和小城市的方针，有计划地推进我国城市化进程，并使之同国民经济协调发展。"① 同时强调城市新区的开发或旧区改造，要实行统一规划、合理布局、因地制宜、综合开发、配套建设的原则，继续加强城市供排水、公共交通、污染治理等公用设施的建设，进一步提高城市功能和环境质量。

城镇化稳步发展与乡村建设分不开。此一时期，在乡村建设方面，党中央继续贯彻"全面规划、正确引导、依靠群众、自力更生、因地制宜、逐步建设"的方针，以集镇为重点，以乡镇企业为依托，建设一批布局合理、节约土地、设施配套、交通方便、文明卫生、具有地方特点的新型乡镇。有步骤地加强农村能源、交通等基础设施的建设。在此政策和战略之下，至 1992 年城镇化率由 20 世纪 80 年代中期的 23.01% 提升到 27.46%，年均提高 0.56 个百分点。1992 年 10 月，党的第十四次全国代表大会明确提出要建立社会主义市场经济体制。市场经济是开放性的经济形式，它能够通过基本的交换关系将农村与城市相互隔绝的生产与生活状态纳入市场体系之中。建立社会主义市场经济体制目标的提出，意味着国家在主观意识上要打破禁锢多年的城乡二元结构，走城镇化发展道路是二元结构的有效突破口，为城镇化的快速发展奠定了制度基础。

这一时期，无论是政府层面还是学术界基本一致地认识到，我国城镇的发展，绝不能重复资本主义国家城市化的老路，即盲目地发展大城市。因为西方国家在城市化的过程中已出现城市"松散化"倾向，人口逐渐由大城市流向小城镇和农村。因此，中国的城镇化道路必须汲取西方国家的经验和教训，必须认真控制大城市的规模，有计划地、按规划地发展各类城市，把重点放在发展小城镇上。

第三阶段：城镇化快速发展时期。20 世纪 90 年代初期至 21 世纪初期，以市场化改革为主动力，政府管制开始放松，市场机制开始发挥作

---

① 《中华人民共和国国民经济和社会发展十年规划和第八个五年计划纲要》（第七届全国人民代表大会第四次会议 1991 年 4 月 9 日批准），《光明日报》1991 年 4 月 6 日，第 1 版。

用，政府主导的城镇化道路向市场主导、政府导向型的城市化道路转型，政府投资的"自上而下型"和民间力量推动的"自下而上型"相结合的新型城镇化道路逐渐形成，城镇化也步入快速发展阶段。1993 年，中国共产党第十四届中央委员会第三次全体会议通过了《中共中央关于建立社会主义市场经济体制若干问题的决定》，强调要加强规划，引导乡镇企业适当集中，充分利用和改造现有的小城镇，建设新的小城镇。并指出乡镇企业是农村经济的重要支柱。要完善承包经营责任制，发展股份合作制，进行产权制度和经营方式的创新，进一步增强乡镇企业的活力。在明晰产权的基础上，促进生产要素跨社区流动和组合，形成更合理的企业布局。逐步改革小城镇的户籍管理制度，允许农民进入小城镇务工经商，发展农村第三产业，促进农村剩余劳动力的转移。相关政策都使得小城市和小城镇得到了迅速发展。据统计，1992～2003 年中国的城镇化率从 27.46% 提高到 40.35%，年均提高 1.17 个百分点。从 1992 年到 2001 年，这一阶段我国改革打破了城乡分离的二元格局发展思路，具有突破性进展。

2001 年国务院批转《关于推进小城镇户籍管理制度改革的意见》，旨在通过改革小城镇户籍管理制度，引导农村人口向小城镇有序转移，促进小城镇健康发展，加快中国城镇化进程。同时，为户籍管理制度的总体改革奠定基础。其中规定："小城镇户籍管理制度改革要有利于小城镇健康发展，加快农村富余劳动力的转移，带动农村经济和社会全面发展。同时，要充分考虑小城镇经济和社会发展的实际需要和承受能力，充分尊重群众的意愿，不搞'长官意志'、不搞'一刀切'。"①

但此阶段我国社会保障制度、与异地转移农民切身利益相关的户籍制度改革都处于起步阶段，转移到城镇的居民没有从身份转换中得到显著的福利改善，城镇化道路任重而道远。因为随着小城镇户籍管理制度的放开，逐渐出现了一系列现实问题。一是入城农民的经济依托问题。如何保

---

① 《国务院批转公安部关于推进小城镇户籍管理制度改革意见的通知》（国发〔2001〕6 号），中央人民政府网站，http://www.gov.cn/zhengce/content/2016-09/22/content_5110816.htm。根据《国务院关于宣布失效一批国务院文件的决定》（国发〔2015〕68 号），此文件已失效。

证农民进城后能有稳定的经济依托，仍然是户籍管理放开后需要解决的首要问题。二是小城镇基础设施和公共服务设施滞后问题。小城镇现有的基础设施和公共服务设施比较落后，农村人口的大量涌入将使其难堪重负。三是小城镇建设用地问题。小城镇在建设用地方面长期积存了不少问题，随着农村人口的大批迁入，这些问题将更加突出，建制镇镇区人均占地规模过大、土地浪费严重、用地成本过高、滥占耕地现象突出等问题必须得到有效解决。四是农民进城后的社会保障问题。五是农民在原居住地的权益问题。

　　为此，学界呼吁要积极培育小城镇的经济基础。要使人口顺利入城，小城镇经济发展是关键。同时要加大小城镇基础设施和公共设施的投入和建设力度。加大资金投入，大力加强小城镇基础文化设施建设。小城镇建设的关键是资金问题。解决资金问题的思路，主要是要形成新的投资格局。还要注重节约小城镇建设用地和保护耕地。小城镇建设方式应由粗放型向集约型转变，通过挖潜，改造旧镇区，盘活小城镇的存量建设用地，并积极开发利用荒地和废弃地。此外，要建立健全小城镇社会保障体系，使所有城镇就业人员都能进入统一的社会保障体系。建立小城镇居民最低生活保障制度和社会救济、社会帮扶制度，提高弱势人群的生活保障能力。建立健全小城镇社会保障管理服务机构。并强调要"切实保护入城农民在原居住地的权益。可将农村社区集体所有的土地资产和非土地资产经过评估后折成股权，量化到每个社区成员。从制度上保证了'离土离乡'人口不会出现经济损失，解除了农民向小城镇转移的后顾之忧。"①

　　第四阶段：城镇化加速发展及转型时期。进入 21 世纪以来，以城镇化战略实施为主动力，城镇化进入加速发展时期，2003～2013 年城镇化率由 40.35% 提高到 53.73%，年均提高 1.34 个百分点。国家统计局发布的数据显示，截至 2017 年末，中国城镇常住人口 81347 万人，比上年末增加 2049 万人；城镇人口占总人口的比重（城镇化率）为 58.52%，比上年末提高 1.17 个百分点。

---

　　① 徐平华：《小城镇户籍管理放开以后》，《光明日报》2001 年 9 月 25 日，第 2 版。

2002 年党的十六大报告明确提出要"全面繁荣农村经济，加快城镇化进程"，强调"坚持大中小城市与小城镇协调发展"，正式将农村、城镇纳入城市经济与社会体系。至此，中国特色的城镇化道路越发清晰，这条特色之路，正如学界所指出的，是城镇化与工业化和现代化适度同步发展的道路，是大中小城市和小城镇协调发展的城镇化道路，是市场推动、政府导向的城镇化道路，也是城镇发展方式多样化和合理化的城镇化道路。①

也就是说，从城镇化发展模式的选择方面来看，中国特色的城镇化道路，既要纠正中国过去城镇化滞后的缺陷，又要防止部分发展中国家出现的"过度城市化"的偏差，力求实现城镇化与工业化和现代化的适度同步发展。从以城市数量、规模和空间布局结构为标准划分的城镇化类型的选择方面来看，由于中国人口众多、地域广阔，不能只搞集中型的大城市化，不可能让大部分人集中到大城市；由于小城镇缺乏规模效益和集聚效益，也不能只实行分散型的小城镇化。因此，中国特色的城镇化在城镇化类型上，只能选择集中型与分散型相结合、据点式与网络式相结合、大中小城市与小城镇协调发展的多元化的城镇化。同时，为了避免西方国家在城镇化发展过程中出现的"城市病"，中国特色的城镇化道路在动力和实现机制上，既不能走本国的老路，又不能照搬外国的模式，只能选择市场推动、政府导向、政府发动型城镇化与民间发动型城镇化相结合、自下而上城镇化与自上而下城镇化相结合的方式。

同时，中国特色的城镇化道路在城市发展方式上，必须选择多样化和合理化的方式。也就是说，城市建设资金来源和渠道要多元化。为此，2005 年，中共中央政治局第二十五次集体学习专门安排的内容是国外城市化发展模式和中国特色的城镇化道路，胡锦涛在此次专题学习时强调要坚持走中国特色的城镇化道路，推动我国城镇化健康有序发展。他指出，我国人口多、底子薄，发展很不平衡，推进城镇化的同时面对着实现经济增长、社会发展和解决人口众多、资源紧缺、环境脆弱、地区差异大等许多问题和矛盾。这就决定了我们必须贯彻落实科学发展观，坚持走中国特色

---

① 简新华：《走中国特色的城镇化道路》，《光明日报》2003 年 8 月 5 日，第 B2 版。

的城镇化道路。一是要坚持保护环境和保护资源的基本国策，坚持城镇化发展与人口、资源、环境相协调，合理、集约利用土地、水等资源，切实保护好生态环境和历史文化环境，走可持续发展、集约式的城镇化道路。二是要全面考虑经济社会发展水平、市场条件和社会的可承受程度，发挥市场对推进城镇化的重要作用，通过市场实现城镇化过程中各种资源的有效配置，吸引各类必需的生产要素向城镇集聚，同时发挥政府的宏观调控作用，加强和改善政府对城镇化的管理、引导、规范。三是要坚持走多样化的城镇化道路，推进各级各类城镇协调发展，形成合理的城镇体系，提高城镇综合承载能力，发挥各级各类城市和小城镇在一定区域范围内的职能作用。四是要根据各地经济社会发展水平、区位特点、资源禀赋和环境基础，合理确定各地城镇化发展的目标，因地制宜地制定城镇化战略及相关政策措施，加强城市之间的经济联系和分工协作，实现城市以及地区优势互补和共同发展。五是要通过深化改革，研究制定适合我国国情、符合社会主义市场经济规律的政策措施和体制机制，营造城镇化发展的良好环境。[①]

2007 年，党的十七大报告再次强调指出："走中国特色城镇化道路，按照统筹城乡、布局合理、节约土地、功能完善、以大带小的原则，促进大中小城市和小城镇协调发展"；"建立以工促农、以城带乡长效机制，形成城乡经济社会发展一体化新格局"。由此中国城镇化建设进入统筹城乡发展的新阶段。

第五阶段：中国特色社会主义进入新时代以来的城镇化时期。2012 年，党的十八大提出了工业化、信息化、城镇化、农业现代化"四化"同步发展的目标，并指出要实现工业化和城镇化的良性互动、城镇化和农业现代化的相互协调，中国特色社会主义城镇化建设进入城乡融合的新阶段。十八大以来国家的城镇化政策旨在突破二元社会制度，以城乡统筹的思路对城镇化政策做出不同于前几个政策发展阶段的新的、根本性的调整，最终实现城乡融合。随着经济实力和综合国力显著增强，我国具备了

---

① 胡锦涛：《坚持走中国特色的城镇化道路 推动我国城镇化健康有序发展》，《光明日报》2005 年 10 月 1 日，第 1 版。

支撑城乡发展一体化的物质技术条件，工业反哺农业、城市支持农村的发展已经到了水到渠成的阶段。习近平总书记在中共中央政治局第二十二次集体学习时强调："顺应我国发展的新特征新要求，必须加强发挥制度优势，加强体制机制建设，把工业反哺农业、城市支持农村作为一项长期坚持的方针，坚持和完善实践证明行之有效的强农惠农富农政策，动员社会各方面力量加大对'三农'的支持力度，努力形成城乡发展一体化新格局。"① 提出要继续推进新农村建设，使之与新型城镇化协调发展、互惠一体，形成双轮驱动。随着城乡融合发展，城乡发挥两者间不同资源的优势，共同打造城与乡双实力中心，城市能量越强，越能够产生外溢效应，中心城市对外辐射带动不断增大，更有利于进行"美丽乡村"建设。

新时代的城镇化也更加注重和农业现代化的相辅相成，强调既要保住耕地红线，保障粮食安全，也要保护农民利益。党的十九大报告更是从市场在资源配置中起决定性作用、更好地发挥政府作用的角度再次强调新型工业化、信息化、城镇化、农业现代化同步发展的战略格局，以期为中国特色新型城镇化建设保驾护航。同时，在农业现代化方面，提出实施乡村振兴战略，以此为基点，强调必须始终把解决好"三农"问题作为全党工作重中之重。"要坚持农业农村优先发展，按照产业兴旺、生态宜居、乡风文明、治理有效、生活富裕的总要求，建立健全城乡融合发展体制机制和政策体系，加快推进农业农村现代化。"② 从体制机制层面确保城乡融合，补齐全面建成小康社会的农村短板，走一条质量兴农之路、绿色发展之路、文化兴村之路，深化农业供给侧结构性改革，加快构建现代农业体系，实现由农业大国向农业强国的转变。以绿色发展引领农业生态振兴，完善农村公共文化服务体系，加大优质文化产品和服务供给，最终实现高质量的城乡融合，实现共同繁荣、共同富裕。

---

① 《习近平在中共中央政治局第二十二次集体学习时强调　健全城乡发展一体化体制机制　让广大农民共享改革发展成果》，《光明日报》2015年5月2日，第1版。
② 习近平：《决胜全面建成小康社会　夺取新时代中国特色社会主义伟大胜利——在中国共产党第十九次全国代表大会上的报告（2017年10月18日）》，《人民日报》2017年10月28日，第1版。

（二）改革开放以来中国城镇化进程中存在的问题

改革开放以来，伴随着工业化进程加速，我国的城镇化经历了一个起点低、速度快的发展过程。1978～2013 年，城镇常住人口从 1.7 亿人增加到 7.3 亿人，城镇化率从 17.92% 提升到 53.73%，年均提高 1.02 个百分点；城市数量从 193 个增加到 658 个，建制镇数量从 2173 个增加到 20113 个。京津冀、长江三角洲、珠江三角洲三大城市群，以 2.8% 的国土面积集聚了 18% 的人口，创造了 36% 的国内生产总值，成为带动我国经济快速增长和参与国际经济合作与竞争的主要平台。城市水、电、路、气、信息网络等基础设施显著改善，教育、医疗、文化体育、社会保障等公共服务水平明显提高，人均住宅、公园绿地面积大幅增加。城镇化的快速推进，吸纳了大量农村劳动力转移就业，提高了城乡生产要素配置效率，推动了国民经济持续快速发展，带来了社会结构深刻变革，促进了城乡居民生活水平全面提升，取得的成就举世瞩目。城镇化在呈现以数量规模扩张为主的基本特征的同时，也带来了诸多问题和挑战，突出表现在以下几个方面。

第一，大量农业转移人口难以融入城市社会，市民化进程严重滞后，城镇化进程落后于工业化进程。截至 2016 年底，被纳入城镇人口统计的 2.8 亿名农民工及其家属，未能在教育、就业、医疗、养老、保障性住房等方面，平等享受城镇居民的基本公共服务，处于"半市民化"状态。城镇内部出现的新二元结构，制约了城镇化对扩大内需和结构升级的推动作用，不利于产业结构升级和劳动者素质的提高，也造成农业转移人口与城镇原居民之间各种权益的不平等，还加剧了人户分离，给人口管理带来难度，也带来一定的社会风险和隐患。对此，李克强总理指出："城镇化是我国发展的一个大战略，城镇化不是简单的城市人口比例增加和面积扩张，而是要在产业支撑、人居环境、社会保障、生活方式等方面实现由'乡'到'城'的转变。"① 2016 年 9 月，《推动 1 亿非户籍人口在城市落户方案》印发，这一落户方案是新型城镇化户籍制度改革的重要举措，是

---

① 《李克强在全国资源型城市与独立工矿区可持续发展及棚户区改造工作座谈会上强调　破解城市二元结构难题　走新型城镇化道路》，《光明日报》2012 年 9 月 26 日，第 3 版。

推进新型城镇化高质量发展的重要任务，是扩大内需和改善民生的有机结合点，也是全面建成小康社会、惠及更多人口的内在要求。明确了在城市落户的具体措施，包括：除极少数超大城市外，全面放宽升学和参军进城的农村学生、长期在城市居住的农业转移人口和新生代农民工等重点人群的落户条件，省会（首府）及以下城市要全面放开高校毕业生等技能型群体落户限制；超大城市和特大城市要分类制定落户政策，大中城市要减少落户限制。此外，制定实施配套政策：加大对农业转移人口市民化的财政支持力度并建立动态调整机制；建立财政性建设资金对吸纳农业转移人口较多城市基础设施投资的补助机制；建立城镇建设用地增加规模与吸纳农业转移人口落户数量挂钩机制；完善城市基础设施项目融资制度；建立进城落户农民土地承包权、宅基地使用权和集体收益分配权的维护和自愿有偿退出机制，确保落户后在住房保障、基本医疗保险、养老保险、子女教育等方面同城同待遇；推进居住证制度覆盖全部未落户城镇常住人口。

第二，大量占用土地，与资源环境的矛盾日趋突出。以往的城镇化注重外延式发展，但忽视了城镇化的内涵。学界有学者分析指出，中国以往的城镇化是一种重外延扩张、轻内涵发展的粗放型城镇化。① 也就是说，以往城镇化的快速推进是建立在资源能源的高消耗的基础之上的，城镇化的资源环境代价高，城镇化效率低下。在城镇化的进程中，占用大量土地进行开发建设，城镇用地规模扩张过快导致耕地减少过多，城镇空间扩张快于城镇人口增长，加剧了城镇化与土地资源紧缺矛盾，导致"土地城镇化"大大快于人口的城镇化。目前，大量农业转移人口难以融入城市社会，2.8亿名农民工及其随迁家属，未能在教育、就业、医疗、养老、保障性住房等方面享受城市居民的基本公共服务；一些城市"摊大饼"式扩张，加剧了土地的粗放式利用，然而城市管理服务水平却不高，"城市病"问题日益突出。2000～2011年，城镇建成区面积增长76.4%，高于同期城镇人口50.5%的增长速度。② 同时，农村人口减少1.33亿人，农村居民点用地却增加了3045万亩。一些地方过度依赖土地出让收入和土地抵押融资

---

① 魏后凯主编《走中国特色的新型城镇化道路》，社会科学文献出版社，2014，第15页。
② 《新型城镇化：如何"以人为核心"》，《人民日报》2014年3月27日，第13版。

来推进城镇化建设，更是加剧了土地粗放利用，浪费了大量耕地资源，威胁到国家粮食安全和生态安全，也加大了地方政府性债务等财政金融风险。同时，在一些城市出现了严重的环境污染问题，生态环境压力不断增大。据统计，2001～2010 年，中国城镇人口平均年增长 3.78%，但全国煤炭、石油、天然气分别年均增长 8.17%、6.69%、16.14%，分别是前者的 2.16 倍、1.77 倍和 4.27 倍。中国城镇化水平每提高 1 个百分点，需要消耗煤炭 87.58 万吨标准煤、石油 21.44 万吨标准煤、天然气 8.08 万吨标准煤、城市建成区 1285 平方公里、城市建设用地 1283 平方公里。

第三，城镇空间分布和规模结构不合理，城镇与其资源环境承载能力不匹配。东部一些城市人口资源矛盾加剧，中西部城镇化的潜力尚未得到充分发挥，城镇化区域发展不均衡现象突出。2011 年，东部地区城镇化率为 60.8%，东北地区为 58.7%，而中部、西部地区分别只有 45.5% 和43.0%。从各省区市的城镇化水平来看，上海、北京、天津位列前三名，前十位的省区市全部位于东部地区和东北地区，城镇化水平最高的上海是最低的西藏的 3.93 倍。[①] 此外，优质资源过度向特大城市和大城市配置，导致人口过度集聚，出现交通拥堵、房价高企等"大城市病"。2016 年 2月 24 日，清华大学恒隆房地产研究中心与北京大学－林肯研究院城市发展与土地政策研究中心共同发布的 2015 年第四季度"中国典型城市住房同质价格指数"数据显示，北京房价 10 年上涨 380%，深圳涨 508%，上海涨 384%，而中小城市和小城镇却因缺乏资金、技术和人才等生产要素，产业和人口集聚能力受到限制，难以得到充分发展。

第四，城镇建设贪大求洋，缺乏文化传承和地域特色。城镇建设千篇一律，没有考虑到文化传承和地域特色，出现了"千城一面"的现象。有些地方在推进城镇化建设的过程中，对自然历史文化遗产保护不力，城乡建设缺乏特色。一些城市景观结构与所处区域的自然地理特征不协调，部分城市贪大求洋、照搬照抄，脱离实际建设国际大都市，"建设性"破坏不断蔓延，城市的自然和文化个性被破坏。一些农村地区大拆大建，照搬

城市小区模式建设新农村，简单用城市元素与风格取代传统民居和田园风光，导致乡土特色和民俗文化流失，城镇化的质量和品质并不高。许多城市大拆大建，对当地特色文物、文化和标志性建筑保护不够，拆除了不少具有文化底蕴、历史内涵的老建筑、古祠堂、古园林，用所谓的新潮，改造了很多的老街区，各地片面追求"新、奇、特"的建筑风格，导致城镇化过程中存在大量雷同现象。现代化的都市，已经难以看出地方特色，同时也丧失了诸多体现中国传统文化的地方建筑，城镇化建设中的文化内涵严重缺位。

城镇化进程中出现这些问题的原因在于我们的城镇化是不完全、不充分的城镇化，更多地表现为城市规模的扩张，"土地城镇化"大大快于人口的城镇化。虽然大量农业转移人口涌入非农业生产，但他们中相当一部分人没有真正转化为市民。城镇化的快速推进也给生态环境、土地资源带来很大压力，我们的产业结构依然处于一种低水平、粗放型的增长模式中。

总之，随着我国城镇化发展环境和条件的变化，过去一个时期以数量规模扩张为主要特征的城镇化道路越来越难以持续，加快向以人的城镇化为核心、以质量提升为主要特征的新型城镇化道路转型势在必行。中国要走新型城镇化的道路，不仅仅是人口的城镇化、户口的城镇化，也不仅仅是城镇面积的扩张，关键还是有产业和就业支撑的城镇化，是数量和质量统一的城镇化，是外延和内涵统一的城镇化。

党的十六大报告明确指出，要"坚持大中小城市和小城镇协调发展，走中国特色的城镇化道路"。十七大报告进一步将"中国特色城镇化道路"作为"中国特色社会主义道路"的五个基本内容之一，并明确指出"走中国特色城镇化道路，按照统筹城乡、布局合理、节约土地、功能完善、以大带小的原则，促进大中小城市和小城镇协调发展"。十八大报告又提出"坚持走中国特色新型工业化、信息化、城镇化、农业现代化道路"，"促进工业化、信息化、城镇化、农业现代化同步发展"，即"四化"并举。2013年中央经济工作会议进一步明确指出："要把生态文明理念和原则全面融入城镇化全过程，走集约、智能、绿色、低碳的新型城镇化道路。"中国特色城镇化道路与新型城镇化道路是一个有机的联系整体，绝不能把二者割裂开来。中国特色的城镇化道路，必须是具有中国特色的新型城镇化道路；而中国走新型城镇化之路，也必须符合中国国情，体现中国特色。因此在推进城镇化的过程中，必须把"走中国特色的城镇化道路"与"走新型城镇化道路"有机结合起来，坚定不移地走具有中国特色的新型城镇化道路。2014 年，中央制定了《国家新型城镇化规划（2014～2020年）》，指出："目前我国常住人口城镇化率为 53.7%，户籍人口城镇化率只有 36% 左右，不仅远低于发达国家 80% 的平均水平，也低于人均收入与我国相近的发展中国家 60% 的平均水平，还有较大的发展空间。"根据最新统计，截至 2018 年底，我国常住人口城镇化率达到 59.58%。十九大报告中再次明确强调，实施区域协调发展战略，坚持推动新型工业化、信息化、城镇化、农业现代化同步发展，"以城市群为主体构建大中小城市和小城镇协调发展的城镇格局，加快农业转移人口市民化"。[①] 为新时代中国特色社会主义新型城镇化建设指明了方向。

二　中国特色新型城镇化道路的内涵

中国特色新型城镇化道路是从中国的国情出发，符合科学发展观要求，强调以人为本、集约智能、绿色低碳、城乡一体、"四化"同步，多元、渐进、集约、和谐、可持续的城镇化道路。要科学理解中国特色新型城镇化道路的内涵，必须把握以下几点。

（一）新型城镇化与传统城镇化

新型城镇化是相对于传统城镇化而言的。2005 年 10 月的十六届五中全会明确提出："坚持大中小城市和小城镇协调发展，按照循序渐进、节约土地、集约发展、合理布局的原则，促进城镇化健康发展。"[②] 之后，学

---

① 习近平：《决胜全面建成小康社会　夺取新时代中国特色社会主义伟大胜利——在中国共产党第十九次全国代表大会上的报告（2017 年 10 月 18 日）》，《人民日报》2017 年 10 月 28 日，第 1 版。

② 《中共十六届五中全会在京举行　中央政治局主持会议　中央委员会总书记胡锦涛作重要讲话》，《光明日报》2005 年 10 月 12 日，第 1 版。

界就逐渐开始使用新型城镇化这一概念，以此区别于以往的传统城镇化。在反思传统城镇化模式存在的问题的过程中，新型城镇化的概念也逐渐明晰起来。

传统城镇化是在比较收益吸引下农村劳动力持续向城镇非农产业转移、在聚集效应向心力作用下第二第三产业不断向城镇集中，从而使城镇数量与规模日益增加与扩大的历史过程。传统城镇化存在的弊端主要有以下三点。第一，指导思想的不切实际，存在"重城轻乡""重工轻农"的思想局限，导致农村的萧条与大城市病的普遍存在。为追求数字指标，为显示政府的政绩，许多地方不择手段，人为地提高城镇化水平，"把广大城乡混合地域当成了城镇化地域，靠行政区划调整扩大管辖面积。如出现了世界面积最大的城市——中国的格尔木市（99400 平方公里），世界面积最大的镇——面积达四五万平方公里的罗布泊镇"①。主要原因在于曲解了"城市"和"城镇化"的基本概念，不少地方追求以改变行政区划来扩大城市辖区。同时，"重城轻乡""重工轻农"的思想还表现为传统的城镇化简单地认为城镇化就是乡村地区转变为城镇地区、农民转变为市民以及农业转变为非农业。加之"规划设计上的单一粗放，从而带来实际运作中的资源浪费、环境污染等问题"②。

第二，传统城镇化区域之间缺乏有效的合作机制。城镇化本身就是整体联动的城乡一体化建设，任何城市都离不开区域的支撑和整体联动规划建设，在城镇化进程中一定要处理好城市建设和区域发展之间的关系。城市是区域的中心，区域是城市发展的基础。城市工作必须正确处理城市与区域的关系，加快实现区域经济的一体化，促进城乡协调发展。"城市发展要依据区域规划，从整体考虑，发挥各大城市的优势，挖掘潜能，打破行政束缚，放眼于大市场，实现区域经济规模化、集团化，建立区域共同

---

① 卢科：《集约式城镇化——开创有中国特色的新型城镇化模式》，《小城镇建设》2005 年第 12 期，第 69 页。

② 中共绍兴县委党校课题组：《新型城镇化：发展动力、制约因素及其思路对策》，《资料通讯》2007 年第 6 期，第 29 页。

市场。"① 但传统城镇化忽略了城镇化区域之间的有效互动和整体规划，导致资源消耗过大、生态环境破坏严重。

　　第三，传统城镇化模式之下城镇的创新能力是低下的，同时也存在产业结构不合理的问题。城镇的创新能力明显偏弱，简单盲目地扩建城市，包括建广场、建大厦、建摩天楼等，缺乏支柱产业，也存在一定程度上的盲目攀比现象。在产业结构方面，缺乏区域和国家的统一规划，没有因地制宜打造出具有本地特色的新兴产业，缺少体现地区特色产业的特色品牌，城市间的产业互补功能缺失，导致城市的特色丧失，每个城市都是千篇一律，大量的产业布局趋同、小而全的重复性浪费严重。

　　与传统的城镇化相比，新型城镇化更加注重可持续的发展理念，强调以人为本的发展宗旨和目的，优化城市布局、充分发挥中心城市作用，以加强区域间的协同创新发展为目标和举措。同时，新型城镇化也更加注重每个城市的特色文化，注重城市的"文化命脉"，即以"突出城市的文化个性和特色作为重要任务，确立城市文化品牌，对城市文化建设进行综合设计，进一步挖掘地域文化的独有内涵，维护好历史传承，留住城市的'文化命脉'"②。目前，对新型城镇化的概念界定较多，比较认可的是将新型城镇化界定为："在科学发展观理论精髓指导下，不以牺牲生态环境和粮食安全为代价，切实遵循城镇建设基本客观规律，以促进城镇质量全面提升为导向，突出坚持以人为本理念，自始至终强调城乡统筹、社会和谐、集约发展、结构合理的全新城镇化发展模式。"③ 从新型城镇化内涵的界定中我们可以看到"科学发展""生态环境""粮食安全""以人为本""城乡统筹"等都是关键词，是我们在传统城镇化建设中汲取的经验及训教，也是下一步城镇化建设需要切实关注和加强的要点。

（二）城镇化与城市化、都市化

　　城镇化、城市化、都市化都是英文"urbanization"的不同译法。urban

---

① 卢科：《集约式城镇化——开创有中国特色的新型城镇化模式》，《小城镇建设》2005 年第 12 期，第 69 页。

② 孟建柱：《建设和谐文化　实现科学发展》，《光明日报》2007 年 2 月 3 日，第 7 版。

③ 盛广耀：《新型城镇化理论初探》，《学习与实践》2013 年第 2 期，第 13 页。

（城市）是 rural（农村）的反义词。城市化或称城镇化是当今世界重要的社会经济现象之一。西方学界将城镇化的概念界定为人口、土地和产业的非农化。[①] 遵循这一内涵的西方城镇化过程中出现了很多问题，国内学者则针对出现的具体问题相应地提出了健康的城镇化概念，将健康城镇化界定为基本上不存在城市病和农村病的城镇化。而"所谓'城市病'是指城镇化过程中出现的城市住房拥挤、交通堵塞、环境脏乱差、失业严重、社会治安恶化、存在大面积贫民窟的现象。所谓'农村病'是指城镇化过程中出现的优质农村劳动力过度流失、农村人口老化和弱质化、土地抛荒、农村凋敝的现象。"[②]

根据发达国家的经验，其城市化都是与工业化同步发展，城镇与城市并行发展，因此，西方国家的城市化与城镇化意义相同。而中国则不同，中国的城镇化与城市化具有不同的含义。这是因为有以下两点。第一，中国统计的特殊性。在我国人口的统计中，统计城市人口不包括城镇，而统计城镇人口包括城市。如果中国走城市化道路的话，那么城市化率会更低。到 21 世纪中叶要达到中等发达国家水平，城镇化率要达到 70%，届时中国人口 14 亿人，即将有近 10 亿人口在城镇。我国近 2 万个小城镇和 655 个城市加在一起的城镇化率截至 2017 年底是 58.52%。有近 5 亿城镇人口。未来 40 年，如果新增人口和从农村转移出来的人口 5 亿人全部涌入城市，无论如何我国的城市都无法容纳。第二，中国农村富余劳动力多。中国现有农村富余劳动力大约在 1.7 亿 ~2.0 亿人。我国有百万人口以上的特大城市 41 座。如果这些农村富余人口到 21 世纪中叶从农村转移到特大城市中，则每个特大城市将增加 400 多万人口；如果流向中等及以上城市，则每个城市将增加上百万人口，无论是土地的承载能力还是国家财力都是不允许的。中国的国情决定了我们只能走城镇化道路而非城市化、都市化的道路，尤其是西方所谓的都市化道路，不贪求大而全，注重本国、本地特色，走出一条中国特色的新型城镇化道路。

---

① A. Chen，"Urbanization and Disparities in China：Challenges of Growth and Development，" *China Economic Review* 13（2002）：407 – 411.

② 简新华：《如何实现健康的城市化》，《光明日报》2012 年 6 月 7 日，第 14 版。

都市化往往指涉大型的城市或城市群，北京大学杜维明教授指出，在西方，都市往往作为一个地方或国家的首府，多半是政治、经济和文化集中的地方，占全国的资源比例非常大，都市为人类创造了核心价值的对话条件。① 对于西方的都市化发展，我们可以取其精华去其糟粕，在城镇化过程中侧重于城市的文化建设和文化内涵，即"都市文化"的建设和研究上。同时，西方的都市化关注的是世界级的国际大城市，即不是一般的城镇与中小城市，而是那些对当代世界具有举足轻重之影响的国际化大都市。② 从国际经验看，200 多年的工业化进程，经历的是一条从城市到大城市，进而到大都市群的发展之路。在当代城市化进程中，国际大都市群对当今世界经济社会的影响极为重要。中国的城镇化发展有其特殊的历史背景和发展模式，切不可以照抄照搬西方的都市化发展模式，因为这一模式已经被证明带来了诸多弊端，主要有"世界上各种大都会，因为物欲的充分释放，造成了大家熟悉的环境的破坏、交通堵塞、贫富不均，乃至农村里祖祖辈辈积累的诚实、朴素的价值观念，被城市化解构，甚至成为一种反面价值"③。因此，我们必须克服西方都市化发展过程中的不足之处，走一条绿色的城镇化之路，保护好人类核心价值对话的地方。为此，从 2007 年开始，由教育部牵头，国内学界每年都会发布《中国都市化进程年度报告》，对中国的城市化发展模式进行深度梳理和研究并对中国都市化进程和城市发展及时地进行经验总结与理论阐释。

（三）　新型城镇化道路的核心在于人的城镇化

"以人为核心"是新型城镇化的灵魂所在，走中国特色的新型城镇化道路，要坚持以人为本的理念和核心，而非仅强调城镇化率以及城镇规模，走一条在人本视角下的可持续发展的道路。"以人为核心"的城镇化可以从以下几个方面来理解：一是，人的城镇化不仅仅是要提高人口构成中城镇人口所占比例，更是要实现城乡发展一体化，亦即城乡在社会经济

---

① 杜维明：《城市化与核心价值的文明对话》，《光明日报》2010 年 7 月 1 日，第 10 版。
② 刘士林：《都市文化研究在中国兴起》，《光明日报》2006 年 2 月 9 日，第 9 版。
③ 杜维明：《城市化与核心价值的文明对话》，《光明日报》2010 年 7 月 1 日，第 10 版。

结构上的高度融合与协调发展；二是，人的城镇化更注重质的提高，亦即要让城乡居民过上更加健康优裕的生活；三是，人的城镇化更是一种心理认同和融入的过程，即不仅包含着人类生产生活方式的转型还包括从农民到市民的群体角色的转变。随着城镇化的推进，原有的乡村"差序格局"被打破，聚集的新移居城镇居民一时无法适应城镇生活：在心理上难以获得认同，在情感上找不到归宿。这就需要发挥社区的功能，在不断丰富新移居城镇居民政治、经济、文化生活的过程中，重构社区文化和新移居城镇居民的"熟人圈"，使其逐步加入城镇社会，进入城镇主流，融入城镇生活。因此，"一个完整的城镇化过程实际上应该同时包含人口转移、空间扩张、社会转型和角色转变等四个相互关联的方面。前两个方面是物质和技术层面上的城镇化，后两个方面则是社会文化和个体层面上的城镇化。只有在这两类属性的城镇化同时推进的情况下，城镇化的动态平衡才能长期被维持。"①

此外，需要指出的是，以人为核心的城镇化，个体不是被动地镶嵌到新型城镇化的进程中的，而是主动的发力者，即需要明白，人是新型城镇化激发的内生动力。从这个角度出发去理解以人为核心的城镇化建设，一切围绕着人而展开，才算是抓住了城镇化的根本。2013 年的中央城镇化工作会议就明确要求：要以人为本，推进以人为核心的城镇化，提高城镇人口素质和居民生活质量，把促进有能力在城镇稳定就业和生活的常住人口有序实现市民化作为首要任务。党的十八届三中全会也提出，要推进以人为核心的城镇化，推动大中小城市和小城镇协调发展、产业和城镇融合发展，促进城镇化和新农村建设协调推进。2016 年的政府工作报告中明确指出："要深入推进以人为核心的新型城镇化，实现 1 亿左右农业转移人口和其他常住人口在城镇落户，完成约 1 亿人居住的棚户区和城中村改造，引导约 1 亿人在中西部地区就近城镇化。到 2020 年，常住人口城镇化率达到 60%、户籍人口城镇化率达到 45%。"② 2018 年的政府工作报告也强调：

---

① 文军：《城镇化的核心是人的城镇化》，《光明日报》2013 年 10 月 16 日，第 11 版。
② 《2016 年国务院总理李克强政府工作报告（全文）》，中国网，http://www.china.com.cn/guoqing/2016 - 03/05/content_37944493.htm，2016 年 3 月 5 日。

"坚持以人民为中心的发展思想，着力保障和改善民生，人民群众获得感不断增强"；"新型城镇化的核心在人，要加强精细化服务、人性化管理，使人人都有公平发展机会，让居民生活得方便、舒心"。① 在推进新型城镇化的过程中，通过采用资源节约和环境友好技术，满足人们最基本的衣、食、住、行、教育、医疗等需求，又不超过资源环境的承载能力，推动形成与资源环境承载能力相协调的城镇化发展格局。

同时，以人为核心的城镇化还要构建合理健康的城镇与农村关系。党的十八届三中全会也提出，城乡二元结构是制约城乡发展一体化的主要障碍。必须健全体制机制，形成以工促农、以城带乡、工农互惠、城乡一体的新型工农城乡关系，让广大农民平等参与现代化进程、共同分享现代化成果。要加快构建新型农业经营体系，赋予农民更多财产权利，推进城乡要素平等交换和公共资源均衡配置，完善城镇化健康发展体制。

（四）城镇化建设要体现中国特色、地方特色，而非一刀切

走中国特色的新型城镇化道路，要求在发挥优势、各具特色的基础上，推动形成布局合理、分工明确、等级有序的城镇体系和空间格局。新型城镇化建设，要体现文化传承，彰显特色。何谓特色？特色就是要彰显地方个性，关注各个城镇的差异性、多样性，找到不同城镇的"性格"。而特色通常与一个地区在资源、地理位置等方面的优势有关。只有结合自身地理位置、文化传统、社会人文和资源优势，并分析自身优势、认清自身特点，才能迅速认清自身的品牌化和特色化潜力，从而找到推行品牌化和特色化的正确方向。只有找准正确方向，才能让每个城镇具有独特的竞争力。在此过程中，要根据不同地区的自然历史文化禀赋，体现区域差异性，提倡形态多样性，防止千城一面，发展有历史记忆、文化脉络、地域风貌、民族特点的美丽城镇，形成符合实际、各具特色的城镇化发展模式。按照"因地制宜、功能完善、城乡协调、以大带小、多元推动"的原则，构建一个符合中国特色新型城镇化要求，高效、合理、有序的城镇空

---

① 李克强：《政府工作报告——2018 年 3 月 5 日在第十三届全国人民代表大会第一次会议上》，《人民日报》2018 年 3 月 6 日，第 1 版。

间新格局。《国家新型城镇化规划（2014～2020）》也明确指出："加强历史文化名城名镇、历史文化街区、民族风情小镇文化资源挖掘和文化生态的整体保护，传承和弘扬优秀传统文化，推动地方特色文化发展，保存城市文化记忆。"①

城镇化建设不但是发掘地方特色文化和优势品牌的过程，也是激励地方生产、建设技术和科学文化水平不断提高的过程。在城镇化建设中推行品牌化和特色化之初，地方政府和相关企事业单位尚未积累起丰富的建设经验，对品牌化和特色化的理解大多是模糊的、肤浅的，而对相关建设工作的策划和开展也可能缺乏信心。但经过一个时期的探索，一部分成功的先行工程作为城镇化建设品牌化和特色化的典范已经树立起来。对于彰显地方经济、技术实力，增进人们对品牌化和特色化理念的了解和认识以及提升社会各界关于品牌化、特色化建设的信心无疑有着重要的意义。一方面，要因地制宜地做好城镇化的规划，发掘自身在生态环境、地方产业和地方文化中的品牌优势，运用现代技术和手段将传统产业、文化等加以宣传、推广和发展。另一方面，名胜古迹和传统艺术是地方历史文化的精髓，在城镇化进程中，不但要对地方文物、古迹和非物质文化遗产做好保护工作，还要对其加以合理开发和弘扬，使其发挥提升丰富城镇文化底蕴和城镇文化品位的重要作用。如云南积极探索适合我国山区城镇化发展的特殊路径，坚持走特色化城镇化道路。在"城镇上山"规划设计上，尽量体现自然性和民族性，借助自然山势、水系，突出地方特色和山水田园风光，形成山、水、田、园、城有机融合，融入地域性特征和特色民族文化，形成具有地方民族特色的山地城镇建筑风格。

（五）新型城镇化是大中小城市和小城镇的协调发展

中国特色的新型城镇化道路，应立足于区域的自然地理条件、经济发展基础、人口规模和目标定位，采取多种方式和途径，推动形成合理的城镇体系，促进大中小城市和小城镇协调发展。首先，省会（首府）城市、

---

① 《国家新型城镇化规划（2014～2020年）》，《光明日报》2014年3月17日，第3版。

直辖市等中心城市是中国新型城镇化发展的重要支撑，要增强这些中心城市的辐射带动功能。沿海中心城市要加快产业转型升级，提高参与全球产业分工的层次，延伸面向腹地的产业和服务链，加快提升国际化程度和国际竞争力。内陆中心城市要加大开发开放力度，健全以先进制造业、战略性新兴产业、现代服务业为主的产业体系，提升要素集聚、科技创新、高端服务能力，发挥规模效应和带动效应。区域重要节点城市要完善城市功能，壮大经济实力，加强协作对接，实现集约发展、联动发展、互补发展。

其次，中小城市是优化新型城镇规模结构的主攻方向，我国中小城市数量众多，在城镇化和现代化建设格局中居于重要的战略地位，中小城市推进新型城镇化，对于我国健全城镇化体系、加快转变发展方式、推动经济社会协调发展、全面建设小康社会具有重大意义。但目前我国中小城市经济发展的总体水平还不高，城镇化发展明显滞后，与大城市相比还存在很大差距。为此，中小城市的发展还是有很大的潜能的，必须加强对中小城市产业和公共服务资源的布局引导，提升质量，增加数量。鼓励引导产业项目在资源环境承载力强、发展潜力大的中小城市布局，依托优势资源发展特色产业，夯实产业基础。同时健全公共服务体系，着力改善民生。加大户籍制度改革力度，探索收入分配改革措施，推进农业转移人口加快融入城市，提高人民群众收入水平。

最后，发展小城镇是中国特色新型城镇化的重点。对于小城镇的发展，《国家新型城镇化规划（2014～2020）》提出了总体要求，即"按照控制数量、提高质量，节约用地、体现特色的要求，推动小城镇发展与疏解大城市中心城区功能相结合、与特色产业发展相结合、与服务'三农'相结合。"[1]

可见，在新型城镇化推进过程中大中小城市和小城镇的协调发展十分重要与紧迫。为此，党的十九大报告再次强调："以城市群为主体构建大中小城市和小城镇协调发展的城镇格局，加快农业转移人口市民化。"[2] 新

---

① 《国家新型城镇化规划（2014～2020年）》，《光明日报》2014年3月17日，第3版。
② 习近平：《决胜全面建成小康社会 夺取新时代中国特色社会主义伟大胜利——在中国共产党第十九次全国代表大会上的报告（2017年10月18日）》，《人民日报》2017年10月28日，第1版。

型城镇化建设过程中的大中小城市和小城镇的统筹协调发展迫在眉睫。

三 伴随中国特色新型城镇化进程的农民工问题

农村劳动力向非农产业和城镇转移，是世界各国工业化、城镇化的普遍趋势，也是农业现代化的必然要求。农村富余劳动力在向外转移的过程中，形成了中国农民工这一庞大的群体。改革开放以来中国农村剩余劳动力向城镇的转移伴随着中国城镇化发展的全过程，但也呈现和城镇化进程不同的特点。

（一）农村劳动力转移的不同阶段

具体来说，改革开放以来农村劳动力转移分为以下几个阶段。

1. 第一阶段：农村劳动力就地转移阶段（1979～1983 年）

此一时期，在党和国家"控制流动"的政策下，农业剩余劳动力向城镇转移严格控制在"就地"范围内，政府鼓励农业剩余劳动力就地向非农产业乡镇企业转移，严格控制甚至不允许农业剩余劳动力向异地城镇非农产业转移。1980 年 8 月，国务院下发《关于进一步做好城镇劳动就业工作的意见》，其中规定，对农业剩余劳动力，要采取发展社队企业和城乡联办企业等办法加以吸收，要控制农业人口盲目流入大中城市，要控制"吃商品粮人口"的增加，要压缩、清退来自农村的计划外用工。对于确需从农村中招工的，要从严控制，须经省区市人民政府批准。但此时，党和国家已经认识到了解决农业剩余劳动力问题的重要性。

我国农村地少人多，劳动力资源非常丰富。随着农业现代化的发展，农业剩余的劳动力将越来越多。根据机械化试点材料，初步机械化，农业劳动力就剩余 50%～70%；高度机械化，就剩余 90%。截至 1980 年底，我国农业劳动力有 3 亿多人，有限的耕地已经容纳不下。[1] 这就要求农村

---

[1] 吴耀球、薛兴祥：《要提高农产品商品率》，《光明日报》1980 年 12 月 6 日，第 4 版。

社队广开生产门路，大力发展多种经营，实行农林牧副渔并举、农工商一体化，把一切人力资源潜力发挥出来，把一切物质资源充分利用起来。当时有些地方劳动力外流，一个重要的原因就是没有把过剩的劳动力及时地组织到发展多种经营上来，向生产的深度广度进军，而是把大量的劳动力捆在有限的土地上。在这些地方，多种经营不发展，农产品商品率很低，甚至拿不出产品去交换，集体没法积累，社员没有现金收入或有很少的现金收入，生产、生活都很困难。在这种情况下，农民为了生计，就只好外流了。因此，开展多种经营，提高商品率，在当时是解决我国农业剩余劳动力出路的重要途径。

针对这样的情况，1981 年 10 月，国务院印发《关于广开门路，搞活经济，解决城镇就业问题的若干决定》，明确规定要在严格控制农村劳动力流入城镇的基础上，通过发展多种经营和兴办社队企业，就地适当安置农村多余劳动力，不使其涌入城镇。在分析中国经济情况的基础上，指出，对于农村人口、劳动力迁入城镇，应当按照政策从严掌握。今后农村人口迁入城镇的，公安、粮食、劳动等部门要分工合作把好关，要严格履行审批手续；城镇企事业单位要严格控制使用农村劳动力，继续清退来自农村的计划外用工。同年 12 月，国务院再次发文，要严格控制从农村招工；要加强户籍和粮食管理，城市临时雇用的农村劳动力必须全部回到农村，控制农村人口流向城市。

可以说，改革开放初期，中国经济尤其是农业落后的局面是有目共睹的，加之城市的改革探索刚刚起步，党和国家采取控制流动人口的政策是正确的。因为过大的人口密度会给交通、治安、市政造成无法承受的压力，会降低城市的规模经济效益。日本高崎大学教授高濑净就认为，中国还未找到从人均耕地面积减少与农业劳动生产率低下这个结构性矛盾中解脱出来的方向。[①] 同时，中国缺乏必要的专业人才，美国的中国问题专家亚历山大·埃克斯坦认为："也许在中国最贫乏的，甚至比耕地和资本更

---

① 高濑净：《中国社会的合理和经济建设》，《亚洲（月刊）》1982 年第 10 期，第 73 页。

要贫乏的资源，是具有高度技术水平的人力。"①

关于国外学者对中国农业落后的评价，我们应该承认，这是客观事实，但认为中国难以摆脱人均耕地减少和农业劳动生产率低下这个结构性矛盾的观点，则是不正确的。中国有能力也有信心能够找到解决中国农业和农村剩余劳动力问题的方法和途径，这就是，我们不仅要在 15 亿亩耕地上进行集约化生产，生产更多的粮食和经济作物，并且要立足于 100 亿亩的草原、山坡和内陆水域，全面发展林、牧、渔、副、工。同时，中国在改革开放之初就已经在探索一条全新的农业化道路，就是实行农业和工业的结合，主要是发展投资少、耗能少、收效快的社队工业。发展这种工业，不仅可以积累农业现代化发展所需的资金，而且可以解决农业剩余劳动力的就业问题，使人口尽可能平均地分布于全国。根据上述中国农业的发展战略，可以说，就找到了摆脱人均耕地面积减少和农业劳动生产率低这个结构性矛盾的方法。此外，在一定时期内，中国把教育和科学技术放在优先的地位，以此解决中国"人才缺乏"的要害问题。

2. 第二阶段：农村劳动力开始大量向外转移阶段（1984～1988 年）

此一阶段最鲜明的特征是从"严格控制"农村劳动力向外流动到"允许流动"，在此政策影响下，大量农村劳动力开始向城镇流动。1984 年 1 月，中共中央下发《关于一九八四年农村工作的通知》（简称"1984 年中央 1 号文件"），允许务工、经商、办服务业的农民自理口粮到集镇落户。文件中分析指出："随着农村分工分业的发展，将有越来越多的人脱离耕地经营，从事林牧渔等生产，并将有较大部分转入小工业和小集镇服务业。这是一个必然的历史性进步，可为农业生产向深度广度进军，为改变人口和工业的布局创造条件。不改变'八亿农民搞饭吃'的局面，农民富裕不起来，国家富强不起来，四个现代化也就无从实现。"② 同年 10 月，国务院印发《关于农民进入集镇落户问题的通知》，之后，大量农村剩余劳动力开始向城镇转移。通知中开篇就分析指出："随着我国农村商品生

---

① 转引自林克、刘颂尧《评外国经济学者对中国战略目标的评论》，《光明日报》1983 年 10 月 16 日，第 3 版。

② 《中共中央关于一九八四年农村工作的通知》，《人民日报》1984 年 6 月 12 日，第 1 版。

产和商品交换的迅速发展，乡镇工商业蓬勃兴起，越来越多的农民转向集镇务工、经商，他们迫切要求解决迁入集镇落户问题。"① 规定，凡申请到集镇务工、经商、办服务业的农民和家属，在集镇有固定住所，有经营能力，或在乡镇企事业单位长期务工的，公安部门应准予落常住户口，及时办理入户手续，发给《自理口粮户口簿》，统计为非农业人口。这一政策的制定，是符合当时中国农村改革发展的实际情况的，是将农业剩余劳动力纳入劳务市场体系，利用经济杠杆调节农业剩余劳动力流向的有益尝试。因为当时中国的城市是无法容纳这支庞大的"离土"的农村劳动力的，而把大批农业剩余劳动力长期滞留在农村，会给经济的发展和社会的安定带来很多不利因素。那么，怎样才能解决这个矛盾呢？所以从我国的国情出发，引导农民"离土不离乡"，吸引他们向小集镇集中是一种好形式。

为了进一步盘活农村剩余劳动力，1986 年 7 月，国务院印发《国营企业招用工人暂行规定》，允许国有企业和城镇行政单位从农村招用人员，打破了以往"事业单位要严格控制使用农村劳动力"的种种限制。规定第十二条指出："企业招用工人，应当在城镇招收。需要从农村招收工人时，除国家规定的以外，必须报经省、自治区、直辖市人民政府批准。"② 针对贫困地区的农村剩余劳动力资源开发问题，1988 年 7 月，劳动部、国务院贫困地区经济开发领导小组起草并颁发《关于加强贫困地区劳动力资源开发工作的通知》。其中指出，将大力组织劳务输出，作为贫困地区劳动力资源开发的重点；按照"东西联合，城乡结合，定点挂钩，长期协作"的原则，组织劳动力跨地区流动；沿海经济发达地区、大中城市的劳动部门要有计划地从贫困地区吸收劳动力，要动员和组织国营企业招用一部分贫困地区的劳动力。这种充分利用贫困地区丰富的劳动力资源来带动该地区经济发展的举措，由政府组织的劳务输出，投资少、见效快，既能治穷致

---

① 《国务院关于农民进入集镇落户问题的通知》（国发〔1984〕141 号），中央人民政府网站，http://www.gov.cn/zhengce/content/2016 - 10/20/content_5122291.htm。根据《国务院关于宣布失效一批国务院文件的决定》（国发〔2016〕38 号），此文件已失效。
② 《国营企业招用工人暂行规定》，《中国经济体制改革》1986 年第 9 期，第 55 页。

富，又能推动智力开发。可以说，这是贫困地区发展商品经济的一个起步产业，也是促进生产力要素在更广阔的范围内实现新的合理组合的一条重要途径。因此，加强劳动力资源开发，对于贫困地区脱贫致富、振兴经济具有重要的意义。同时，对于农村剩余劳动力的就业和转移也具有重要意义。

从 1984 年到 1988 年，由于国家政策对农业劳动力流动的松绑及乡镇企业的迅速发展，中国农业劳动力转移数量大量增加，每年转移的农业劳动力都在 450 万人以上。农业劳动力年平均转移率达到了 2.63% 以上，特别是在 1984 年与 1985 年，每年转移的农业劳动力数量更是在 1100 万人以上，年均转移率超过了 3.8%。同时，农村和城镇居民的收入水平明显提升。农民人均纯收入，1982 年为 270 元，1987 年提高到 463 元，扣除物价上涨因素，平均每年增长 8.6%；城镇居民人均生活费，1982 年为 494.5 元，1987 年提高到 916 元，扣除物价上涨因素，平均每年增长 6.3%。城乡市场繁荣兴旺，消费品供应明显增多。城市新建职工住宅 8.5 亿平方米，农村新建住房 39 亿平方米，城乡人民居住条件有了改善。全国城镇共安排 3700 多万人就业，基本解决了长期积累的城镇待业青年就业问题。[1]

3. 第三阶段：农村劳动力转移的调整阶段（1989～1991 年）

农村劳动力大量涌入城市，给当地的交通运输、社会治安、劳动力市场管理等方面都带来了一定的负面效应。因此，自 1989 年起，国家开始对前一时期实行的农村劳动力流动政策进行局部调整，以加强对农村劳动力盲目流动的管理。1989 年 3 月，国务院办公厅印发《关于严格控制民工盲目外出的紧急通知》，要求各地政府采取有效措施，严格控制当地民工盲目外流。通知中指出："铁道部和广东省反映，春节过后，四川、河南、湖北、山东、陕西、江苏、浙江、安徽等省的民工大量集中去西北、东北和广东等地区，致使铁路客流暴涨，一些铁路干线、车站旅客积压，列车严重超员，给铁路运输造成了极大的压力。一些民工到达上述地区后，因

---

[1] 《政府工作报告——1988 年 3 月 25 日在第七届全国人民代表大会第一次会议上》，《光明日报》1988 年 4 月 15 日，第 1 版。

找不到工作而流落街头，生活十分困难；大量民工涌入这些地区，也给当地社会治安造成了混乱。"① 要求各地做好民工盲目外出的劝阻工作。但是，自该紧急通知发出以来，四川、江苏、浙江、河南、山东等省的民工，"每天仍约有 5000 余人乘 177、203、147、121、445、601（次）等西行客车，经兰州中转去新疆等地做工。其中，来自四川省的约占 70%。但兰州站只有 501、243 次（隔日开）两列客车西去，只能运送 2000 余人，每天约有 3000（人）左右的民工滞留在兰州站，目前，兰州滞留民工已近两万人，而且还有增长的势头。"② 西流民工的不断增加，使兰州站无法承受，并影响了兰州市的社会秩序、工作秩序和生活秩序。为此，国务院要求四川、江苏、山东、浙江、河南省政府，继续做好本省外流民工的劝阻工作。明确要求各地政府要切实安排好农村剩余劳动力。从当地实际出发，分别不同情况，妥善解决农村剩余劳动力的出路问题，使这部分人的生产积极性得到充分的发挥。

1990 年 2 月，国务院办公厅印发《关于劝阻民工盲目去广东的通知》，控制和劝阻大规模农村剩余劳动力盲目流向广东地区。同年 4 月，国务院下发《关于做好劳动就业工作的通知》，要求各地引导农村富余劳动力通过就地办好乡镇企业、多种服务业和因地制宜地发展林、牧、副、渔，搞好农村建设，来就地消化和转移农村富余劳动力，以防止大量农村劳动力盲目进城求职。

此一阶段，中央一系列政策法规等的出台，加强了对农村劳动力盲目流动的管理，对农村剩余劳动力的有序合理转移起到了重要规范作用，意义重大且深远。

4. 第四阶段：农村劳动力转移加速阶段（1992~2002 年）

1992 年初，邓小平视察了武昌、深圳、珠海、上海等地并发表了重要谈话，即"南方谈话"，强调改革开放的胆子要大一些，抓住时机，发展

---

① 《国务院办公厅关于严格控制民工盲目外出的紧急通知》，《江西政报》1989 年第 6 期，第 39 页。

② 《民政部、公安部关于进一步做好控制民工盲目外流的通知》（1989 年 4 月 10 日），法律教育网，http://www.chinalawedu.com/falvfagui/fg22598/20757.shtml。

经济是关键。邓小平南方谈话为开好中国共产党第十四次全国代表大会，做了充分的理论准备。1992 年 10 月党的十四大在北京召开，这次大会做出了三项具有深远意义的决策：一是抓住机遇，加快发展；二是明确我国经济体制改革的目标是建立社会主义市场经济；三是确立邓小平建设有中国特色社会主义理论在全党的指导地位。以邓小平南方谈话和十四大为标志，中国改革开放和现代化建设进入了一个新阶段。另外，1988 年之后国民经济又开始了一轮新的调整。当时种植业停滞、物价（尤其是食品价格）上涨是引起调整的两个重要原因。在以后的几年里，中央和地方政府都把控制物价上涨、增加主要农产品生产作为治理整顿的首要目标。为了刺激农业生产，中央曾采取了一系列措施。这些措施实行后，对推动农业发展、改善农民收入状况确实起到了积极作用。这首先表现在自 1989 年起粮食连续三年获得大丰收，油料生产于 1990 年走出减产困境，棉花生产增长也不少。受主要农作物增产的影响，这一时期农业的发展速度也明显加快了。然而，令人奇怪的是同期农民收入特别是来自农业的收入增长仍不理想，并且愈益落后于农业的发展。因此，造成了大量农村农业劳动力滞留未就业的问题。而劳动力从低效益的第一产业向效益较高的第二、第三产业转移，是农业现代化和农村城市化的重要组成部分和必然结果，这是一个不以人的主观意志为转移的客观规律。

1993 年 11 月，十四届三中全会讨论并做出《中共中央关于建立社会主义市场经济体制若干问题的决定》，规定要鼓励和引导农村剩余劳动力逐步向非农产业转移，以及在地区间有序流动。要求发展多种就业形式，运用经济手段调节就业结构，形成用人单位和劳动者双向选择、合理流动的就业机制。与此同时，劳动部印发《再就业工程》和《农村劳动力跨地区流动有序化——"城乡协调就业计划"第一期工程》，对农村劳动力流动就业实现有序化提出了要求，即要求农村劳动力的主要输入、输出地区政府做到输出有组织、输入有管理、流动有服务、调控有手段、应急有措施；并建立相应的农村劳动力就业的用工管理、监察、权益保障、管理服务等基本制度。1994 年 11 月，劳动部首次提出要实施规范流动就业证卡管理制度。

1996 年，劳动部公布《劳动事业发展"九五"计划和 2010 年远景目标纲要》。其中明确了我国"九五"时期的就业工作的主要目标是：5 年新增城镇就业 4000 万人，向非农产业转移 4000 万个农业劳动力，到 2000 年末，将农村劳动力跨地区流动控制在"八五"期末的规模，实现大部分农业剩余劳动力就近转移；城镇失业率力争控制在 4% 左右。① 根据中国的国情，农村人口向城市的转移，主要应当通过大力发展小城镇实现。中国的特大城市和大城市，人口主要应当侧重在自然增长方面，中等城市人口机械增加的部分也不应太大。而增加城市人口的潜力，重点是加快小城镇的建设。县城和乡镇所在地的建设，是通过乡镇企业的相对集中来完成的。

为了积极稳妥、有步骤有秩序地开展小城镇户籍管理制度改革试点工作，1997 年 6 月，国务院批转公安部《小城镇户籍管理制度改革试点方案》和《关于完善农村户籍管理制度意见》。其中指出，逐步改革小城镇户籍管理制度，完善农村户籍管理制度，是国家一项重要的基础性工作，事关经济发展、社会进步和维护社会稳定的大局。各级政府要加强领导，按照国家的统一规定，精心组织实施，积极稳妥地把这项工作做好。②

为配合实施农业和农村经济结构调整、推进城镇化进程，以及西部大开发等重大战略，促进农村劳动力就业，劳动和社会保障部、国家计委、农业部、科技部、建设部、水利部和国务院发展研究中心决定，从 2000 年 7 月开始，实施农村劳动力开发就业试点。试点任务包括：在沿海和经济发达地区以及部分具备条件的中西部地区，按照城乡统筹就业的原则，逐步建立统一、开放、竞争、有序、城乡一体化的劳动力市场；在农村富余劳动力数量多、外出务工人员规模较大的地区，以及输入劳动力较多、外来务工人员规模较大的地区，开展农村富余劳动力向非农产业转移职业培训；规范发展西部地区劳动力市场；在外出务工农村劳动力多的输出地区，鼓励和扶持外出务工人员返乡创业。

---

① 《"九五"时期就业目标确定》，《光明日报》1996 年 6 月 6 日，第 4 版。
② 《国务院批转公安部小城镇户籍管理制度改革试点方案和关于完善农村户籍管理制度意见的通知》，《湖北政报》1997 年第 8 期，第 21 页。

同时，《中共中央 国务院关于促进小城镇健康发展的若干意见》（以下简称《意见》）下发，进一步规范农村劳动力的加速流动，指明发展小城镇在转移农村劳动力就业方面的重要作用。《意见》指出，当前，加快城镇化进程的时机和条件已经成熟。抓住机遇，适时引导小城镇健康发展，应当作为当前和今后较长时期农村改革与发展的一项重要任务。[①] 在此之前的党的十五届三中全会就已经指出，发展小城镇，是带动农村经济和社会发展的一个大战略。《意见》还进一步指出了各地在发展小城镇方面存在的突出问题。认为各地积极贯彻落实中央精神，小城镇的发展形势总体是好的。但也存在一些不容忽视的问题：一些地方缺乏长远、科学的规划，小城镇布局不合理；有些地方存在不顾客观条件和经济社会发展规律，盲目攀比、盲目扩张的倾向；多数小城镇基础设施不配套，影响城镇整体功能的发挥；小城镇自身管理体制不适应社会主义市场经济的要求。之所以重视和发展小城镇，是基于以下几点：发展小城镇有利于解决现阶段农村一系列深层次矛盾，优化农业和农村经济结构，增加农民收入；有利于缓解当前国内需求不足和农产品阶段性过剩状况，为整个工业和服务业的长远发展拓展新的市场空间。为此，"加快我国城镇化进程，实现城镇化与工业化协调发展，小城镇占有重要的地位。发展小城镇，是实现我国农业现代化的必由之路。"[②]

在总结试点工作经验的基础上，在全面推进小城镇户籍管理制度改革的过程中，2001 年，公安部下发《关于推进小城镇户籍管理制度改革的意见》，明确指出，小城镇户籍管理制度改革的实施范围是县级市市区、县人民政府驻地镇及其他建制镇。凡在上述范围内有合法固定的住所、稳定的职业或生活来源的人员及与其共同居住生活的直系亲属，均可根据本人意愿办理城镇常住户口。

改革开放的深化以及一系列中央政策的出台，进一步加大了全国尤其

---

① 《中共中央、国务院出台〈关于促进小城镇健康发展的若干意见〉》，《光明日报》2000 年 7 月 5 日，第 A2 版。
② 《中共中央、国务院出台〈关于促进小城镇健康发展的若干意见〉》，《光明日报》2000 年 7 月 5 日，第 A2 版。

是东部沿海地区的市场开放力度，有力地刺激了东部沿海地区城市外向型经济的迅速崛起，有效拉动了沿海经济的高速增长，提供了大量就业岗位，从而为农村剩余劳动力的转移提供了广阔的空间。同时，乡镇企业异军突起，成为吸纳和接收农村剩余劳动力的重要支柱。根据1995年全国1%人口抽样调查资料，1995年半年以上的跨乡、镇、街道的流动人口已经达到7073万人，其中农村迁出的占60%。截至2000年底，中国农村劳动力4.7亿人，其中富余劳动力达1.6亿人。乡镇企业成为吸纳农村富余劳动力、促进农民收入增加的主要途径。1995～2000年，农民从乡镇企业中获得的人均工资收入占农民人均纯收入的比重增加了4个百分点。①

5. 第五阶段：加强管理、合理流动阶段（2003～2012年）

改革开放以来，我国经历了世界历史上规模最大、速度最快的城镇化进程，取得了举世瞩目的成就，城镇化为城乡居民共享经济社会发展成果提供了巨大平台。但是，中国的城镇化发展和建设仍然面临一系列问题，尤其是进入21世纪以来，农村劳动力转移以及新型城镇化建设面临新的形势、新的挑战和新的困难，但同时也有新的机遇。主要的问题在于我国农村人多地少，土地资源紧张，同时，绝大多数剩余农村劳动力是没有专业技能的，而且文化程度较低，这直接影响了农村劳动力的转移速度和质量，加之劳动力市场发育缓慢，中介组织发育程度低，供求信息难以有效对接，导致劳动力市场上的供求错位。一方面，民工潮和春运现象给交通运输部门和城市管理等带来巨大的压力；另一方面，各地的民工荒和农村中的"993861"（老人、妇女和孩子）现象对农村劳动力发出了急切的呼唤。

2003年，全国共有4.8亿个农村劳动力，农业实际需要的劳动力不到2亿个，还有1.6亿个劳动力在当地乡镇企业工作和从事其他非农产业，农村共有1亿多富余劳动力。② 随着农村劳动力跨区域流动就业的数量不断增大，加强对农村剩余劳动力转移过程的管理，引导其合理有效流动显得尤为重要。同时，随着流动人数的增多，做好外出劳动力培训的任务非

---

① 《乡镇企业五年将新增一千万岗位》，《光明日报》2001年2月2日，第4版。
② 《每年将有2000万农民工受训》，《光明日报》2003年10月10日，第4版。

常艰巨。早在 2003 年 1 月国务院办公厅就印发了《关于做好农民进城务工就业管理和服务工作的通知》，其中指出，要进一步提高对做好农民进城务工就业管理和服务工作的认识，取消对农民进城务工就业的不合理限制，规定各地区、各有关部门要取消对企业使用农民工的行政审批，取消对农民进城务工就业的职业工种限制，不得干涉企业自主合法使用农民工。同时提出切实解决拖欠和克扣农民工工资问题、改善农民工的生产生活条件、做好农民工培训工作等，为进一步促进农民工的合理流动起到了重要推动作用。

同年 9 月，农业部、劳动和社会保障部、教育部、科技部、财政部、建设部等 6 部门联合制定了《2003～2010 年全国农民工培训规划》，决定大力实施农村劳动力转移培训，每年培训 2000 万人次农民工，争取使新增转移的农村劳动力基本掌握一项在城镇创业、就业的技能，并获得相应的职业资格或培训证书。从 2003 年起，先在农村劳动力输出大省开展培训试点，重点进行两项培训：一是"引导性培训"，对广大农民开展基本权益保护、法律知识、城市生活常识、寻找就业岗位知识等方面的培训；二是"职业技能培训"，组织农业广播电视学校、农业职业院校及其他各类培训机构，根据市场需求，以订单、定点和定向培训的形式，对农村富余劳动力开展转岗就业技能培训。2003 年 12 月，财政部、劳动和社会保障部、公安部、教育部、国家人口计生委联合发布《关于将农民工管理等有关经费纳入财政预算支出范围有关问题的通知》，指出凡涉及农民工的治安管理、计划生育、社区管理等有关经费的，劳动力输入地政府要纳入正常的财政预算支出范围；要进一步清理限制农民进城务工就业的歧视性政策，努力营造城乡劳动者公平就业的政策环境。

需要指出的是，2003 年的非典疫情对农民工的流动和城镇化管理产生了重要影响。受非典疫情的影响，大量农民工选择回流，根据劳动和社会保障部公布的统计数据，2003 年 4 月下旬到 5 月，因受非典疫情影响，全国总共约有 800 万名农民工流回农村。① 非典疫情期间，针对农民工的回

---

① 《让农民工安全有序流动》，《光明日报》2003 年 6 月 17 日，第 4 版。

流，党中央、国务院制定了相应的措施，控制有疫情地区的农民工继续回流返乡，并加强农村防护措施，有效控制了疫情的扩散。随着非典疫情的缓解，原先受疫情影响回流的农民工们又踏上了返城之路。以安徽省为例，2003 年 5 月下旬至 6 月中旬，安徽省再次外出人员累计达到 11 万人。[①] 为此，在国家的统一协调之下，出台一系列措施，以保障农村劳动力在安全健康的前提下实现流动就业。

之后，为了进一步解决农民工就业问题，国务院于 2006 年 1 月发布《关于解决农民工问题的若干意见》，要求各地充分认识解决好农民工问题的重大意义，提出要抓紧解决农民工工资偏低和拖欠问题、依法规范农民工劳动管理、搞好农民工就业服务和培训、积极稳妥地解决农民工社会保障问题、切实为农民工提供相关公共服务、健全维护农民工权益的保障机制、促进农村劳动力就地就近转移就业，同时要求各级人民政府加强和改进对农民工工作的领导，并提出建立农民工工资支付保障制度、合理确定和提高农民工工资水平等意见和措施。该意见的出台足以显示农民工问题的重要性和重要意义。

据人保部提供的数据，截至 2008 年底，我国农民工大约为 2.25 亿人，其中有 1.4 亿人是异地流动。农民工数量大约占我国农村劳动力资源总量的一半。[②] 2008 年的国际金融危机下，中国经济社会发展经受了严峻的挑战和重大的考验。农村剩余劳动力转移的速度、规模和就业方面也深受其影响。有学者就指出，受国际金融危机的影响，"国内劳动力供给高峰即将过去，劳动力市场上将经常出现各种短缺现象，特别是结构性短缺现象。主要表现为地区性短缺；部门性短缺；劳动力技能和年龄结构性短缺；工资趋于上涨；劳动关系和劳动力规制向有利于劳动者的方向变化。"[③] 据初步统计，受国际金融危机影响，截至 2009 年 8 月，已有 10%～20% 的岗位流失，劳动力总量供大于求的矛盾更加突出。相当数量

---

① 《让农民工安全有序流动》，《光明日报》2003 年 6 月 17 日，第 4 版。
② 郭熙保、黄灿：《刘易斯模型与我国农村劳动力转移问题》，《光明日报》2009 年 9 月 22 日，第 9 版。
③ 《我国农村还有多少剩余劳动力——访蔡昉》，《光明日报》2008 年 4 月 30 日，第 9 版。

的农民工技能素质难以满足企业岗位要求，劳动力供大于求的突出矛盾与技能人才相对不足的结构性矛盾并存。返乡农民工总体文化程度偏低，初中以下文化程度占82.9%，特别是首次外出求职的农民工普遍缺乏技能。[①]影响农民工就业的不确定因素尚未消除，如沿海地区部分企业采取"低工资"的运行模式，一旦出现大的经济波动，将直接影响大量农民工现有岗位的稳定。面对严峻的就业形势，各地政府纷纷出台更加积极、卓有成效的就业政策，为农民工就业保驾护航。

为了统筹城乡就业，发展农村经济，党的十七届三中全会再次聚焦"三农"问题，指出农业、农村、农民问题关系党和国家事业发展全局，提出了当前和今后一个时期推进我国农村改革发展的总体思路，要求以建设社会主义新农村为战略任务，以走中国特色农业现代化道路为基本方向，以加快形成城乡经济社会发展一体化新格局为根本要求，坚持工业反哺农业、城市支持农村和多予少取放活方针，创新体制机制，加强农业基础，增加农民收入，保障农民权益，促进农村和谐，充分调动广大农民的积极性、主动性、创造性，推动农村经济社会又好又快发展。2009年12月，中共中央、国务院出台《关于加大统筹城乡发展力度　进一步夯实农业农村发展基础的若干意见》，要求各地各级政府努力拓展农村非农就业空间，完善促进创业带动就业的政策措施，将农民工返乡创业和农民就地就近创业纳入政策扶持范围；加大农民外出务工就业指导和服务力度，切实维护农民工合法权益，促进农村劳动力平稳有序转移。随着中央和地方一系列政策的出台以及农村经济社会的发展，农村劳动力就业逐步呈现双向流动的局面，打破了向城市和发达地区单向转移的长期格局，城乡统筹发展成效显著，农村劳动力的合理流动机制正在形成。

6. 第六阶段：积极引导、合理规划农村劳动力流动阶段（2012年至今）

党的十八大以来，以习近平同志为核心的党中央高瞻远瞩，站在时代发展的制高点，从中国经济社会发展的现实出发，以宽广的战略视野，坚持全面深入推进以人为核心的新型城镇化建设，贯彻落实创新、协调、绿

---

① 王东进：《统筹城乡就业任重道远》，《光明日报》2009年8月9日，第7版。

色、开放、共享的发展理念，从聚焦"走出一条新路"到明确城市发展"路线图"，从提出解决"三个 1 亿人"目标到新型城镇化试点，描绘出一幅以人为本、"四化"同步、布局优化、生态文明、文化传承的中国特色新型城镇化宏伟蓝图，为经济持续健康发展提供持久强劲动力。

2013 年 12 月，中央城镇化工作会议在北京召开。这是改革开放以来中央召开的第一次城镇化工作会议。会议明确强调指出，城镇化是一个自然历史过程，是我国发展必然要遇到的经济社会发展过程。推进城镇化必须从我国社会主义初级阶段基本国情出发，遵循规律，因势利导，使城镇化成为一个顺势而为、水到渠成的发展过程。确定城镇化目标必须实事求是、切实可行，不能靠行政命令层层加码、级级考核，不要急于求成、拔苗助长。推进城镇化既要积极，又要稳妥，更要扎实，方向要明、步子要稳、措施要实。并明确指出："把促进有能力在城镇稳定就业和生活的常住人口有序实现市民化作为首要任务"。[①] 解决好人的问题是推进新型城镇化的关键。会议分析指出，从目前我国城镇化发展要求来看，主要任务是解决已经转移到城镇就业的农村转移人口落户问题，努力提高农民工融入城镇的素质和能力。为此，此次工作会议要求有条不紊地推进农村转移人口市民化，要坚持自愿、分类、有序，充分尊重农民意愿，因地制宜制定具体办法，优先解决存量，有序引导增量。

同时，农村劳动力的合理有序流动要以市场资源配置为导向，城市和农村双管齐下。2015 年 12 月，中央城市工作会议在北京召开。这次会议，距上一次中央城市工作会议已经 37 年。会议指出，城市是我国各类要素资源和经济社会活动最集中的地方，全面建成小康社会、加快实现现代化，必须抓好城市这个"火车头"，把握发展规律，推动以人为核心的新型城镇化，发挥这一扩大内需的最大潜力，有效化解各种"城市病"。

在推进城市发展的同时，双管齐下抓农村，城市和农村同时发力，解决中国的城镇化问题和农业、农村、农民问题，合理引导农村劳动力流动。2015 年 6 月，针对新时期农民工返乡回流的情况突出，国务院办公厅

---

① 《中央城镇化工作会议在北京举行　习近平李克强作重要讲话　张德江俞正声刘云山王岐山张高丽出席会议》，《光明日报》2013 年 12 月 15 日，第 1 版。

发文《关于支持农民工等人员返乡创业的意见》，鼓励和引导农民工合理流动和返乡。指出支持农民工、大学生和退役士兵等人员返乡创业，通过"大众创业、万众创新"使广袤乡镇百业兴旺，可以促就业、增收入，打开新型工业化和农业现代化、城镇化和新农村建设协同发展新局面。另外，明确支持农民工等人员返乡创业的具体任务以及责任单位，具体工作任务详见表2-1。

表 2-1 《鼓励农民工等人员返乡创业三年行动计划纲要（2015～2017年）》

序号	行动计划名称	工作任务	实现路径	责任单位
1	提升基层创业服务能力行动计划	加强基层就业和社会保障服务设施建设，提升专业化创业服务能力	加快建设县、乡基层就业和社会保障服务设施，2017年基本实现主要输出地县级服务设施全覆盖。鼓励地方政府依托基层就业和社会保障服务平台，整合各职能部门涉及返乡创业的服务职能，建立融资、融智、融商一体化创业服务中心。	国家发展改革委、人力资源和社会保障部等有关部委
2	整合发展农民工返乡创业园行动计划	依托存量资源整合发展一批农民工返乡创业园	以输出地市、县为主，依托现有开发区和农业产业园等各类园区、闲置土地、厂房、校舍、批发市场、楼宇、商业街和科研培训设施，整合发展一批农民工返乡创业园。	国家发展改革委、人力资源和社会保障部、住房和城乡建设部、国土资源部、农业部、中国人民银行
3	开发农业农村资源支持返乡创业行动计划	培育一批新型农业经营主体，开发特色产业，保护与发展少数民族传统手工艺，促进创业	将返乡创业与发展县域经济结合起来，培育新型农业经营主体，充分开发一批农林产品加工、休闲农业、乡村旅游、农村服务业等产业项目，促进农村一二三产业融合；面向少数民族农牧民群众开展少数民族传统工艺品保护与发展培训。	农业部、国家林业局、国家民委、国家发展改革委、民政部、国务院扶贫办
4	完善基础设施支持返乡创业行动计划	改善信息、交通、物流等基础设施条件	加大对农村地区的信息、交通、物流等基础设施的投入，提升网速、降低网费；支持地方政府依据规划，与社会资本共建物流仓储基地，不断提升冷链物流等基础配送能力；鼓励物流企业完善物流下乡体系。	国家发展改革委、工业和信息化部、交通运输部、财政部、国土资源部、住房和城乡建设部

续表

序号	行动计划名称	工作任务	实现路径	责任单位
5	电子商务进农村综合示范行动计划	培育一批电子商务进农村综合示范县	全国创建200个电子商务进农村综合示范县，支持建立完善的县、乡、村三级物流配送体系；建设改造县域电子商务公共服务中心和村级电子商务服务站点；支持农林产品品牌培育和质量保障体系建设，以及农林产品标准化、分级包装、初加工配送等设施建设。	商务部、交通运输部、农业部、财政部、国家林业局
6	创业培训专项行动计划	推进优质创业培训资源下县乡	编制实施专项培训计划，开发有针对性的培训项目，加强创业培训师资队伍建设，采取培训机构面授、远程网络互动等方式，对有培训需求的返乡创业人员开展创业培训，并按规定给予培训补贴；充分发挥群团组织的组织发动作用，支持其利用各自资源对农村妇女、青年开展创业培训。	人力资源和社会保障部、农业部等有关部门及共青团中央、全国妇联等群团组织
7	返乡创业与万众创新有序对接行动计划	引导和推动建设一批市场化、专业化的众创空间	推行科技特派员制度，组织实施一批"星创天地"，为返乡创业人员提供科技服务。充分利用国家自主创新示范区、国家高新区、科技企业孵化器、大学科技园和高校、科研院所的有利条件，发挥行业领军企业、创业投资机构、社会组织等的作用，构建一批众创空间。鼓励发达地区众创空间加速向流动人口输出地扩展，帮助返乡人员解决创业难题。	科技部、教育部

资料来源：中央人民政府网站。

2015年中央农村工作会议上，习近平总书记强调指出："十三五"时期，"必须坚持把解决好'三农'问题作为全党工作重中之重，牢固树立和切实贯彻创新、协调、绿色、开放、共享的发展理念，加大强农惠农富农力度，深入推进农村各项改革，破解'三农'难题、增强创新动力、厚植发展优势，积极推进农业现代化，扎实做好脱贫开发工作，提高社会主

义新农村建设水平，让农业农村成为可以大有作为的广阔天地。"① 2016
年 2 月，《中共中央 国务院关于进一步加强城市规划建设管理工作的若
干意见》印发，文件勾画出中国特色的城市发展"路线图"。指出了中国
特色城市发展的总体目标，即"实现城市有序建设、适度开发、高效运
行，努力打造和谐宜居、富有活力、各具特色的现代化城市，让人民生活
更美好。"② 制定了新型城镇化发展的基本原则，即坚持依法治理与文明共
建相结合，坚持规划先行与建管并重相结合，坚持改革创新与传承保护相
结合，坚持统筹布局与分类指导相结合，坚持完善功能与宜居宜业相结
合，坚持集约高效与安全便利相结合。以新型城镇化的发展道路合理引导
中国的农村劳动力流动并最终解决农民工问题，是中国新型城镇化道路的
使命所在。同时，应大力推进农业供给侧结构性改革，加快现代化农业建
设，积极调整农业结构，发展多种形式适度规模经营，深入开展农村"双
创"，推动新型城镇化与农业现代化互促共进。

党的十八大以来，高规格的城镇化工作会议的召开，一系列针对"三
农"问题重要举措的出台，一方面，彰显了城镇化在经济社会发展中的极
端重要性：走什么样的城镇化道路，不仅仅直接关系城镇化质量水平和可
持续发展，更关系城镇化的出发点和落脚点——为了谁，关系如何在新常
态下推动中国经济全面转型升级。另一方面，也直接表明中国特色新型城
镇化道路的紧迫性。中国的农村劳动力数量众多，在工业化、城镇化加快
发展的阶段，越来越多的富余劳动力将逐渐转移出来，大量农民工在城乡
之间流动就业的现象在中国将长期存在。必须从中国国情出发，顺应工业
化、城镇化发展的客观规律，引导农村富余劳动力向非农产业和城镇有序
转移，要站在建设中国特色社会主义事业全局和战略的高度，充分认识解
决好农民工问题的重要性、紧迫性和长期性。

为此，以习近平同志为核心的党中央为中国特色社会主义新型城镇化

① 《中央农村工作会议在京召开 习近平对做好"三农"工作作出重要指示 李克强作出批
示》，《光明日报》2015 年 12 月 26 日，第 1 版。
② 《中共中央 国务院关于进一步加强城市规划建设管理工作的若干意见》（2016 年 2 月 6
日），中央人民政府网站，http://www.gov.cn/zhengce/2016 - 02/21/content_5044367.htm，
2016 年 2 月 21 日。

道路指出了正确的方向。在总体思路上，党的十八届五中全会上，习近平把共享发展作为五大新发展理念之一，强调："坚持共享发展，必须坚持发展为了人民、发展依靠人民、发展成果由人民共享，作出更有效的制度安排，使全体人民在共建共享发展中有更多获得感，增强发展动力，增进人民团结，朝着共同富裕方向稳步前进。"①

在发展主线上，十九大报告明确指出："坚持以人民为中心。人民是历史的创造者，是决定党和国家前途命运的根本力量。必须坚持人民主体地位，坚持立党为公、执政为民，践行全心全意为人民服务的根本宗旨，把党的群众路线贯彻到治国理政全部活动之中，把人民对美好生活的向往作为奋斗目标，依靠人民创造历史伟业"。②"坚持以人民为中心"既是中国共产党的"初心"，也是推进城乡深度融合发展的目的。

在城市建设上，习近平总书记告诫，要依托现有山水脉络等独特风光，让城市融入大自然，让居民望得见山、看得见水、记得住乡愁；要融入现代元素，更要保护和弘扬传统优秀文化，延续城市历史文脉；要融入让群众生活更舒适的理念，体现在每一个细节中。

在农村建设上，习近平总书记要求把农业农村工作放到重中之重位置。优先保障财政对农业农村投入，确保力度不减弱、总量有增加。要加大涉农资金的整合力度，发挥财政投入对结构性改革的引导作用，撬动更多社会资金投入农业农村。要挖掘农业内部潜力，促进一二三产业融合发展，用好农村资源资产资金，多渠道增加农民收入。深入推进精准扶贫、精准脱贫，确保完成脱贫攻坚目标任务。强化农村基层党组织建设，完善村民自治，提升乡村治理水平。要深入调查研究，尊重农民基层实践，不断开创农业农村工作新局面。③

---

① 新华社：《中国共产党第十八届中央委员会第五次全体会议公报》，《求是》2015 年第 21 期，第 7 页。

② 习近平：《决胜全面建成小康社会　夺取新时代中国特色社会主义伟大胜利——在中国共产党第十九次全国代表大会上的报告（2017 年 10 月 18 日）》，《人民日报》2017 年 10 月 28 日，第 1 版。

③ 《中央农村工作会议在京召开　习近平对做好"三农"工作作出重要指示　李克强作出批示》，《光明日报》2015 年 12 月 26 日，第 1 版。

（二）伴随中国农村劳动力转移各个阶段的农民工回流

农民工是中国改革开放的产物，农民工回流也贯穿改革开放的全过程。20 世纪 90 年代以来，中国农民工大规模向城市流动，但受制于户籍等约束，农民工很难在城市安家定居，也难以与城市居民享有同等的养老、教育、医疗等基本保障，形成了独特的往返于城乡之间的循环流动模式，回流农民工问题逐渐凸显。[①] 尤其是 2008 年以来，受国际金融危机的影响，中国经济下行压力逐渐凸显，我国东部沿海地区部分外向型企业遭遇新的挑战，产品订单减少、企业利润下滑，大批工人被裁或被迫休假，农民工回流问题、"民工荒"进一步加剧，也越来越引起党中央和国务院的重视。

调查数据显示，截至 2008 年 12 月 31 日，全国农民工总量为 2.2542 亿人。2009 年春节，返乡农民工为 7000 万人左右，约占外出农民工总量（1.4041 亿人）的 50%。在 2008 年第一、第二、第三和第四季度，返乡农民工的人数占返乡总人数的比例不断攀升，分别为 1.44%、8.46%、19.44% 和 70.65%。[②] 各省区市均出现了大批农民工"返乡潮"。以陕西省为例，陕西农民工监测摸底调查结果显示，截至 2009 年 1 月，陕西农民工总数为 642.9 万人，其中：外出农民工 442.0 万人，占本省农民工总数的 68.8%；本地农民工 200.9 万人，占本省农民工总数的 31.2%。提前返乡农民工（不含正常回家过春节的人）总数 62 万人，占外出农民工总数的 14.0%。[③] 大批农民工返乡使产业结构调整以及富余劳动力培训等问题变得迫在眉睫。近年来，农民工回流的规模还在不断变大，农民工回流的数量也在增加。2012 年全国农民工监测调查报告显示，全国农民工总数达到 26261 万人，其中外出农民工 16336 万人，本地农民工 9925 万人。根据国

---

① 王子成、赵忠：《农民工迁移模式的动态选择：外出、回流还是再迁移》，《管理世界》2013 年第 1 期，第 78 页。

② 肖冬华、姚会元：《新时期农民工回流问题研究》，《改革与战略》2010 年第 1 期，第 165 页。

③ 国家统计局陕西调查总队：《2008 年陕西农民工监测调研报告》，陕西经济信息网，http://www.sei.gov.cn/ShowArticle2008.asp？ArticleID = 176024，2009 年 3 月 24 日。

家统计局抽样调查结果，2014 年全国农民工总量为 27395 万人，比上年增加 501 万人，增长 1.9%。其中，外出农民工 16821 万人，比上年增加 211 万人，增长 1.3%；本地农民工 10574 万人，比上年增加 290 万人，增长 2.8%。① 2015 年，全国农民工总量 27747 万人，比上年增长 1.3%。其中，外出农民工 16884 万人，增长 0.4%；本地农民工 10863 万人，增长 2.7%。②

　　截至 2018 年底，中国农民工总量为 28836 万人，比上年增加 184 万人，增长 0.6%（见图 2-1）。农民工增量比上年减少 297 万人，总量增速明显比上年回落 1.1 个百分点。在农民工总量中，在乡内就地就近就业的本地农民工 11570 万人，比上年增加 103 万人，增长 0.9%；到乡外就业的外出农民工 17266 万人，比上年增加 81 万人，增长 0.5%。在外出农民工中，进城农民工 13506 万人，比上年减少 204 万人，下降 1.5%。③

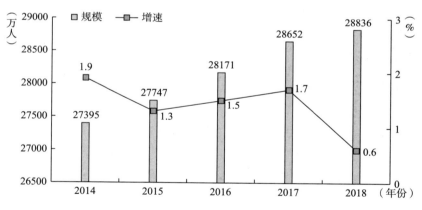

图 2-1　农民工总量及增速

资料来源：《2018 年农民工监测调查报告》。

　　从以上数据和图 2-1 中我们可以看出，随着中国经济新常态的到来和

---

① 《2014 年全国农民工监测调查报告》，中央人民政府网站，http://www.gov.cn/xinwen/ 2015-04/29/content_2854930.htm，2015 年 4 月 29 日。

② 《2015 年国民经济和社会发展统计公报》，国家统计局网站，http://www.stats.gov.cn/tjsj/ zxfb/201602/t20160229_1323991.html，2016 年 2 月 29 日。

③ 《2018 年农民工监测调查报告》，国家统计局网站，http://www.stats.gov.cn/tjsj/zxfb/ 201904/t20190429_1662268.html，2019 年 4 月 29 日。

产业结构升级、调整，农民工的总量增速正在变慢，农民工本地就业的趋势越发明显，回流规模不断增加。

对于回流的农民工，学界给予了很高的评价。早在 20 世纪 90 年代，有学者就高度评价农民工回流，认为农民工对改变家乡文化起到了积极的作用，农民工回流带回的信息比起电视、报纸、广播上等的宣传更令农民们信服。回流的农民工开始在城市文化的辐射过程中起到了传输媒介的作用。如荣燕和曹苏宁就指出："农民工回流给农村注入了新鲜空气，带领农民逐步走出贫穷落后，走向开放富足。随着农村的进一步发展，农民们将会越来越愿意接受新鲜事物，农民工也就会更愿意回到家乡，毕竟，那是他们生长的家园。如此循环往复，农村终将走向繁荣富强。"① 另外，也有学者提出，回流的农民工不仅仅是城市文化的传播者、先进理念的宣传者，更重要的是将资金带回农村，为农村的建设发展提供了经济建设资金。因此，回流与迁出同样重要。也就是说，农村剩余劳动力在迁出去的同时，还必须形成另一个对应的流动，即他们的打工收入作为一种货币流返回到农村。"据统计，2002 年全国农民外出务工总收入 5287 亿元，其中寄、带回家的约 3200 亿元，这就为农村积累了经济建设资金，起到了间接的反哺农业和农村的作用。"②

此外，更为重要的一种农民工回流的财富却是无形的，就是带回了提高了的、增值了的人力资本，这是农村经济社会发展最稀缺的资源。所以一时间对于农民工回流，学界基本持赞同的态度，纷纷撰文呼吁通过市场调节手段适度引导农民工回流。如赵立民从"梯度推移"理论出发，分析了农民工回流的正效应。所谓的"梯度推移"就是认为我国地域空间根据经济发展水平可分为东部、中部和西部三大地带，经济发展的空间和时序选择应当是由东向西，按技术梯度，使"先进技术"地带逐渐向"中间技术"地带推移。伴随着东部地区一些劳动密集型产业向中西部地区的转移，外来劳动力出现了回流现象。区域经济发展过程中的"扩散效应"正在积极地起作用，梯度推移的有序性和市场效果正在经济发展中显现出

---

① 荣燕、曹苏宁：《农民工：把文化带回家乡》，《光明日报》1997 年 10 月 8 日，第 5 版。
② 《善待农民工要有实招——访刘怀廉》，《光明日报》2005 年 10 月 31 日，第 5 版。

来。赵立民分析指出："'回流'农民工将给中西部地区的经济崛起和社会主义新农村建设注入一股新鲜血液。国家应制定相应的政策，运用市场调节手段，适度引导和鼓励'农民工回流'，如可通过提供小额贷款或免税等措施鼓励回流的农民工自主创业，建设家乡。"[1] 辜胜阻、孙祥栋和刘江日从产业转移和劳动力回流"双转移"的视角分析了农民工回流现象。指出，在产业转移的同时，从中西部地区流入东部地区的农村外出劳动力也呈现明显的回流态势。劳动力回流是市场比较利益变化形势下农民工的理性选择，是农村劳动力流动的一个重大转折。"随着农民工在东部和中西部地区就业的比较收益差距逐渐缩小，而生活成本差距越来越大，东部地区的吸引力不断降低。许多农民工通过在外打工实践，增长了见识，学会了本领，掌握了技术，拥有了资本，获得了信息，还接受了现代城市中创业观念的熏陶，具有饱满的创业激情，纷纷返乡创业，成为'农海归'。"[2]

当然，也有学者对农民工的回流持不乐观的态度，认为农民工回流对农民工自身不利，也并不会对回流地的经济、文化建设起到太大的作用，同时回流的本身就是违背城镇化发展趋向的。如胡枫和史宇鹏就认为："相对于那些仍然外出的农民工而言，回流农民工往往是负向选择的结果，并没有表现出比从未外出农村劳动力更倾向参与非农就业。因此，农民工回流对输出地经济发展的贡献程度可能并不像大部分研究结果所显示的那么乐观。"[3] 石智雷和薛文玲就指出："农民工回流一直是影响我国城市化和农村经济可持续发展的一个重要因素。如何引导大规模农民工顺利流向城市并融入城市是当前学术界关注的焦点问题，而农民工的回流使问题更加复杂化。"[4] 蔡玲在理性分析农民工回流合理性的同时也指出了农民工回流的消极影响，"农民工返乡回流是一种消极因素，因为它会妨碍农村剩

---

① 赵立民：《梯度推移与区域经济和谐发展》，《光明日报》2006 年 7 月 31 日，第 9 版。

② 辜胜阻、孙祥栋、刘江日：《推进产业和劳动力"双转移"的战略思考》，《人口研究》2013 年第 5 期，第 5 页。

③ 胡枫、史宇鹏：《农民工回流的选择性与非农就业：来自湖北的证据》，《人口学刊》2013 年第 2 期，第 71 页。

④ 石智雷、薛文玲：《中国农民工的长期保障与回流决策》，《中国人口·资源与环境》2015 年第 3 期，第 143 页。

余劳动力向其他产业转移，会加剧农村劳动力的过剩。"①

无论是支持农民工回流还是反对这一现象，都足以表明农民工回流问题已经引起了学界的高度重视，同时，农民工回流本身是中国经济结构、产业结构调整与升级过程中不可回避的问题，也是必须正视的问题。农民工大规模返乡回流作为劳动力市场资源流动配置的一种形式，是经济结构要求调整、产业结构要求转移升级的前兆。因此，积极的策略是，重新整合配置返乡农民工人力资源，下大力气进行返乡农民工人力资本投资，以适应新型工业化的客观要求。所以，农民工的回流并不可怕，在政府的合理引导与参与下，在遵循市场资源配置的前提下，回流是可以与新型城镇化建设、与农业现代化建设同向而行的，并最终助力中国特色新型城镇化与乡村振兴战略的实现。

---

① 蔡玲：《发展经济学视野中的农民工返乡回流问题》，《光明日报》2009 年 2 月 17 日，第10 版。

第三章 中国农民工问题的
理论阐释框架

一 当前西方经济学理论在分析中国
农民工问题中的误区

目前国内学界热衷于用西方的经济学理论，如刘易斯拐点、引力理论和推拉理论等来解释中国的农民工及其回流问题，但西方的诸多理论在套用到中国农民工问题时有诸多的局限性。有学者就指出："刘易斯拐点是特定经济制度、经济体制、经济发展水平和发展模式下的现象，并不适合解释和指导中国经济发展，要纠正用西化理论掩盖问题、指导中国经济发展的做法。"[①] 此外，还有学者引入西方经济学中的引力理论和推拉理论，来阐述中国的农民工问题。引力理论是将人口迁移与迁出地人口、迁入地人口和两地之间的空间距离联系起来，认为人口迁移与迁出、迁入地人口正相关，与两地之间的距离负相关，部分学者引用此理论并进一步指出，中国的人口迁移越来越符合引力模型的预测。[②] 现代推拉理论认为，劳动力迁移的推拉因素除了更高的收入外，还有更好的职业、生活条件等。学界不乏主张用推拉模型来解释农民工问题的，认为该模型是解释农村劳动

---

① 蔡万焕：《论刘易斯拐点理论对中国经济的适用性》，《马克思主义研究》2012 年第 3 期，第 54 页。
② 刘生龙：《中国跨省人口迁移的影响因素分析》，《数量经济技术经济研究》2014 年第 4 期，第 83 页。

力流动的经典模型。[①]

（一）推拉模型及其缺陷

推拉模型是解释农村劳动力流动较为经典的模型。英国学者雷文斯坦（E. G. Ravenstein）在 19 世纪 80 年代最早提出了"迁移法则"，他曾根据 1881 年英国人口普查中有关人口出生地和居住地的资料发表了《人口迁移的法则》一文。1889 年他又根据欧洲 20 多个国家的资料，发表了另一篇同名文章，形成了他的迁移法则理论。这是推拉理论最早的理论框架，认为引起人口流动最重要的因素是经济因素，追求生产和生活条件的改善是人口流动最主要的动机。具体理论要点包括以下。第一，人口迁移与距离之间的关系。他认为人口迁移受距离的影响。通常，人们倾向于短距离的迁移，长距离的迁移只是移向大的工商业中心，离中心越远，迁移人口越少。第二，人口迁移呈现分级递进的特征。大的工商业中心吸引邻近城镇的人口迁入，而后者留下的空缺则由更远的乡村居民迁入填补，如此形成整个社会的迁移全景。反过来，当大城市人口向外扩散时，也是由近及远，逐步外推。第三，迁移流与反迁移流。雷文斯坦指出，每一个人口迁移的迁移流（由同一迁移出发地到同一迁移目的地的一批迁移者）都具有一个相反方向的反迁移流，迁移流与反迁移流在人口迁移的过程中是同时并存的。第四，技术发展与人口迁移之间的关系。雷文斯坦认为运输、交通工具及工商业的发展可以使人口的迁移呈现增加的趋势。第五，人口迁移的主要诱因。他指出，人口迁移以经济动机为主，虽然税收、气候、地理环境等因素是促使人们迁移的重要原因，但人口迁移的最重要原因仍是经济因素。人们为改善生活条件而进行的迁移占全部迁移的绝大多数。雷文斯坦的研究尽管比较粗略，但奠定了西方推拉模型的理论基础。

之后，赫伯尔（R. Iterberle）发展了雷文斯坦的理论，指出人口迁移是由一系列"力"引起的，在这些"力"中，一部分为推力，另一部分为拉力。而将推拉理论应用于人口流动并将之进一步概括为人口流动的推拉

[①]　金沙：《农村外出劳动力回流决策的推拉模型分析》，《统计与决策》2009 年第 9 期，第 64 页。

模型的是唐纳德·博格（D. J. Burge），他在 1961 年世界人口大会上提交的解释移民成因问题的论文较为完整地阐述了该模型。博格认为，从运动学的角度来讲，人口流动的目的在于改善其自身的生活条件，人们做出迁移决策是来自两种不同方向的力相互作用的结果，这种力包括推力和拉力，流入地那些有利于改善生活条件的因素（如较高的工资收入、较好的生活水平、较多的工作机会）就成为拉力，而原住地不利的生活条件（如农村较低的收入、较高的农业生产成本）就成为推力。但博格的推拉模型只注意到了外部因素在人口流动中的重要作用，而忽视了流动者本身在做出流动决策时的作用。

在博格的理论基础上，埃弗雷特·李（E. S. Lee）完善了人口迁移理论，建立了推拉理论完整的分析框架。1966 年埃弗雷特·李在《移民人口学之理论》一文中，在分析了原住地和流入地实际上都既有拉力又有推力，同时又补充了第三个因素：中间障碍因素。中间障碍因素主要包括距离远近、物质障碍、语言文化的差异，以及移民本人对以上这些因素的价值判断等。人口流动是这三个因素综合作用的结果。根据李的解释，影响迁移的因素包括四种，即迁出地因素、迁入地因素、中间阻碍因素和个人因素。四种因素之间关系的分析框架称为人口迁移的中间障碍模型。该模型可用于资本区域流动的分析：社会经济事物的空间运动过程（如投资行为）也存在迁出地因素（挽留或排斥）、迁入地因素（引力或潜入门槛阻力）、中间障碍因素（迁入地与迁出地之间的距离、信息、制度与政策性摩擦等）、个人因素（投资决策者的个人影响或迁入地与迁出地的某地方领导）。

由以上的分析我们不难看出，推拉模型在解释人口迁移方面有着自身的优势，但推拉模型对人口迁移和流动的分析是建立在以下两项假设的基础上：第一个假设认为人口流动是经过理性选择的；第二个假设认为流动者对原住地及目的地的资讯有某种程度的了解。因此，推拉模型存在忽略诸如劳动者的能力、政府的社会改革行为对劳动力转移的影响等缺陷。

（二）刘易斯二元经济结构理论及其缺陷

美国著名发展经济学家威廉·阿瑟·刘易斯（W. A. Lewis）于 1954 年

发表了《劳动无限供给条件下的经济发展》一文，提出了典型的二元经济结构理论模式（即封闭经济条件下的二元结构模式和开放经济条件下的二元结构模式），从而进一步发展了雷文斯坦关于人口流动的迁移法则，并建立了全新的二元经济结构的人口流动模式。农村剩余劳动力转移是世界上所有发展中国家工业化进程或二元经济结构转换过程中的基本命题。刘易斯认为，在发展中国家的经济结构中，由于现代经济部门和传统经济部门在收入上存在差异，随着现代经济部门资本家利润的不断增加以及生产规模的扩大，现代经济部门便可以吸纳更多的农村剩余劳动力，直至把农村剩余劳动力全部转移到这一部门为止。[①] 刘易斯认为，一旦农村剩余劳动力全部转移到城市的现代经济部门，劳动力供给曲线及工资水平曲线将由水平直线变为具有正斜率的曲线，而工业劳动者的工资和农村劳动者的收入都将随投资增加而逐步提高，工农业趋向均衡发展，国民经济结构趋向逐步转变。从而实现传统经济向现代经济转化，城乡处于平衡发展状态，最终使二元经济结构转变为一元经济结构。在此基础上，刘易斯将发展中国家的经济发展划分为两个阶段：劳动无限供给阶段和剩余劳动力吸收完毕阶段。两者的分界点被称为"刘易斯拐点"。"刘易斯拐点"的到来，意味着发展中国家已经由资本稀缺、劳动力过剩阶段转向所有要素都稀缺，工资率不再是由生存工资而是由劳动的边际生产率决定的新阶段。也标志着发展中国家人口红利开始丧失，工资成本开始上升。

对于中国的"刘易斯拐点"是否已经到来，学界的争议比较大，有些学者认为我国经济发展的刘易斯拐点已经到来，代表性学者有蔡昉[②]，Yao 和 Zhang[③]，Zhang、Yang 和 Wang[④]、郜若素（Ross Garnaut）等。也有学

① 蔡昉：《刘易斯转折点——中国经济发展新阶段》，社会科学文献出版社，2008，第70～71 页。
② 蔡昉：《刘易斯转折点与公共政策方向的转变——关于中国社会保护的若干特征性事实》，《中国社会科学》2010 年第 6 期，第 125～137 页。
③ Yang Yao, Ke Zhang, "Has China Passed the Lewis Turning Point? A Structural Estimation Based on Provincial Data," *China Economic Journal* 3（2010）：155 – 162.
④ Xiaobo Zhang, Jin Yang, Shenglin Wang, "China Has Reached the Lewis Turning Point," *China Economic Review* 22（2011）：542 – 554.

者认为我国的刘易斯拐点还未到来，持有这一判断的学者主要有南亮进（Ryoshin Minami）、钱文荣和孙自铎等。但是，持这种观点的学者并非对中国刘易斯拐点的到来持完全否定态度，其中有相当一部分人认为，刘易斯拐点到来对中国来说只是个时间问题，中国或早或晚总会经历这一时点。蔡万焕认为，理论界在中国的刘易斯拐点是否到来这一点上的认识之所以产生上述差异，原因不仅是观察的角度、侧重点不同，主要是判断方法或标准的不同。[①] 这些方法或标准都是在西方经济学理论的框架之内做出判断，而这些理论假设过于严格，同时也忽视了一些重要具体现实。

作为发展中国家，我国的城乡二元经济结构比较典型，城乡收入差距较大，比较符合刘易斯所预设的发展中国家存在传统部门和现代部门的假定，所以学界往往用刘易斯的二元经济结构理论来分析中国的农民工问题。刘易斯二元经济结构理论的提出有三个基本的假设。第一，劳动的无限供给假设，即劳动与其他生产要素相比数量如此之多，使得劳动的边际生产率等于零，或者是负数。甚至在工资降低到仅够维持生存的水平的时候，劳动的供给仍然超过需求。第二，经济发展存在二元经济结构，即国民经济中同时存在两种性质不同的部门，一个是以现代化方法进行生产的资本主义工业部门，另一个是以传统方法为基础的农业部门，而且这两个部门之间的收入差距较大。此外，刘易斯的理论假设城市是不存在失业的，他假定任何一个愿意转移的农民都可以在城市现代工业部门找到工作。第三，工资水平不变，现代工业部门的工资水平取决于传统农业部门的工资水平，认为劳动力是否从农村向城市转移的条件唯一地取决于城乡收入差距，即只要城市工业部门的一般工资水平高于农村农业部门，农民就愿意离开土地转移到城市谋求新职业。

因此，就有学者指出了刘易斯二元经济结构理论在分析中国经济问题上的缺陷及不适用性，认为刘易斯拐点掩盖了其实质即资本原始积累过程，刘易斯拐点理论的"绝对过剩人口"论调的产生，也是由于它忽视农

---

① 蔡万焕：《论刘易斯拐点理论对中国经济的适用性》，《马克思主义研究》2012 年第 3 期，第 56 页。

业部门生产关系层面发生的本质变化而导致的。部分学者[①]就认为，刘易斯所谓的无限劳动供给在现实中不可能存在，即使农业劳动边际生产率可能比较低，但也不会在较大范围都接近零。同时，刘易斯二元经济结构模型只强调现代工业部门的扩张，不重视传统农业部门的发展，农民在整个国民经济的发展过程中只能是一个被动的存在，而城市中不存在失业的情况与任何一个国家的实际情况都是不相符合的。总之，"不宜简单套用刘易斯拐点理论解释和指导中国经济发展。"[②]

因此，照顾到中国农村劳动力转移的现实情况，在刘易斯二元经济结构模型的基础上，部分学者又提出了三元经济结构模型来分析中国的农村劳动力流动问题。随着中国农村工业蓬勃发展，尤其是乡镇企业的崛起，农村工业部门逐步生成，从而使中国的二元经济结构发生了历史性的变革；中国国民经济呈现传统农业、农村工业和现代工业三元结构并存的新局面。三元经济结构的形成，尤其是农村工业的发展，为农村城镇的发展注入了新的生机，而城镇的兴起，又以其特殊的功能，成为三元经济结构进一步完善、发展并向新的一元——现代工业转换的依托和轴心。而农村剩余劳动力转移问题，是三元经济结构发展与转换的核心问题。因此，学者们在 20 世纪 90 年代就呼吁指出："应当鼓励农民进城开店办厂，经商务工办企业。同时，大力发展城镇第二、第三产业，增强城镇对剩余劳动力的吸纳能力，使城镇成为调节农村剩余劳动力的巨大'蓄水库'。"[③] 其实，无论是二元经济结构模型还是三元经济结构模型，都摆脱不了西方经济学理论的话语权在分析中国经济方面尤其是中国农村劳动力转移方面的深刻影响。

（三）费景汉–拉尼斯模型及其不足

费景汉–拉尼斯模型（Ranis-Fei model）是用一种从动态角度研究农

---

① Theodore W. Schultz, "Our Welfare State and the Welfare of Farm People," *Social Service Review*, 38 (1964): 123–129；陈吉元：《论我国农村经济改革的深化》，《金融研究》1993 年第 4 期。
② 蔡万焕：《论刘易斯拐点理论对中国经济的适用性》，《马克思主义研究》2012 年第 3 期，第 62 页。
③ 赵勇：《三元经济结构发展与城镇化》，《光明日报》1996 年 8 月 18 日，第 4 版。

业和工业均衡增长的二元结构模型。该模型是 20 世纪 60 年代由美国经济学家费景汉（John C. H. Fei）和古斯塔夫·拉尼斯（Gustav Ranis）在对刘易斯模型进行修正的基础上提出来的。1961 年和 1963 年费景汉和拉尼斯共同发表了题为《经济发展理论》的论文，出版了《劳动过剩经济的发展：理论和政策》一书，对刘易斯二元经济结构模型做了改进，指出了它的缺陷所在，认为：第一，刘易斯二元经济结构模型并没有足够重视农业在促进工业增长中的作用；第二，没有注意到农业由于生产率的提高而出现剩余产品应该是农业中的劳动力向工业流动的先决条件。费景汉和拉尼斯对刘易斯二元经济结构模型中存在的以上两点做了补充，因此也将刘易斯二元经济结构模型发展成为一个论述全面、相对完整的二元结构模型。

费景汉 - 拉尼斯模型的主要内容有以下两点。第一，随着农业生产率的提高，农产品剩余是农业劳动力流入工业部门的先决条件。费景汉和拉尼斯认为，农产品剩余的出现主要是由于农业生产率的提高。当农业生产技术不变时，边际生产率大于零、小于平均产出的隐蔽失业者的流出会导致农业总产出和农业剩余的减少，从而使现代化的工业部门贸易环境恶化、工业实际工资上升，进而导致工业化进程受阻。反之，农业生产技术提高，生产率随之不断提高，则会使更多的农业剩余劳动力转移至工业部门，推动社会经济的工业化进程。但费景汉和拉尼斯也指出，工业对劳动力的高吸收率，以及农业生产率的提高，并非二元经济结构成功转型过程中各自独立存在的条件；转型的稳态来自二者间的协调或平衡增长。如果农业中连续的过度投资使农业生产率增长和农业剩余增长超过工业对劳动力吸收率的增长，就会使贸易条件发生不利于农业部门的变化，那样，农业的改善将面临农产品市场不足的制约；相反，工业的过度投资和过度扩张同样会恶化其贸易条件，工业化也可能因此陷入“李嘉图陷阱”。①

第二，将农业剩余劳动力的转移分为三个阶段。即农业劳动边际生产率等于零的阶段、农业劳动边际生产率大于零小于农业平均固定收入、农

---

① 费景汉、古斯塔夫·拉尼斯：《劳力剩余经济的发展》，王月等译，华夏出版社，1989，第 158 ~ 159 页。

业边际生产率等于和大于农业平均固定收入。在第一个阶段，农业是存在剩余劳动力的，但由于农业总产出没有减少，粮价和工资不会上涨，因而农业剩余劳动力转移到工业部门不会遇到困难。在这一阶段，从农业部门转移出去一部分多余的劳动力，并不会减少农业产出总量。在仅能维持农业人口生存下去的、由习惯和道德因素决定的不变制度工资下，工业部门不断吸收农业部门剩余劳动力，而且，当农业劳动力流入工业部门时，农业产品剩余便产生了，农产品和农民消费之差所得到的农产品剩余，正好可以提供给流入工业部门的劳动者。在第二个阶段，农业仍然存在剩余劳动力，与第一个阶段相同，这些剩余劳动力都必须转移到工业部门，而且转移的规模越大，工业资本家的利润越低，且将最终引起经济增长和劳动力转移过程减缓甚至停滞。由于这时转移出去的农业剩余劳动力边际劳动生产率大于零，故而转移使农业总产出下降，粮食出现短缺，从而导致工业产品比较价格降低，工人实际工资上涨，进而决定了工业部门扩张亦即吸收农业剩余劳动力的规模和速度。当农业剩余劳动力转移进入第三个阶段时，农业的剩余劳动力全部转移到工业部门，农民和工人的收入水平一样都由劳动边际生产率决定。这时，传统的农业经济就进入了发达的资本主义经济阶段，也就是说农业和工业劳动者工资均可按市场原则决定，农业劳动和农业生产趋于商业化。

在农村劳动力向城镇转移的三个阶段中，费景汉和拉尼斯认为第一阶段会比较容易完成，农村劳动力向城镇转移的关键在于第二个阶段。一个发展中国家能否最终完成对隐蔽失业人口的完全转移并进入商业化阶段并不确定，很可能在商业化阶段到来以前，工业部门扩张就已经终结。并认为要完成第二阶段并进入第三阶段，关键在于不断提高农业生产率，并保持农业与工业平衡增长。如何才能保证农业与工业的平衡增长？即农业与工业生产率的相对变化必须使两个部门长期保持增长，也就是说两个部门贸易条件都不应该恶化。如果做到了这一点，两部门的经济就会沿着平衡增长路线前进。该模型最大的贡献在于区分了二元经济结构发展的三个阶段，但仍然局限在古典经济学的框架之中，而且在解释发展中国家的农村劳动力转移问题时并不具有较强的说服力，因为"拉尼斯－费景汉理论是在假定人口不变的条件下提出的，实际上发展中国家人口增长是迅速的，从而加重了农村剩余劳动力转移的难度"①。

（四）托达罗模型及其不足

美国经济学家托达罗（Michael P. Todaro）在 1969 年发表了《发展中国家的劳动力迁移和产生发展模型》一文，提出了城乡人口迁移模型，对城市存在失业情况下城乡人口的流动现象进行了较好的解释。1971 年他出版了《第三世界的经济发展》一书，详细阐述了发展中国家人口从农村向城市流动的人口迁移模型，对农村劳动力向城市迁移的决策和就业概率进行了较为详细的分析，在一定程度上是对刘易斯的二元经济结构模型的修正与否定。这一模型针对发展中国家二元经济结构的特点，解释了发展中国家人口迁移的原因。该模型的出发点是：农村劳动力向城市移民的决策，是根据预期的城乡收入差距而不是根据实际城乡收入差距做出的。

具体来说，托达罗模型的主要观点有以下四点。第一，现实中城乡收入差异是影响劳动力迁移的重要因素。由于发展中国家经济发展的不平衡，城乡之间存在收入差距是既定的事实，任何国家发展城市的政策和措施及城市就业部门的努力都会使得城市的就业机会大大增大，都会引起农村大量剩余劳动力转移至城市的现代经济部门。第二，劳动力从农村流入城市主要是对预期收入差异的反映。托达罗认为农村劳动者迁入城市的动机主要决定于对城乡预期收入差异，即理性经济人的假设。并认为预期的收入差异越大，农村劳动力流入城市的就越多。而这种预期收入差异受工资水平和就业概率的影响，取决于城乡实际工资差别和在城市找到工作的概率。第三，农村劳动力在城市找到就业机会的概率与城市的失业人数成反比。主要是修正了刘易斯二元经济结构模型暗含的假定和理想之处，即城市中不存在失业的人，城市失业率为零，因此农村转移的劳动力都能在城市中就业。但托达罗指出，实际上城市中是存在失业人口的，而且从农村向城市转移的劳动力不一定都能在城市中就业，其过程充满风险。第

---

① 孙峰华：《农村剩余劳动力转移的理论研究与实践探索》，《地理科学进展》1999 年第 2 期，第 112 页。

四，当城乡预期收入差别较大时，人口流动率超过城市工作机会的增长率，不仅是可能的，而且是合理的。城市高失业率是城乡经济发展不平衡和经济机会不平均的必然结果。在发展中国家，城市较高的失业率是城乡经济发展机会严重失衡的结果。这就是明知城市存在大量失业人口，还有大批农村人口向城市迁移的原因。具体到中国来说，城乡收入差距显著、生活水平差异大，城市就业机会较多，导致到城市打工的预期收入水平大于留在农村的实际收入水平，造成大量农村人口向城市流动。

托达罗模型表明，在其他条件不变的情况下，就业概率作为一种有效调节机制，导致城市工业部门处于均衡失业状态。该模型的政策含义包括：第一，扩大农村中的就业机会，以缩小城乡之间的不平衡；第二，由于拓展城市少量的就业机会，可能引来大量的农村剩余劳动力供给，导致更多的人失业，因此创造城市就业机会无助于解决城市就业问题；第三，农村居民的学历越高，其向城市转移的预期收入就会越高，因而不加区别地发展教育事业会进一步加剧劳动力的转移和城市的失业；第四，应当重视农业和农村的发展，鼓励农村的综合开发，增加农村的就业机会，提供教育和卫生设施，发展电力、供水和交通，改善农村的生活条件等，从而缓解农村人口向城市的大量流动。

托达罗模型在分析中国农村劳动力转移过程中的不足之处在于它建立在理想的假设上，这些假设使得这一模型并不能完全适合中国的具体国情和实际。主要表现为：托达罗模型衡量农村劳动力选择迁移到城市的标准过于简单和单一，即认为唯一的标准就是工资的高低，认为农民只有在预期收入水平高于现有收入时才选择迁移。但是，农村劳动力转移到城市的影响因素是多元的，如文化氛围、基础设施、家庭原因等，并非单一的工资因素。此外，托达罗模型倡导在农村内部解决剩余劳动力的就业问题，希望将农村的剩余劳动力限制在农村，这是逆城镇化道路而行的，且这一方式在中国的国情中有诸多的不现实之处。首先，中国的城镇化率仍然不高，城镇化发展的潜力巨大，需要大量的农村剩余劳动力参与其中，发挥在中国特色新型城镇化建设过程中的作用，而将剩余劳动力限制在农村，将阻碍中国城镇化的历史进程。其次，在农村内部解决农村的剩余劳动力问题，将农村剩余劳动力限制在农村，会加重农村发展的阻力和负担，进一步加大城乡之间的差距和对立。从长远来看，不仅无法解决农村剩余劳动力问题，而且影响农村生产力的发展。最后，过分地将农民限制在农村地区，对于中国的中西部农村来说十分不利，这些地方本来就存在的区域差异将进一步加大，不平衡发展和矛盾将更为突出。

同时，限制农村剩余劳动力转移至城市，也不利于城镇的建设和发展，尤其是限制了城镇第二、第三产业的发展。中国特色社会主义新型城镇化，离不开大量农村剩余劳动力的贡献。特别是在中国经济进入新常态的前提下，充足的劳动力将是新型城镇化发展不可或缺的力量。限制了农村劳动力的有序转移，也将限制中国经济发展。

（五）乔根森理论及其不足

乔根森理论（模型）是美国著名经济学家、约翰·贝茨·克拉克奖的获得者戴尔·乔根森（Dale W. Jorgenson）在新古典投资理论分析方法和批判刘易斯二元经济结构的基础上提出的。乔根森没有接受刘易斯等人的人口增长外生决定、传统农业部门存在边际劳动生产率为零的劳动力、传统农业部门与现代工业部门的工资水平在现代经济出现之前固定不变等假设，从人口内生和消费结构的角度论述了农业人口向工业部门转移的理论。该理论的主要内容有以下三点。第一，肯定了传统的农业部门是存在剩余的，并分析了农业剩余产生的条件。乔根森理论指出，当农业剩余等于零时，不存在农村剩余劳动力转移。只有当农业剩余大于零时，才有可能形成农村剩余劳动力转移。[1] 而农业剩余是如何产生的？乔根森认为："农业剩余是农业产出增长超过人口最大增长的结果。"[2] 假定农业产出都是粮食，在农业产出增长达到人口最大增长之前，人口增长会抵消农业产出的增长，在这一情况下是不可能产生农业剩余的，但是当人口增长达到

---

[1]　D. Jorgenson, "The Development of a Dual Economy," *Economic Journal* 71 (1961): 309 – 334

[2]　戴炳源、万安培：《乔根森的二元经济理论》，《经济体制改革》1998 年（增刊）第 2 期，第 23 页。

最大值后，农业产出增长超过人口最大增长时，才会产生农业剩余。

第二，农业剩余的规模决定着农村剩余劳动力产生和工业部门规模增长的规模。农业剩余是农村剩余劳动力转移和工业部门规模增长的前提条件，乔根森论证了在农业剩余存在的条件下，农业总产出和人口增长是一致的，在此条件下，在农业部门技术不断提高的情况下，农业剩余的规模会不断扩大。此时，更多的农村剩余劳动力便会不断流入工业部门，不断提高工业部门的规模，促进工业部门的生产和发展。为此，乔根森得出结论，认为从这个意义上说，农业是二元经济结构的决定因素。

第三，二元经济结构发展的三个阶段。乔根森把二元经济结构发展分为三个阶段。第一阶段是社会经济运行中存在隐蔽失业的阶段，这一阶段也是工业化的起步阶段，是对"劳动无限供给"假设的修正，同时认为农业劳动力存在三种可能，即增加、减少或者保持不变。第二阶段是隐蔽失业消失的阶段，此时农业部门劳动的边际生产率低于以农产品计算的实际工资率，也是工业部门进一步发展的阶段。第三阶段，农业和工业的劳动边际产品等于实际工资率。

乔根森理论最大的特点在于摒弃了刘易斯二元经济结构原有的"劳动无限供给"的假设，而取而代之的是农业劳动边际生产率为正的假设。"认为农业人口在隐蔽失业消失之前不一定绝对减少以及农业与制造业间的贸易条件决定积累和增长率，而其本身取决于供求平衡这一系列的假设条件。"[1] 当然，正如部分学者所指出的："乔根森模型尽管对刘易斯模型有所补充和发展，但也不是尽美之物，还有待进一步修改和完善。"[2] 同时，从本质上来看，它仍然没有超越结构主义研究方法的局限性，特别是不能解释在城市存在失业的情况下为什么劳动力仍然愿意向城市转移。

（六）拉克西特模型及其缺陷

以上我们所介绍和研究的理论和模型都是沿着如何增加劳动力和产品

---

① 张红梅：《戴尔·乔根森及其经济理论——第12届约翰·贝茨·克拉克奖获得者评介》，《经济学动态》1997年第5期，第75页。
② 戴炳源、万安培：《乔根森的二元经济理论》，《经济体制改革》1998年（增刊）第2期，第23页。

供给的思路展开的，它们都没有需求管理的概念，如刘易斯认为发展中国家经济发展的核心问题是实现迅速的资本积累。费景汉、拉尼斯也认为欠发达经济应着重解决"储蓄的严重短缺和劳动力过剩导致的供给不足问题"[1]。但大多数发展中国家存在大量生产过剩能力无法与剩余劳动力结合，进而无法促进经济社会发展的情况。在此背景下，一些经济学家不得不改变供给导向思路，开始将凯恩斯理论引入二元经济结构发展框架中，试图从有效需求和生产能力利用的角度将凯恩斯理论的精髓运用于分析发展中国家的问题，拉克西特就是其中较为突出的代表。

拉克西特在20世纪80年代提出了通过刺激有效需求来促进经济发展的观点，从而解决了发展中国家在劳动剩余的前提下发展经济的问题。他在《劳动剩余经济：一种新凯恩斯主义思路》一书中指出，由于商品市场、信贷市场和土地市场的不发达，发展中国家也会存在有效需求不足的问题。他认为，商品市场不发达导致的交易障碍加大了有效需求不足的可能性，信贷市场中利率的波动和金融中介机构的缺乏限制了有效需求，土地市场中土地的不可流动性和不可分割性也会进一步降低有效需求。他将经济系统分为农业和非农业两个部门，农业部门实行的是家庭生产经营制度，假设农业产出和地租是固定的，因此，在大多数人口众多的发展中国家，农业部门无法向工业部门提供无限的农产品，相反农业部门存在供给约束。而非农业部门的生产是由需求决定的。在两个部门的生产能力、工资和消费倾向给定的情况下，通过调节自发性支出达到市场出清，就可以获得最大的产出和就业水平。拉克西特也强调个人在追求收入和就业最大化的短期目标与追求经济快速增长的长期目标间往往会产生冲突，解决这种冲突的政策建议是通过限制所有阶层的消费和刺激有效需求实现提高两部门的积累率和生产水平的目的。

拉克西特提出的通过刺激有效需求实现经济发展的二元经济结构理论，突破了刘易斯等确立的以供给导向型为主的二元经济结构理论，对于多角度分析发展中国家实现二元经济结构的转换具有明显的积极意义。但

---

[1]　马利：《我国二元经济结构转化的新思路》，硕士学位论文，中央民族大学政治经济学专业，2007。

拉克西特模型的主要问题在于发展中国家有效需求不足产生的原因，即商品市场交易障碍、信贷市场无组织性、土地偏好虽然与凯恩斯的认识——边际消费倾向递减、资本边际效率递减、流动性偏好不一致，但没有突破凯恩斯二元经济结构理论的局限，二者在解决有效需求不足的政策手段上是完全一致的，都是通过收入再分配来影响消费。需要强调指出的是，拉克西特的理论背景是发展中国家，而凯恩斯的理论背景是发达国家，但在完全不同的经济背景下二者得出相同的理论结论和政策措施，使得拉克西特模型对发展中国家经济发展不具有普遍的指导意义。

通过以上对当前以西方经济学为基础而建构的理论模型的分析不难看出，刘易斯二元经济结构模型只考虑城市工业部门对农村劳动力的吸收能力，吸收能力越强，农村劳动力转移就越多，最终农业剩余劳动力被城市工业部门完全吸收，于是二元经济结构就会消失，工业化就实现了。费景汉－拉尼斯模型除了考虑工业部门创造就业机会的能力之外，还考虑到农业与工业平衡增长问题，即在工业部门扩张的同时，农业部门的生产率也要保持相应的增长，使粮食供给的增加能够满足全社会对粮食日益扩大的需求。如果粮食供给能够满足日益扩大的需求，劳动力转移就可以顺利进行，一直到所有农村剩余劳动力转移完。但费景汉－拉尼斯模型也没有考虑到随着农村劳动力的转移，留在农村的劳动力素质越来越低的问题。以上西方经济学的相关理论，实际上都是西方经济学古典经济学模型或新古典模型的应用，也就是基于个人理性选择来分析经济问题，即他们的理论分析是建立在经济人建设、生产要素价值论、自发秩序论、私有制高效论、自由至上论等的基础之上的。农民工理性权衡成本收益，由于工业和农业收益差距，农民理性选择去城市就业，认为这是农村剩余劳动力转移的主要原因。

但问题在于农民工的理性选择的历史条件是什么。这些历史条件，实际上就是城市的资本积累快于农村，核心问题是资本积累的产业配置和空间配置。关于这个问题的分析，就和资本积累的具体形态有关，而个人理性的选择结果不过是这种具体形态的派生结果。他们的理论误区就在于只见树木不见森林，漏掉了最关键的内容，即资本积累的产业和空间配置。

要理解农民工问题，仅仅从农民工的个人选择视角出发，是没有历史感的抽象分析；只有把握资本积累的产业和空间配置的一般规律和历史趋势，才能认识农民工流动这个经济现象的内在规律和历史趋势。也就是说，要从资本积累的角度，而不是仅从个人选择的角度，去分析中国的农民工问题。这个角度就是马克思政治经济学的相关理论，它是我们分析农民工问题的有效的理论框架。

二 分析农民工问题的政治经济学理论框架

马克思的农业剩余劳动力转移理论、地租理论、劳动力商品理论等都是马克思主义政治经济学的重要组成部分，为分析中国农民工问题提供了重要理论支撑。尤其是马克思的劳动力商品理论则是本书重点阐释的重要理论，它是分析和认识中国农民工问题的重要政治经济学基础，也是透析中国农民工问题的主要理论依据。在研究城镇化进程中迁徙与回流的农民工问题时，必须坚持和发展马克思的劳动力商品理论，坚持马克思主义政治经济学理论本质的立场，深入分析与研究中国农村劳动力商品化过程中出现的问题与积累的矛盾，探究中国新型城镇化过程中农民工问题的未来出路。

（一）马克思主义政治经济学的相关理论

1. 马克思主义经典作家的农业剩余劳动力转移理论

马克思主义经典作家在揭示资本主义经济发展规律的过程中深刻论述了农村劳动力向城市转移的资本主义城乡经济发展理论，奠定了马克思剩余价值理论的基础。在此过程中，也论述了农村劳动力向城市转移的必然结果，那就是城乡对立和阶级对立。

（1）机器的使用是农业剩余劳动力转移的前提。在问题的起点，马克思论述了导致农业人口流动的直接原因，他认为就是在资本主义工业化条件下，现代化机器在农业领域的广泛使用，导致机器排挤人。马克思曾指出，农场主们在发展的过程中"采用各种机器，应用更科学的方法，把一部分耕地变成牧场，增大农场的面积，同时也扩大了生产的规模，由于采取了这些方法和其他各种提高劳动生产力的措施而减少对劳动的需求，使农业人口又相对过剩了"①。"租地农场主采用了更多的机器，工人转瞬间又'过剩'到连租地农场主也感到满意的程度。同以前相比，现在投入农业的'资本更多了'，并且采取了生产效率更高的形式。这样一来，对劳动的需求不仅相对地下降，而且绝对地下降了。"②

在不同的场合，马克思也指出："由于机器生产的发展、农业的改良等等，生产同样数量产品所必需的工人越加减少了，这种完善，也就是这种使工人过剩的现象，甚至比资本的增加更要快得多。"③ 李嘉图也曾指出："机器是经常和劳动竞争的，并且往往是在劳动价格已达到某种高度时才可能被采用。"④ 马克思创造性地发展了李嘉图的观点，指出："农民的土地恰恰由于现代农业的发展以及资本主义农场经营的竞争而以越来越快的速度被剥夺。"⑤ 农业生产中机器的使用取决于机器与劳动力价值的差额。"如果只把机器看作使产品便宜的手段，那么使用机器的界限就在于：生产机器所费的劳动要少于使用机器所代替的劳动……所以，对资本说来，只有在机器的价值和它所代替的劳动力的价值之间存在差额的情况下，机器才会被使用。"⑥ 也就是说，"机器的价格和它所要代替的劳动力的价格之间的差额，可以有很大的变动，即使生产机器所必需的劳动量和机器所代替的劳动总量之间的差额保持不变"⑦。

由此可见，如果使用劳动力的成本低于机器，那么机器的使用就会受到制约。"机器本身在某些产业部门的使用，会造成其他部门的劳动过剩，以致其他部门的工资降到劳动力价值以下，从而阻碍机器的应用，并且使机器的应用在资本看来是多余的，甚至往往是不可能的，因为资本的利润

---

① 《马克思恩格斯选集》（第二卷），人民出版社，2012，第67页。
② 《资本论》（第一卷），人民出版社，2004，第735页。
③ 《马克思恩格斯选集》（第二卷），人民出版社，2012，第77页。
④ 大卫·李嘉图：《政治经济学及赋税原理》，丰俊功译，光明日报出版社，2009，第479页。
⑤ 《马克思恩格斯选集》（第三卷），人民出版社，2012，第105页。
⑥ 《资本论》（第一卷），人民出版社，2004，第451页。
⑦ 《资本论》（第一卷），人民出版社，2004，第451页。

本来不是靠减少所使用的劳动得来的，而是靠减少有酬劳动得来的。"① 这也是农业剩余劳动力转移到城市后工资被压榨到最低的重要原因。因此，列宁指出："资本主义创造了一种特殊的移民方式。工业迅速发展的国家大量采用机器，把落后国家排挤出世界市场，同时又把工资提高到平均工资水平以上，从落后国家招收雇佣工人。"② 在机器和大工厂的资本主义条件下，大量农民破产进城谋生转而成为被资本家压榨的对象，正如列宁所分析的，在这种情况下，"生产变成了资本主义的生产，它残酷无情地压榨所有的小业主，破坏了他们的乡村定居生活，迫使他们到全国各地去做普通的小工，把自己的劳动出卖给资本。越来越多的人完全脱离了乡村，脱离了农业，聚集到城市，聚集到工厂和工业村镇，形成了一个没有任何私有财产的特殊阶级，即专靠出卖自己劳动力来维持生活的雇佣工人——无产者阶级。"③

　　（2）私有制是城乡对立、阶级对立的制度根源。马克思在论述机器与劳动力的竞争是剩余劳动力转移的直接动因的过程中，进一步分析了竞争的本质及城乡、阶级等各种对立的制度根源。机器的使用和对农村劳动力的剥削，农村剩余劳动力不断向城市的转移，导致形成城市的无产者。马克思指出："对农村居民断断续续的、一再重复的剥夺和驱逐，不断地为城市工业提供大批完全处于行会关系之外的无产者。"④ 因为"被驱逐出来的农民必须从自己的新主人工业资本家那里，以工资的形式挣得这些生活资料的价值"⑤。所以这些无产者充斥到产业后备军中，成为资本主义社会劳动供求规律的一部分，"产业后备军在停滞和中等繁荣时期加压力于现役劳动军，在生产过剩和亢进时期又抑制现役劳动军的要求。"⑥ 同时，资本在大城市积累越快，可供资本家剥削的产业后备军就越多，正如马克思所描述的，"一个工业城市或商业城市的资本积累得越快，可供剥削的人

---

① 《资本论》（第一卷），人民出版社，2004，第452页。
② 《列宁专题文集：论资本主义》，人民出版社，2009，第84页。
③ 《列宁专题文集：论无产阶级政党》，人民出版社，2009，第6页。
④ 《资本论》（第一卷），人民出版社，2004，第851页。
⑤ 《资本论》（第一卷），人民出版社，2004，第855页。
⑥ 《资本论》（第一卷），人民出版社，2004，第736页。

身材料的流入也就越快，为工人安排的临时住所也就越坏。"① 工人工资也就越压越低，工人和资产阶级之间的矛盾越发尖锐。此外，劳动力的竞争最终导致人与人、阶级之间的对立。马克思认为，竞争的直接对立面就是垄断，最终在资本主义私有制条件下导致"普遍利益和个人利益是直接对立的"②。同时，也使得资本主义的生产分为两个对立的方面——自然的方面和人的方面，正如马克思所描述的，"一块土地与另一块土地对立，一个资本与另一个资本对立，一个劳动力与另一个劳动力对立。"③

而导致对立的最终根源就在于私有制。"因为私有制把每一个人隔离在他自己的粗陋的孤立状态中，又因为每个人和他周围的人有同样的利益，所以土地占有者敌视土地占有者，资本家敌视资本家，工人敌视工人。"④ 这种对立和分裂在资本主义私有制条件下是无法避免的，"任何法律，土地占有的任何分割，资本的任何偶然的分裂，都无济于事，这个结果必定会产生，而且就会产生，除非在此之前全面变革社会关系、使对立的利益融合、使私有制归于消灭。"⑤ 在资本主义生产方式之下只能加剧阶级对立，因为私有制是这一切的根源，列宁指出："资本家阶级究竟依靠什么对全体工人群众进行统治呢？它依靠的是，所有工厂、矿山、机器、劳动工具都掌握在资本家手里，归他们私人所有；它依靠的是，大量土地掌握在它们手里。"⑥ 要消除这种对立和分裂只有消灭私有制，列宁在分析俄国革命时就明确指出："苏维埃共和国把政权交给劳动人民，并且只交给劳动人民，它委托无产阶级领导劳动人民的解放事业，废除土地、工厂和其他生产资料的私有制，因为这种私有制是少数人剥削多数人的根源，是群众贫困的根源，是只能使资本家发财的、各民族间的掠夺性战争的根源。"⑦

---

① 《资本论》（第一卷），人民出版社，2004，第 762 页。
② 《马克思恩格斯选集》（第一卷），人民出版社，2012，第 34 页。
③ 《马克思恩格斯选集》（第一卷），人民出版社，2012，第 34 页。
④ 《马克思恩格斯选集》（第一卷），人民出版社，2012，第 34 页。
⑤ 《马克思恩格斯选集》（第一卷），人民出版社，2012，第 45 页。
⑥ 《列宁专题文集：论无产阶级政党》，人民出版社，2009，第 12 页。
⑦ 《列宁专题文集：论资本主义》，人民出版社，2009，第 249 页。

（3）农业剩余劳动力的转移为资本主义工业的发展创造了条件。农业剩余劳动力的转移为工业提供了劳动力。在分析这一过程中，马克思阐述了工厂手工业和农业分离的全过程，农村卷入资本主义工业市场。"国内农业提供的工业原料也同生活资料的情况一样。它转化为不变资本的一个要素。"① "一部分农村居民的被剥夺和被驱逐，不仅为工业资本游离出工人及其生活资料和劳动材料，同时也建立了国内市场。"② 而农村居民的贫困和破产，又在为资本打造劳动后备军方面起了作用。在任何资本主义国家中"一部分农村人口经常准备着转入城市无产阶级或制造业无产阶级（即非农业人口——引者注）的队伍……相对过剩人口的这一源泉是长流不息的……农业工人的工资被压到最低限度，他总是有一只脚陷在需要救济的泥潭里"③。

不仅如此，资本的国内市场也是在农村居民的贫困和破产的基础上建立起来的，马克思指出："事实上，使小农转化为雇佣工人，使他们的生活资料和劳动资料转化为资本的物质要素的那些事件，同时也为资本建立了自己的国内市场。"④ 也就是说，这一国内市场的建立，是农民家庭手工业与农业相分离的结果。"以前，农民家庭生产并加工绝大部分供自己以后消费的生活资料和原料。现在，这些原料和生活资料都变成了商品；大租地农场主出售它们，手工工场则成了他的市场。"⑤ 同时，"随着以前的自耕农的被剥夺以及他们与自己的生产资料的分离，农村副业被消灭了，工场手工业与农业分离的过程发生了。"⑥ 此外，随着资本主义工业的发展，农村手工业的消亡是必然的，因为"只有消灭农村家庭手工业，才能使一个国家的国内市场获得资本主义生产方式所需要的范围和稳固性"⑦。可见，农民所受的剥削和工业无产阶级所受的剥削，只是在形式上不同罢

---

① 《资本论》（第一卷），人民出版社，2004，第855页。
② 《资本论》（第一卷），人民出版社，2004，第857页。
③ 《资本论》（第一卷），人民出版社，2004，第740页。
④ 《资本论》（第一卷），人民出版社，2004，第857页。
⑤ 《资本论》（第一卷），人民出版社，2004，第857页。
⑥ 《资本论》（第一卷），人民出版社，2004，第857页。
⑦ 《资本论》（第一卷），人民出版社，2004，第857页。

了。剥削者在本质和事实上都是同一个，即资本。一个个的资本家通过抵押和高利贷来剥削一个个的农民，资本家通过国家赋税来剥削农民，大批农业剩余劳动力构成了资本主义扩大再生产的重要条件。

农业劳动力的转移为资本主义工业的发展创造了劳动力条件；同时，资本主义工业的发展也为农业劳动力的进一步转移扩大了市场，直至资本统一整个国内市场。"只有大工业才用机器为资本主义农业提供了牢固的基础，彻底地剥夺了极大多数农村居民，使农业和农村家庭手工业完全分离，铲除了农村家庭手工业的根基——纺纱和织布。这样，它才为工业资本征服了整个国内市场。"① 就农业劳动力的转移与资本主义工业的发展之间的关系，列宁分析了农民在大生产的排挤之下破产和解放成为资本主义工业进一步发展的重要条件，并指出：这种解放"打破了人们的定居生活，农民已经不能再依靠自己剩下的小块土地来维持生活了。许多人出外谋生，有的进工厂，有的修铁路，这些铁路把俄国各个角落联接起来并把大工厂的货物运往全国各地。许多人进城谋生，为工厂和商店建造房屋，为工厂运送燃料和准备材料"②。

（4）土地私有制并非解决农业过剩人口问题的方法。土地的私有化并不是农业剩余劳动力问题解决的根本之道。资本主义生产方式"一方面使农业合理化，从而才使农业有可能按社会化的方式经营，另一方面，把土地所有权变成荒谬的东西，——这是资本主义生产方式的巨大功绩。资本主义生产方式的这种进步，同它的所有其他历史进步一样，首先也是以直接生产者的完全贫困化为代价而取得的"③。"如果说资本主义生产方式总的说来是以劳动者被剥夺劳动条件为前提，那么，在农业中，它是以农业劳动者被剥夺土地并从属于一个为利润而经营农业的资本家为前提。"④ 马克思的这一观点给主张通过私有化实现土地转移以最终实现农业剩余劳动力转移的人敲响了警钟。"历史的教训（这个教训从另一角度考察农业时

---

① 《资本论》（第一卷），人民出版社，2004，第 858~859 页。
② 《列宁专题文集：论无产阶级政党》，人民出版社，2009，第 5~6 页。
③ 《资本论》（第三卷），人民出版社，2004，第 697 页。
④ 《资本论》（第三卷），人民出版社，2004，第 694 页。

也可以得出）是：资本主义制度同合理的农业相矛盾，或者说，合理的农业同资本主义制度不相容（虽然资本主义制度促进农业技术的发展），合理的农业所需要的，要么是自食其力的小农的手，要么是联合起来的生产者的控制。"①

马克思、恩格斯在考察"超额利润转化为地租"的过程中分析到："我们所考察的土地所有权形式，是土地所有权的一个独特的历史形式，是封建的土地所有权或小农维持生计的农业（在后一场合，土地的占有是直接生产者的生产条件之一，而他对土地的所有权是他的生产方式的最有利的条件，即他的生产方式得以繁荣的条件）受资本和资本主义生产方式的影响而转化成的形式。"②

农业剩余劳动力的转移与农村的土地问题直接相关，马克思于1872年在《论土地国有化》一文中阐明了土地问题的重要性，论证了土地国有化越来越成为社会发展的必然要求，揭示了资产阶级政权下土地国有化的弊病，指出在无产阶级掌握政权的条件下，土地国有化将彻底改变劳动和资本的关系，并最终消灭工业和农业中的资本主义生产方式。因此，必须发展农村集体经济，马克思指出：正如"工业工人，只有当他们把资产者的资本，即生产所必需的原料、机器和工具以及生活资料转变为社会财产，即转变为自己的、由他们共同享用的财产时，他们才能解放自己"一样，"农业工人，也只有首先把他们的主要劳动对象即土地本身从大农和更大的封建主的私人占有中夺取过来，转变为社会财产并由农业工人的合作社共同耕种，才能摆脱可怕的贫困"。③

因此，只有农村的集体化才是解决农业剩余劳动力问题的关键所在，列宁根据苏联的实际情况分析了无产阶级取得革命胜利后应当怎样来对待农民和小业主的问题。他指出："在这样的国家里，无产阶级的作用就是要领导这些小业主向社会化的、集体的、公社的劳动过渡。"④ 列宁也用苏

---

① 《资本论》（第三卷），人民出版社，2004，第137页。
② 《资本论》（第三卷），人民出版社，2004，第693～694页。
③ 《马克思恩格斯选集》（第三卷），人民出版社，2012，第30页。
④ 《列宁专题文集：论社会主义》，人民出版社，2009，第195～196页。

联的具体实践向我们阐释了农业集体化带来的好处。他说："实践显然已经表明，农业集体经营方面的各种各样的试验和创举，可以起多么巨大的作用。"① 同时，列宁也论述了没有经营好农业的集体化所带来的不好的影响，并明确指出，农业、农村的集体化需要长时间的努力和辛苦经营。在《关于土地问题的总结发言》一文中，列宁明确指出了土地国有化的总要求："在民主共和制度下，土地国有化会无条件地为阶级斗争提供最广阔的场所，提供一般说来在资本主义存在的条件下唯一可能的、唯一想象得到的最广阔的场所。国有化意味着消灭绝对地租，降低粮食价格，保证资本有最大限度的竞争的自由和渗入农业的自由。"②

（5）农业剩余劳动力转移理论在中国的发展。随着改革开放和社会主义市场经济的确立，1978 年，我国开始在农村实施家庭联产承包责任制的经济体制改革，逐步激活了农民的经济意识。这种意识的激活是建立在经济基础之上的，正如恩格斯分析指出的那样："政治、法、哲学、宗教、文学、艺术等等的发展是以经济发展为基础的。但是，它们又都互相作用并对经济基础发生作用。这并不是说，只有经济状况才是原因，才是积极的，其余一切都不过是消极的结果，而是说，这是在归根到底不断为自己开辟道路的经济必然性的基础上的相互作用。"③ 在此基础上，大量农村剩余劳动力开始从农业部门转向非农业部门，随着市场经济的进一步发展，农村剩余劳动力大规模地跨区域性流动就业，在使得农村劳动力资源得到了优化配置的同时，为中国特色城镇化道路注入了新的活力与生机。

马克思指出资本主义条件下农业剩余劳动力转移的一个前提是农民对土地所有权的丧失，即土地同土地所有者和所有权的分离。而在中国，农民工外出打工，并未丧失对土地的承包权，中国有发展公社和集体经济的传统和基础。马克思在《资本论》中分析指出："在印度和中国，小农业和家庭工业的统一形成了生产方式的广阔基础。"④ 马克思曾在著名的"卡

---

① 《列宁专题文集：论社会主义》，人民出版社，2009，第 204 页。
② 《列宁全集》（第十二卷），人民出版社，2017，第 329 页。
③ 《马克思恩格斯文集》（第十卷），人民出版社，2009，第 668 页。
④ 《资本论》（第三卷），人民出版社，2004，第 372 页。

夫丁峡谷"理论中提出，对于在俄国全国范围内保存下来的农村公社，"它和资本主义生产的同时存在为它提供了集体劳动的一切条件。它有可能不通过资本主义制度的卡夫丁峡谷，而占有资本主义制度所创造的一切积极的成果。"[①] 这也为新中国成立后在中国农村探索与发展公社提供了理论基础。张培刚在其写于 20 世纪 40 年代的博士学位论文《农业与工业化》里认为："像在中国这样的农业国家，农村剩余劳动力为数极为庞大，农村劳动力的价格远比机器为低⋯⋯当劳动力价格低于机器时，引用机器是极其困难的"。[②] 从发展经济学角度认识的这个观点和马克思的论述不谋而合，印证了马克思对农业劳动力剩余的观点具有合规律性。

　　中国特色新型城镇化的过程与农业剩余劳动力的转移是紧密相连的，要彻底解决中国农业剩余劳动力的转移问题，农民外出打工并非长久之计，必须大力发展农村集体经济，将农业与市场经济相对接。因为只有劳动成为社会的劳动，才能解放劳动。用马克思的话说，"'劳动只有作为社会的劳动'，或者换个说法，'只有在社会中和通过社会'，'才能成为财富和文化的源泉'。"[③] 实现农民的就地城镇化，才是对马克思主义理论的创造性发展和转化。所谓就地城镇化，就是农村人口不再一味地向大中城市迁移，而是依托中心村和小城镇，或把散落的农村居民点适时适度聚集发展为新社区，并使之逐渐成长转化为新城镇，就地就近实现非农就业化和市民化的城镇化模式。就地城镇化是与异地城镇化同时进行的，而非割裂的。所谓异地城镇化，是指农村人口大量集中向大中城市或向发达地区城市流动、迁移的城镇化模式，这是当前中国的主流城镇化模式。此两种城镇化模式并非完全对立、非此即彼的，而是并行不悖的，可以相互补充、相互协调，整体推动城镇化的健康发展。

　　2. 马克思主义经典作家的地租理论

　　土地是最基本的劳动资料，也是农民生活的源泉。古典经济学家亚当·斯密、大卫·李嘉图、穆勒等都对地租展开过研究，形成了自己的地

---

① 《马克思恩格斯全集》（第二十五卷），人民出版社，2001，第 465 页。
② 张培刚：《农业与工业化》，中国人民大学出版社，2014，第 11 页。
③ 《马克思恩格斯全集》（第二十五卷），人民出版社，2001，第 14 页。

租理论。何谓地租？根据李嘉图对地租的定义："使用了原有不可灭的土壤力，必须给地主一部分生产物。这即所谓地租。地租，往往与资本的利息利润混同；俗语，弄明付给地主的一切物，都称作地租。"① 亚当·斯密也曾就地租理论展开过研究，他将资本从国家总产品中排除掉，断定它分解为工资、利润和地租，即（纯）收入，可是他却把资本包括在社会总收入中，把它同消费品（＝纯收入）分开。② 马克思主义经典作家分析和抓住了斯密等古典经济学家在地租理论研究方面存在的局限及其地租理论的内在矛盾，对地租理论展开了全面的研究。在这些经典作家的研究和论述中，马克思、恩格斯的贡献最大，他们批判性地继承和发展了古典经济学家的地租理论，同时揭示了地租背后的规律性及其本质特征。

（1）指明了私有制条件下的土地所有权是地租产生的前提。在资本主义生产方式的条件下，土地所有权是地租产生的基本条件。马克思认为，李嘉图等古典经济学家对地租的定义并没有指明地租产生的原因，他认为地租之所以能产生，就是因为土地所有权的存在，土地所有权具有排他性，"一些人垄断一定量的土地，把它当作排斥其他一切人的、只服从自己私人意志的领域"③，从而借此获得了无偿的剩余价值。因此马克思得出了地租是土地所有权在经济上的实现形式的结论。正是因为有了对土地的所有权，土地所有者才"把不是通过他个人劳动得来的、完全偶然地落到他手里的东西当做他个人利益的源泉进行掠夺。他靠出租土地、靠最终攫取租地农场主的种种改良的成果进行掠夺"④。因此，有了土地所有权，"土地占有者可以靠地租过活，资本家可以靠利息过活，万不得已时，也可以靠资本或资本化了的土地占有过活。"⑤ 土地占有者"究竟是自己收取地租，还是必须再把它付给一个抵押债权人，这不会在租地农场本身的经营上引起任何变化"⑥。

_____

① 里嘉图：《经济学及赋税之原理》，郭大力、王亚南译，上海三联书店，2008，第27页。
② 《列宁专题文集：论资本主义》，人民出版社，2009，第18页。
③ 《马克思恩格斯全集》（第四十六卷），人民出版社，2003，第695页。
④ 《马克思恩格斯选集》（第一卷），人民出版社，2012，第30页。
⑤ 《马克思恩格斯选集》（第一卷），人民出版社，2012，第44页。
⑥ 《马克思恩格斯全集》（第四十六卷），人民出版社，2003，第916页。

在此基础上，马克思提出："实际的占有，从一开始就不是发生在对这些条件的想象的关系中，而是发生在对这些条件的能动的、现实的关系中，也就是这些条件实际上成为的主体活动的条件。"① 可见占有的实现是离不开现实的经济条件的，资本主义生产方式下这种掠夺式的占有是资本主义私有制的结果，地主对土地拥有终极所有权，农民是"直接生产者不是所有者，而只是占有者"②。马克思论述资本主义私有制条件下的地租得出的结论是："不论地租的特殊形式是怎样的，它的一切类型有一个共同点：地租的占有是土地所有权借以实现的经济形式，而地租又是以土地所有权，以某些个人对某些地块的所有权为前提。"③ 也就是说"土地所有权本身已经产生地租"④，地租是"土地所有权在经济上借以实现即增殖价值的形式"⑤。

为了更好地弄明白地租的来源，马克思还考察了国民总收入这一概念，他说："总收入等于工资（或预定要重新成为工人收入的产品部分）＋利润＋地租。但是，纯收入是剩余价值，因而是剩余产品，这种剩余产品是扣除了工资以后所余下的，实际上也就是由资本实现的并与土地所有者瓜分的剩余价值和由这个剩余价值计量的剩余产品。"⑥ 由此看来，阐明了国民总收入的实现过程，也就弄清了收入问题，解决了阻碍了解这个问题的主要困难，即为什么"对一个人来说是收入的东西，对另一个人来说则是资本"⑦。这个答案就是马克思所言的土地的私有权。因此，在资本主义私有制条件下，"要么实现由私有制产生的一切结论，要么抛弃私有制这个前提"⑧。

列宁是马克思主义地租理论的捍卫者、继承者和发展者。他批判了资产阶级理论家对马克思地租理论的歪曲阐释和恶意解读，并进一步发展了

---

①　《马克思恩格斯全集》（第三十卷），人民出版社，1995，第486页。
②　《马克思恩格斯全集》（第四十六卷），人民出版社，2003，第896页。
③　《马克思恩格斯全集》（第四十六卷），人民出版社，2003，第714页。
④　《马克思恩格斯全集》（第四十六卷），人民出版社，2003，第854页。
⑤　《马克思恩格斯全集》（第四十六卷），人民出版社，2003，第698页。
⑥　《资本论（纪念版）》（第三卷），人民出版社，2018，第952页。
⑦　《马克思恩格斯全集》（第四十六卷），人民出版社，2003，第957页。
⑧　《马克思恩格斯选集》（第一卷），人民出版社，2012，第31页。

地租理论："土地占有权是一种垄断，土地占有者依靠这种垄断向农场主索取这块土地的租金。这种租金就是绝对地租，它和不同投资的不同生产率毫无关系，它是由土地私有制产生的。"① 因此，列宁在《关于我们的土地纲领》一文中明确提出，俄国革命党要打破土地占有权的垄断现状，"建立革命农民委员会以消除一切农奴制残余，对一切农村关系实行民主改革并采取革命措施来改善农民的状况直到剥夺地主的土地。"② 也就是要废除土地的私有制和占有关系，维护广大农村无产阶级的利益。同年，列宁在《小资产阶级社会主义和无产阶级社会主义》一文中一针见血地指出，当前俄国的农民运动所追求的是土地和自由。他认为，如果这个运动完全胜利，"就会推翻地主和官吏在管理国家方面的统治。如果它获得了土地，就会把地主的土地转交给农民。"③ 而且他预言："上层等级（地主）被粉碎和消灭得愈彻底，资产阶级和无产阶级之间的阶级对峙也就愈深刻。"④

（2）论述了地租与剩余价值的关系。从私有制这个前提出发，马克思进一步揭露了资本主义生产关系条件下土地所有者收入的根源，即资本—利润、土地—地租、劳动—工资。同时，马克思也揭开了这一公式下所掩盖的秘密，指出上述各种收入原本都来源于劳动创造的价值或剩余价值，"地租、利息和产业利润不过是商品的剩余价值或商品中所包含的无偿劳动各个部分的不同名称，它们都是同样从这个泉源并且只是从这个泉源产生的。"⑤ "它们不是从土地本身也不是从资本本身产生的，但是土地和资本使拥有土地和资本的人能从经营资本家压榨工人所得来的剩余价值中各分得一份。"⑥

马克思认为土地的经济职能就是为了获取地租，地租承担了土地所有权在经济上的价值增殖形式，价值增殖的背后就是租借土地的劳动者创造

---

① 《列宁全集》（第五卷），人民出版社，1986，第 104 页。
② 《列宁全集》（第九卷），人民出版社，2017，第 341 页。
③ 《列宁全集》（第十二卷），人民出版社，2017，第 40 页。
④ 《列宁全集》（第十二卷），人民出版社，2017，第 41 页。
⑤ 《马克思恩格斯选集》（第二卷），人民出版社，2012，第 53 页。
⑥ 《马克思恩格斯选集》（第二卷），人民出版社，2012，第 53 页。

的价值或剩余价值。只是"作为租地农场主的资本家，为了得到在这个特殊生产场所使用自己资本的许可，要在一定期限内（例如每年）按契约规定支付给土地所有者即他所开发的土地的所有者一个货币额（和货币资本的借入者要支付一定利息完全一样）。这个货币额，不管是为耕地、建筑地段、矿山、渔场还是为森林等等支付的，统称为地租。这个货币额，在土地所有者按契约把土地租借给租地农场主的整个时期内，都要进行支付。因此，在这里地租是土地所有权在经济上借以实现即增殖价值的形式。"① 表面上看租地农场主以租金的形式换取经营土地的许可，但"真正的地租是为了使用土地本身而支付的，不管这种土地是处于自然状态，还是已被开垦"②，其实质都是无酬劳动创造的价值的结果，即作为一种特殊形式的剩余价值。马克思、恩格斯强调这种资本主义分配关系的性质是由资本主义生产关系及其所有制的性质决定的，指出："全部现存的社会制度都是建立在这种无酬劳动之上的。"③

同时，马克思认为在农业技术比工业技术落后的情况下可以推测，农业中的可变资本在总的资本构成中所占的比重比一般的要高，所以农业资本的剩余价值就能产生绝对地租。绝对地租的量要受到农产品价值的制约，其上限是剩余价值中超出平均利润的超额利润部分，因此农产品的生产价格一般总是低于它的价值，剩余价值总是高于利润。"农产品的价值超过它们的生产价格而形成的余额，所以能成为它们的一般市场价格的决定要素，只是因为有土地所有权的垄断。"④ 列宁对此做了进一步论述，他指出："土地私有权的垄断妨碍这一余额全部参与利润平均化的过程，于是从这种余额中产生了绝对地租。"⑤

面对剩余价值，无产阶级也不用消极以待，因为"现代制度给他们带来一切贫困，同时又造成对社会进行经济改造所必需的种种物质条件和社会形式。他们应当摒弃'做一天公平的工作，得一天公平的工资！'这种

---

① 《马克思恩格斯全集》（第四十六卷），人民出版社，2003，第698页。
② 《马克思恩格斯全集》（第四十六卷），人民出版社，2003，第699页。
③ 《马克思恩格斯选集》（第二卷），人民出版社，2012，第73页。
④ 《马克思恩格斯全集》（第四十六卷），人民出版社，2003，第863页。
⑤ 《列宁全集》（第五卷），人民出版社，1986，第106页。

保守的格言，要在自己的旗帜上写上革命的口号：'消灭雇佣劳动制度！'"①
"凡是社会上一部分人享有生产资料垄断权的地方，劳动者，无论是自由
的或不自由的，都必须在维持自身生活所必需的劳动时间以外，追加超额
的劳动时间来为生产资料的所有者生产生活资料。"② 此外，马克思也指出
与上述三种收入形式相对应的是三个社会阶级，即无产阶级、资产阶级和
土地所有者阶级，无产阶级和后两个阶级之间的对立和斗争，将是资本主
义生产方式最终瓦解的根源。正如马克思一针见血地指出的，"在发达的
资本主义生产方式下，劳动者不是生产条件即他所耕种的土地、他所加工
的原料等等的所有者"③，他只是无偿劳动的生产者。从人民群众的土地被
剥夺这个意义上讲，"土地所有权的垄断是资本主义生产方式的一个历史
前提，并且始终是它的基础，正像这种垄断曾是所有以前的、建立在对群
众的这一或那一剥削形式上的生产方式的历史前提和基础一样……"④

在以上分析的基础上，马克思将地租定义为：是土地所有者凭借土地
所有权而索取的收入，是土地所有权在经济上的实现形式；资本主义地租
是租佃资本家使用土地所有者的土地而缴纳的、由雇佣工人创造的、平均
利润以上的那部分剩余价值，体现着土地所有者和租佃资本家分割剩余价
值、共同剥削雇佣工人的关系。⑤

（3）明确土地是一种特殊的商品。首先，土地作为商品，它可以买
卖。土地所有权具有的排他性在一定意义上讲"完全取决于不以他们的意
志为转移的经济条件"⑥。在资本主义条件下，土地所有者对土地进行了垄
断，而且被披上了对土地所有权的法律上的合法的外衣，以此为手段获得
超额的剩余价值，由此进一步说明了土地作为一种商品可以买卖。如马克
思指出的，"法律观念本身只是说明，土地所有者可以像每个商品所有者

---

① 《马克思恩格斯选集》（第二卷），人民出版社，2012，第 69 页。
② 《马克思恩格斯选集》（第三卷），人民出版社，2012，第 589 页。
③ 《马克思恩格斯全集》（第四十六卷），人民出版社，2003，第 674 页。
④ 《马克思恩格斯全集》（第四十六卷），人民出版社，2003，第 696 页。
⑤ 《马克思恩格斯选集》（第二卷），人民出版社，1995，第 543～544 页。
⑥ 《马克思恩格斯全集》（第四十六卷），人民出版社，2003，第 694 页。

处理自己的商品一样去处理土地"①；"资本化的地租表现为土地价格或土地价值，以及土地因此和任何其他商品一样可进行买卖"②。其次，作为一种特殊的商品，它是土地所有者获得无偿劳动和剩余价值的源泉。土地作为不变资本的重要组成部分，在价值增殖方面发挥着重要作用，马克思用建筑物所有权的例子对此进行了说明："这个例子清楚地指出了真正的地租和投入土地的固定资本的利息——它能够成为地租的追加部分——的区别。建筑物的利息，和农业上租地农场主投入土地的资本的利息一样，在租约有效期间，属于产业资本家即建筑投机家或租地人，它本身和因利用土地而每年必须按一定期限支付的地租无关。"③

　　土地作为特殊商品在价值增殖方面的重要性正如马克思所指出的，"至于不变资本的另一部分，即机器和一般固定资本，那么，这方面发生的增值，特别是和建筑物、土地等等有关的增值，离开地租学说是无法阐明的"④，作为土地的价格或价值，"地租可以以纯粹的形态，即以没有附加投入土地的资本的利息的形态而存在"⑤。"土地所有者用这个方法，不仅从不费他们分文的别人的资本获得利息，而且还无偿地得到别人的资本。"⑥ "在这个场合，直接生产者以每周的一部分，用实际上或法律上属于他所有的劳动工具（犁、牲口等等）来耕种实际上属于他所有的土地，并以每周的其他几天，无代价地在地主的土地上为地主劳动……"⑦ 在这样的情况下，地租和剩余价值是一致的，并且直接表现为无酬剩余劳动，因为徭役劳动和为自己的劳动在时间和空间都是明显分开的。"这是替各种生产条件（在这里，它们和土地是一回事，如果说它们和土地有区别，也只是就它们作为土地的附属物而言）的'所有者'而进行的无酬剩余劳动。"⑧

---

① 《马克思恩格斯全集》（第四十六卷），人民出版社，2003，第696页。
② 《马克思恩格斯全集》（第四十六卷），人民出版社，2003，第704页。
③ 《马克思恩格斯全集》（第四十六卷），人民出版社，2003，第701页。
④ 《马克思恩格斯全集》（第四十六卷），人民出版社，2003，第129页。
⑤ 《马克思恩格斯全集》（第四十六卷），人民出版社，2003，第702页。
⑥ 《马克思恩格斯全集》（第四十六卷），人民出版社，2003，第702页。
⑦ 《马克思恩格斯全集》（第二十五卷），人民出版社，1974，第889~890页。
⑧ 《马克思恩格斯全集》（第二十五卷），人民出版社，1974，第890页。

对于利润和地租都是商品价格的构成部分的观点，马克思、恩格斯表示赞同。"因为不仅工人的工资，而且资本的利润和土地所有者的地租，也非从商品的价格中支付不可。"① 而土地作为商品流通最终的结果便是一部分人越来越富有，而另一部分人越来越贫穷。"因此，最终的结果是资本家和土地所有者之间的差别消失，以致在居民中大体上只剩下两个阶级：工人阶级和资本家阶级。地产买卖，地产转化为商品，意味着旧贵族的彻底没落和金钱贵族的最后形成。"② 可见，土地作为特殊的商品与其作为经营对象的土地的垄断是直接相关的，包括最劣等地在内的所有土地上，由于存在土地所有权的垄断，不支付若干地租就不允许利用这些土地，不管这些土地是好是坏，统统都要支付地租。

（4）马克思的地租理论与中国农民工问题。根据以上理论分析可以看出，马克思认为，土地所有权与土地经营权的分离是地租产生的前提。地租是农业超额利润的转化形式，地租分为绝对地租、级差地租，级差地租又分为级差地租Ⅰ和级差地租Ⅱ。在社会主义市场经济条件下，家庭联产承包责任制确保了农民对土地的使用权，而在公有制下，土地的使用权与所有权没有多大分别，土地的使用者就是土地的所有者，只不过这个"所有权"是有 30 年期限的，到期后仍然可以延长期限。因此，即使是进城务工的农民工也并没有丧失最基本的生产资料——土地。这是马克思主义地租理论在中国的新发展，也是中国农民工不同于马克思意义上的欧洲工人阶级的主要方面，更是社会主义条件下解决农民工问题的主要优势所在。

在马克思的论述中，当农民作为独立的生产者时，他拥有小块土地，自己掌握生产工具，在其土地上他可以决定产出什么，他们一旦沦为雇佣劳动者，就不再具有决定权。雇佣工人在劳动的过程中看似在使用自己的劳动力，掌握劳动工具，然而马克思却指出，资本家只是"'把生产工具贷给工人'，也就是说，把生产工具同劳动力合并在一起作为资本来增

---

① 《马克思恩格斯选集》（第二卷），人民出版社，2012，第 35 页。
② 《马克思恩格斯全集》（第三卷），人民出版社，2002，第 260 页。

殖"①。因此,农民一旦沦为资本的附属物,就丧失了独立的地位,马克思分析指出:"从社会角度来看,工人阶级,即使在直接劳动过程以外,也同死的劳动工具一样是资本的附属物。甚至工人阶级的个人消费,在一定限度内,也不过是资本再生产过程的一个要素。"② 因为资本主义生产方式一个最大特点便在于,它排斥劳动者与生产资料的直接结合,是建立在二者相分离的基础上的私有制,"生产剩余价值或赚钱,是这个生产方式的绝对规律"③。因此,明确农民作为家庭联产承包责任制的主体,保证农民作为土地的所有者和使用者,是发展和壮大农村集体经济,确保中国人的饭碗牢牢端在自己手中的重要保证。正如十九大报告中指出的:"巩固和完善农村基本经营制度,深化农村土地制度改革,完善承包地'三权'分置制度。保持土地承包关系稳定并长久不变,第二轮土地承包到期后再延长三十年。"④

在新形势下再一次推动发展和解放农村的生产力,其中尤为重要的一点就是解决农民工问题。由于国家农业税的取消,农民已经完全不用承担地租的费用,但进城务工的农民工,不能脱离土地在城市定居下来,不仅农业小规模经营难从根本上得以改变,使得土地资源约束日益突出,而且由于青壮年劳动力的大规模流出,部分农村土地弃耕撂荒、房屋闲置、农村空心化,诱使"农村病"更加严重。同时,城市中,农民工也受到城市地租的盘剥。资本家购买的土地属于其固定资本,而农民工的工资则属于可变资本,资本家往往会以压低可变资本的量来增加剩余价值。马克思指出:"工资决定于资本家和工人之间的敌对的斗争。胜利必定属于资本家。"⑤ 加上大量农民工涌入城市,供给大于需求,往往导致资本家尽量压低工人的工资,正如马克思指出的:"对人的需求必然调节人的生产,正

① 《资本论》(第一卷),人民出版社,2004,第 689 页。
② 《资本论》(第一卷),人民出版社,2004,第 661 页。
③ 《资本论》(第一卷),人民出版社,2004,第 714 页。
④ 习近平:《决胜全面建成小康社会 夺取新时代中国特色社会主义伟大胜利——在中国共产党第十九次全国代表大会上的报告(2017 年 10 月 18 日)》,《人民日报》2017 年 10 月 28 日,第 1 版。
⑤ 《马克思恩格斯全集》(第三卷),人民出版社,2002,第 223 页。

如其他任何商品生产的情况一样。"① 工人最低的和唯一必要的工资就是在劳动期间的生活费用和养家糊口的基本费用，而土地所有者和资本家可以把产业收益加进自己的收入，但工人除了劳动所得，既无地租也无资本利息，"因此，资本、地租和劳动的分离对工人来说是致命的"②。

3. 马克思主义经典作家的城乡理论

马克思、恩格斯是马克思主义城乡理论的主要创立者，列宁、毛泽东等对此均有一定的发展和创新。城乡理论是马克思主义理论的有机组成部分，马克思、恩格斯的城乡理论产生于19世纪40年代，从资本主义社会的现实情况出发，剖析了城乡对立的根源，前瞻性地提出了城乡融合的科学展望，详细提出了城乡融合的具体条件和现实路径，对于今天中国特色社会主义新型城镇化建设具有重要的指导意义。

（1）城乡对立理论。消除城乡对立，进而促进城乡融合发展，是马克思主义经典作家预想的未来美好社会的目标之一。马克思、恩格斯在谈到未来社会的自由人联合体时曾指出："消灭城乡之间的对立，是共同体的首要条件之一。"③ 在马克思、恩格斯看来，城乡对立的前提是脑力劳动和体力劳动的对立。在《德意志意识形态》这篇文献里，马克思、恩格斯阐述了脑力劳动和体力劳动之间的对立以及城乡对立产生的原因。马克思、恩格斯认为，分工是生产力发展到一定程度的产物。

分工的精细化与生产力的发展水平相关，马克思在论述封建时代的生产关系时也指出："在封建制度繁荣时代，分工不大发达。每一个国家都存在着城乡之间的对立；虽然等级结构表现得非常鲜明，但是除了在乡村里有王公、贵族、僧侣和农民的划分，在城市里有师傅、帮工、学徒以及后来的平民短工的划分之外，就再没有什么大的分工了。"④ 随着生产力的发展，分工越来越细致，首先引起工商业劳动和农业劳动的分离，从而也引起了城乡的分离和城乡利益的对立。"这些种种细致的分工的相互关系

---

① 《马克思恩格斯全集》（第三卷），人民出版社，2002，第223页。
② 《马克思恩格斯全集》（第三卷），人民出版社，2002，第223页。
③ 《马克思恩格斯选集》（第一卷），人民出版社，1995，第104~105页。
④ 《马克思恩格斯全集》（第三卷），人民出版社，1960，第28页。

是由农业劳动、工业劳动和商业劳动的经营方式决定的。"① 分工的进一步发展直接导致物质劳动和精神劳动的区别与出现，城市和乡村分离正是物质劳动与精神劳动分工的结果，"物质劳动和精神劳动的最大一次分工，就是城市和乡村的分离"②。马克思后来在《资本论》第一卷第四篇中将这种对立的过程概括为："一切发达的，以商品交换为中介的分工的基础，都是城乡的分离。可以说，社会的全部经济史，都概括为这种对立的运动。"③ 而这种由分工导致的城乡对立则是资本主义工业文明发展的必然结果，即马克思所指出的："城乡之间的对立是随着野蛮向文明的过渡、部落制度向国家的过渡、地方局限性向民族的过渡而开始的，它贯穿着全部文明的历史并一直延续到现在。"④ 恩格斯在《家庭、私有制和国家的起源》中也指出，文明时代的特征之一，就"是把城市和乡村的对立作为整个社会分工的基础固定下来"⑤。

在马克思生活的那个时代，资本主义工业文明正处于比较繁荣时期，城市的发展较为迅速，资本也迅速在城市集中，城乡之间的对立越发明显。"工业把劳动集中到工厂和城市；工业活动和农业活动不可能结合在一起了，新的工人阶级只能依靠自己的劳动，过去的例外变成了通则，而且还逐渐扩展到城市以外。"⑥ "在这里，居民第一次划分为两大阶级，这种划分直接以分工和生产工具为基础。"⑦ 城市对资源的无限集中与乡村的孤立和分散形成了鲜明的对比，"城市本身表明了人口、生产工具、资本、享乐和需求的集中；而在乡村里看到的却是完全相反的情况：孤立和分散"⑧。机器在农业领域的使用也进一步加剧了城乡之间的对立，"在这里机器排挤人力的情形更为剧烈。雇佣工人代替农民，农村家庭制造业的消

---

① 《马克思恩格斯全集》（第三卷），人民出版社，1960，第25页。
② 《马克思恩格斯全集》（第三卷），人民出版社，1960，第56～57页。
③ 《马克思恩格斯全集》（第四十四卷），人民出版社，2001，第408页。
④ 《马克思恩格斯全集》（第三卷），人民出版社，1960，第57页。
⑤ 《马克思恩格斯选集》（第四卷），人民出版社，1995，第176～177页。
⑥ 《马克思恩格斯全集》（第三卷），人民出版社，2002，第546页。
⑦ 《马克思恩格斯全集》（第三卷），人民出版社，1960，第57页。
⑧ 《马克思恩格斯全集》（第三卷），人民出版社，1960，第57页。

灭，城乡对立尖锐化。"① 列宁也分析指出，工业文明发展到了资本主义大工业阶段，由于"技术把工人束缚在一种专业上"，"一方面使他不适合于从事农业，另一方面要求他不间断地和长期地从事一种手艺"②。这就使得工业与农业彻底分离开来，从而为城乡之间的经济对立埋下了隐患。

在这里，马克思主义经典作家揭示了这种对立背后的本质即利益的对立，"这种对立鲜明地反映出个人屈从于分工、屈从于他被迫从事的某种活动，这种屈从现象把一部分人变为受局限的城市动物，把另一部分人变为受局限的乡村动物，并且每天都不断地产生他们利益之间的对立。"③ 马克思、恩格斯认为："一个民族内部的分工，首先引起工商业劳动同农业劳动的分离，从而也引起城乡的分离和城乡利益的对立"④。而最终，马克思也揭示了这种人与人、城市与乡村、利益之间的对立的根源，得出"城乡之间的对立只有在私有制的范围内才能存在"⑤ 的结论。"在这里，劳动仍然是最主要的，它是凌驾于个人之上的力量；只要这种力量还存在，私有制也就必然会还存在下去。"⑥ 因此，想要消除城乡之间的对立，只有消灭私有制。

（2）城乡对立所带来的后果。马克思主义经典作家不仅探讨了城乡对立所产生的根源，同时也分析了这种对立所带来的种种后果。城乡对立只能加深农村的隔绝与分散，加深农村的赤贫。马克思、恩格斯在分析城乡对立的后果时指出，城乡的对立也会带来所有制的变化，并且是资本主义私有制的进一步加深，因为"城市和乡村的分离还可以看做是资本和地产的分离，看做是资本不依赖于地产而存在和发展的开始，也就是仅仅以劳动和交换为基础的所有制的开始。"⑦ 在此基础上，城市与乡村的进一步对立，只能使得农村失去自身的独立性从而依附于城市，依附于资产阶级，

---

① 《马克思恩格斯全集》（第二十一卷），人民出版社，2003，第423页。
② 《列宁全集》（第三卷），人民出版社，1984，第393页。
③ 《马克思恩格斯全集》（第三卷），人民出版社，1960，第57页。
④ 《马克思恩格斯文集》（第一卷），人民出版社，2009，第520页。
⑤ 《马克思恩格斯全集》（第三卷），人民出版社，1960，第57页。
⑥ 《马克思恩格斯全集》（第三卷），人民出版社，1960，第57页。
⑦ 《马克思恩格斯选集》（第一卷），人民出版社，2012，第185页。

导致农民的无产阶级化。

马克思、恩格斯认为："资产阶级使农村屈服于城市的统治。它创立了巨大的城市，使城市人口比农村人口大大增加起来，因而使很大一部分居民脱离了农村生活的愚昧状态。正像它使农村从属于城市一样，它使未开化和半开化的国家从属于文明的国家，使农民的民族从属于资产阶级的民族，使东方从属于西方"。[①] 农村的依附性导致农民的被奴役，马克思、恩格斯接着分析指出："第一次大分工，即城市和乡村的分离，立即使农村居民陷于数千年的愚昧状况，使城市居民受到各自的专门手艺的奴役。它破坏了农村居民的精神发展的基础和城市居民的肉体发展的基础。"[②]

机器大工业的发展导致机器排挤人力的情况更为严重，随着大量雇佣工人代替农民，农村家庭制造业的消灭，城乡对立进一步尖锐化的直接后果就是农业工人的工资降到最低，同时被剥夺了土地，他们将失去一切，贫困将持续化。城乡分离和对立还造成了人片面而畸形地发展。对此，马克思做了深刻而尖锐的批判。在他看来，大工业的发展使每一种新的生产杠杆都必然转变为生产资料奴役生产者的新手段，这使"工人变成了机器的单纯的附属品，要求他做的只是极其简单、极其单调和极容易学会的操作"[③]。也就是说，城乡分离造成了人的片面畸形发展，个人沦为机器的奴隶，被迫从事某种固定的职业，使人们或成为"城市动物"，或成为"乡村动物"。

列宁也分析了城乡对立给一个国家的经济、政治等方面带来的不良影响。最直接的影响表现为城乡差距与对立会导致大量社会资源与优秀劳动力由农村流向城市，加剧城乡之间的经济资源配置失衡，从而加剧农村经济的落后与城乡对立的进一步加剧。马克思、恩格斯论述指出：城市的过度发展，"一方面聚集着社会的历史动力，另一方面又破坏着人和土地之间的物质变换。也就是使人以衣食形式消费掉的土地的组成部分不能回到

① 《马克思恩格斯文集》（第二卷），人民出版社，2009，第 36 页。
② 《马克思恩格斯文集》（第九卷），人民出版社，2009，第 308 页。
③ 《马克思恩格斯选集》（第一卷），人民出版社，2012，第 407 页。

土地，从而破坏土地持久肥力的永恒的自然条件。"①

列宁详细分析了俄国当时的劳动力流动情况："欧俄50省的城市资料显示，在1885~1897年的12年间，流入城市的农村人口数目平均每年有20万人以上。"② 尤其是在这20万个以上的劳动力中，绝大多数是青年劳动力，这就必然加剧农村的落后。正如列宁所指出的："资本主义建立了大生产，产生了竞争，同时也糟蹋了土地的生产力。人口集中于城市，使土地无人耕种，并且造成了不正常的物质交换。土地耕作没有得到改善，或者说没有得到应有的改善。"③ 经济方面的后果必然延伸出政治和文化方面的不良影响。农村经济落后的加剧，必然使得国家政权不稳定，并造成文化之间的隔阂。历史及现实均证明，在任何一个国家，城乡对立都是导致农村文化落后和农民愚昧的重要原因。列宁指出："鉴于城乡对立是农村经济和文化落后的最深刻的原因之一，而在目前危机如此深重的时代，这种对立已使城市和乡村面临衰退和灭亡的直接危险。"④ 而随着人类社会的发展，必然要求消除城乡对立。马克思、恩格斯指出："消灭城乡对立不是空想，不多不少正像消除资本家与雇佣工人的对立不是空想一样。消灭这种对立日益成为工业生产和农业生产的实际要求。"⑤

（3）城乡融合理论。消除城乡对立，进而达到城乡融合是马克思主义经典作家一贯的主张。马克思、恩格斯在《共产党宣言》中就明确提出了"把农业和工业结合起来，促使城乡对立逐步消灭"⑥ 的思想。恩格斯指出，消灭城乡对立"日益成为工业生产和农业生产的实际要求"⑦。同时，只有城乡融合，才能消灭城市在发展的过程中存在的一系列问题，即："只有通过城市和乡村的融合，现在的空气、水和土地的污毒才能排除，只有通过这种融合，才能使现在城市中日益病弱的群众的粪便不致引起

---

① 《马克思恩格斯全集》（第二十三卷），人民出版社，1972，第552页。
② 徐芹：《列宁早期城乡关系思想探析》，《江汉论坛》2009年第12期，第18页。
③ 《列宁全集》（第六卷），人民出版社，1959，第310~311页。
④ 《列宁选集》（第三卷），人民出版社，1995，第751页。
⑤ 《马克思恩格斯文集》（第三卷），人民出版社，2009，第326页。
⑥ 《马克思恩格斯选集》（第一卷），人民出版社，1995，第294页。
⑦ 《马克思恩格斯选集》（第三卷），人民出版社，1995，第215页。

疾病,而是用来作为植物的肥料。"① 列宁在谋划苏俄社会主义建设时,也曾强调应该把"消灭城乡对立当做我们的理想(并列入我们的行动纲领……)"②。

那么,怎样才能达到城乡融合呢?马克思主义经典作家进行了论述。城乡融合建立在生产力不断提高与发展、消灭分工乃至消灭私有制的基础之上。首先,资本主义大工业生产为消灭旧有的分工和城乡对立提供了物质基础,这是资本主义时代不同于以往任何时代的一个重要标志,"在过去任何时代,消灭单个分开的经济——这是与消灭私有制分不开的——是不可能的,因为还没有具备这样做的物质条件。"③ 而资本主义现代化的大工业中蕴含城乡融合的一些革命因素的萌芽,"要看到那些将消灭旧的分工以及城市和乡村的分离、将使全部生产发生变革的革命因素已经以萌芽的形式包含在现代大工业的生产条件中,要看到这些因素在其发展中受到现今的资本主义生产方式的阻碍,就必须把视野放宽些。"④ 城乡融合在某种意义上来说就是消除城乡之间的差异,消除城乡对立。而要消除城乡对立,最根本也是最终的解决办法就是消灭私有制,建立公有制,具体到农村就是要大力发展农村集体经济,逐步缩小城乡差距,"组织共同的家庭经济的前提是发展机器,利用自然力和许多其他的生产力,例如自来水、煤气照明、蒸汽采暖等,以及消灭城乡之间的[对立]。没有这些条件,共同的经济本身将不会再成为新生产力,将没有任何物质基础,将建立在纯粹的理论基础上,就是说,将是一种纯粹的怪想,只能导致寺院经济。"⑤ 列宁认为:"要消灭城乡之间、体力劳动者和脑力劳动者之间的差别。这是很长时期才能实现的事业。要完成这一事业,必须大大发展生产力……"⑥

其次,消灭城乡之间的对立需要消除不平等的分工。马克思指出,

---

① 《马克思恩格斯全集》(第二十卷),人民出版社,1971,第 321 页。
② 《列宁全集》(第五卷),人民出版社,2013,第 132 页。
③ 《马克思恩格斯选集》(第一卷),人民出版社,1995,第 116 页。
④ 《马克思恩格斯选集》(第三卷),人民出版社,1995,第 648 页。
⑤ 《马克思恩格斯选集》(第一卷),人民出版社,2012,第 197 页。
⑥ 《列宁专题文集:论社会主义》,人民出版社,2009,第 146 页。

"这个条件单靠意志是不能实现的（这些条件还需详加探讨）"①。分工在资本主义工业时期对社会生产力的提高起到了重要作用，正如马克思所指出的："分工使劳动的社会生产力，或者说，社会劳动的生产力获得发展，但这是靠牺牲工人的一般生产能力来实现的。"② 在马克思、恩格斯看来，"一个民族的生产力发展的水平，最明显地表现于该民族分工的发展程度。任何新的生产力，只要它不是迄今已知的生产力单纯的量的扩大（例如，开垦土地），都会引起分工的进一步发展。"③ 但建立在分工基础上的社会生产力的提高"不是作为工人的劳动的生产力的提高，而是作为支配工人的权力即资本的生产力的提高而同工人相对立"④。由此也造成了城乡之间的进一步对立，"如果说城市工人比农村劳动者发展，这只是由于他的劳动方式使他生活在社会之中，而农村劳动者的劳动方式则使他直接靠自然生活。"⑤ 因此，消除分工，改变城市和农村劳动者的劳动方式，对于城乡融合有着重要的推动作用。也就是说，当社会分工发展到一定阶段时，必将促成城乡融合的实现。到那时，"城市和乡村之间的对立也将消失。从事农业和工业的将是同一些人，而不再是两个不同的阶级，单从纯粹物质方面的原因来看，这也是共产主义联合体的必要条件。"⑥

最后，废除私有制、建立无产阶级专政是消除城乡差别的根本途径。在马克思、恩格斯的论述中，不难看出，私有制是资本主义经济制度和社会制度的基础，私有制是造成资本主义社会中一切矛盾、对立和分裂的根源，同时也是造成城乡差别和对立的制度根源，而建立无产阶级专政是废除私有制的前提。在无产阶级专政的条件下，将农民组织起来，通过合作社的形式发展农村集体经济、大规模的农村经济，最终实现城乡融合。无产阶级专政后要通过不断的革命，使那些有决定意义的生产力集中在无产者手中，消灭阶级，消除对立，这是无产阶级的任务。正如马克思、恩格

---

① 《马克思恩格斯全集》（第三卷），人民出版社，1960，第57页。
② 《马克思恩格斯全集》（第三十四卷），人民出版社，2008，第259页。
③ 《马克思恩格斯选集》（第一卷），人民出版社，1995，第68页。
④ 《马克思恩格斯全集》（第三十四卷），人民出版社，2008，第259页。
⑤ 《马克思恩格斯全集》（第三十四卷），人民出版社，2008，第259页。
⑥ 《马克思恩格斯选集》（第一卷），人民出版社，1995，第243页。

斯所指出的："对我们说来，问题不在于改变私有制，而只在于消灭私有制，不在于掩盖阶级对立，而在于消灭阶级，不在于改良现存社会，而在于建立新社会。"① 这里的新社会即马克思、恩格斯所论述的共产主义社会，通过无产阶级专政最终达到的共产主义社会本身就是对私有制的扬弃。马克思指出："共产主义是私有财产即人的自我异化的积极的扬弃，因而是通过人并且为了人而对人的本质的真正占有；因此，它是人向自身、向社会的即合乎人性的人的复归，这种复归是完全的，自觉的和在以往发展的全部财富的范围内生成的。"② 斯大林也曾就苏联城乡对立的消除指出："关于消灭城市和乡村之间、工业和农业之间的对立的问题，是马克思、恩格斯早已提出的大家知道的问题。产生这种对立的经济基础，是城市对乡村的剥削，是资本主义制度下工业、商业、信用系统的整个发展进程所造成的对农民的剥夺和大多数农村居民的破产……在我国，随着资本主义和剥削制度的消灭，随着社会主义制度的巩固，城市和乡村之间、工业和农业之间利益上的对立也必定消失。"③

（4）城乡一体化发展与中国农民工问题的解决。城乡一体化的理论来源是马克思主义经典作家关于城乡融合的相关理论。根据马克思主义经典作家的相关理论可知道，分工是城乡对立的直接原因，马克思曾经指出，在社会劳动分工的基础上，形成"把特殊生产部门固定在一个国家的特殊地区的地域分工"④。列宁也指出："同整个分工有直接联系的是地区的分工，即各个地区专门生产一种产品，有时是产品的一个品种，甚至是产品的某一部分。"⑤ 中国的问题根本上是农民的问题。自改革开放以来，随着商品经济的深入发展，工农之间的差别在逐步缩小，城乡分割的格局正在打破，城乡一体化发展趋势也日渐明晰。同时，随着农民工涌入城市的增多，形成了学界热议的"民工潮"。"民工潮"的出现，是我国大量农村剩余劳动力迫切需要就业的真实反映，也是农村人均占有耕地资源有限、农

---

① 《马克思恩格斯全集》（第十卷），人民出版社，1998，第389页。
② 《马克思恩格斯全集》（第三卷），人民出版社，2002，第297页。
③ 《斯大林选集》（下卷），人民出版社，1979，第557页。
④ 《资本论》（第一卷），人民出版社，2018，第409页。
⑤ 《列宁全集》（第三卷），人民出版社，2013，第391页。

业比较效益低的现实情况，更是城乡资产占有结构不合理，加上发展带来日益扩大的城乡差距、工农差距、地区差距，以及率先外出务工经商的农民获得的可观收入对广大农民特别是青年农民的诱导所导致的。

在此基础之上，中国应该走一条什么样的城镇化道路来解决中国的农民工问题再次引起了学界的热议。而基本一致的看法就是解决农民、农村、农民工问题的根本出路在于走中国特色的新型城镇化道路。新型城镇化要直面的问题是中国城乡差距的存在，城乡差距一直是解决"三农"问题的主要影响因素。从某种意义上说，农民工问题的产生根本上在于城乡差距。因此，缩小城乡差距，是解决中国农民工问题的一个重要突破口。对此，学界的共识是必须坚持城乡一体化发展，逐渐缩小城乡差距，最终解决中国的"三农"问题。

党的十八大报告中明确提出："推动城乡发展一体化……形成以工促农、以城带乡、工农互惠、城乡一体的新型工农、城乡关系。"[①] 为此，要以促进工业化、城镇化、信息化、农业现代化同步发展为引领，加大城乡统筹发展力度，继续着力推进城乡规划、基础设施、公共服务等方面的一体化，促进城乡要素平等交换和公共资源均衡配置，逐步缩小城乡差距，促进城乡共同繁荣。党的十八大以来，在党和国家的努力下，城乡差距正在逐渐缩小。2013 年，农民收入增速虽然比上年有所回落，但是增速仍然相对较快，基本沿袭 2010 年以来的良好态势。根据中国社会科学院农村发展研究所发布的农村绿皮书《中国农村经济形势分析与预测（2013～2014）》指出，2013 年，农民人均纯收入增速继续快于城镇居民人均可支配收入增速，城乡居民收入差距进一步缩小。2013 年，农民人均纯收入8896 元，比 2012 年增加 979 元，实际增长 9.3%。农民人均纯收入中，家庭经营纯收入3793 元，比 2012 年增加 260 元，增长 7.4%；工资性收入首次超过家庭经营纯收入，人均 4025 元，增加 578 元，增长 16.8%。农民工资性收入对农民人均纯收入增幅的贡献率达到 59%。农民人均纯收入中，家庭经营纯收入占 42.6%，工资性收入占 45.3%，财产性收入占

---

① 胡锦涛：《坚定不移沿着中国特色社会主义道路前进　为全面建成小康社会而奋斗——在中国共产党第十八次全国代表大会上的报告》，《求是》2012 年第 22 期，第 23 页。

3.3%，转移性收入占8.8%。与此同时，2013年，农村居民人均生活消费支出6626元，比2012年增加718元，实际增长9.0%；城乡居民消费水平差距进一步缩小。到2016年，中国农民人均纯收入首次超过1.2万元，平均每年增长8%。[①]

但正如党的十九大报告所指出的："必须清醒看到，我们的工作还存在许多不足，也面临不少困难和挑战。主要是：发展不平衡不充分的一些突出问题尚未解决，发展质量和效益还不高，创新能力不够强，实体经济水平有待提高，生态环境保护任重道远；民生领域还有不少短板，脱贫攻坚任务艰巨，城乡区域发展和收入分配差距依然较大……"[②] 为此，习近平总书记在中共中央政治局就健全城乡发展一体化体制机制进行第二十二次集体学习时强调，加快推进城乡发展一体化，是党的十八大提出的战略任务，也是落实"四个全面"战略布局的必然要求；全面建成小康社会，最艰巨最繁重的任务在农村特别是农村贫困地区。他要求全党"一定要抓紧工作、加大投入，努力在统筹城乡关系上取得重大突破，特别是要在破解城乡二元结构、推进城乡要素平等交换和公共资源均衡配置上取得重大突破，给农村发展注入新的动力，让广大农民平等参与改革发展进程、共同享受改革发展成果"[③]。

党的十九大报告提出实施乡村振兴战略，并明确指出："必须始终把解决好'三农'问题作为全党工作重中之重。要坚持农业农村优先发展，按照产业兴旺、生态宜居、乡风文明、治理有效、生活富裕的总要求，建立健全城乡融合发展体制机制和政策体系，加快推进农业农村现代化。"[④] 城乡发展一体化是一个从城乡分离到统筹发展的过程，而城乡融合就是二

---

① 《乡村振兴战略：农村发展新蓝图》，《光明日报》2017年11月14日，第14版。
② 习近平：《决胜全面建成小康社会　夺取新时代中国特色社会主义伟大胜利——在中国共产党第十九次全国代表大会上的报告（2017年10月18日）》，《人民日报》2017年10月28日，第1版。
③ 《习近平在中共中央政治局第二十二次集体学习时强调　健全城乡发展一体化体制机制　让广大农民共享改革发展成果》，《光明日报》2015年5月2日，第1版。
④ 习近平：《决胜全面建成小康社会　夺取新时代中国特色社会主义伟大胜利——在中国共产党第十九次全国代表大会上的报告（2017年10月18日）》，《人民日报》2017年10月28日。

者你中有我、我中有你，在政策上不再分主次、不分彼此。在具体的表述上，十九大报告用城乡融合代替城乡一体化，说明经过进入 21 世纪以来的努力，城乡关系发生了根本性的变化。而乡村振兴战略，不仅为解决农村发展问题指明了道路，也为建立新型城乡关系提供了逻辑框架，这种新型的城乡关系就是突出乡村，把城市与乡村放在平等的地位上。同时，把乡村作为一个有机整体，更加充分地立足于乡村的产业、生态、文化等资源，更加注重发挥乡村的主动性，来激发乡村发展活力，建立更加可持续的内生增长机制，这是一种思路的根本转变，确立了全新的城乡关系。

4. 马克思主义经典作家的农民理论及其发展

在马克思、恩格斯等经典作家的著作中，用大量篇幅论述了农民问题，阐述了农民贫困的根源及其出路。马克思在《巴枯宁〈国家制度和无政府状态〉一书摘要》中，批驳了巴枯宁对无产阶级革命学说的歪曲和攻击，论述了社会革命以及政治国家消亡的条件，阐明了无产阶级掌握政权后建立无产阶级专政的必要性以及引导农民从私有制向集体所有制过渡的途径。

（1）马克思主义经典作家农民理论的主要内容。

马克思、恩格斯的农民理论是马克思主义理论的重要组成部分，系统梳理马克思主义经典作家的农民理论，有助于我们深入分析和认识中国的农民工问题。

第一，对农民贫困根源的分析。马克思、恩格斯在批判国民经济学的过程中详细探讨了农民阶级的贫困根源。"我们从国民经济学本身出发，用它自己的话指出，工人降低为商品，而且降低为最贱的商品；工人的贫困同他的生产的影响和规模成反比；竞争的必然结果是资本在少数人手中积累起来，也就是垄断的更惊人的恢复；最后，资本家和地租所得者之间、农民和工人之间的区别消失了，而整个社会必然分化为两个阶级，即有产者阶级和没有财产的工人阶级。"① 马克思、恩格斯认为，在一切时代，被压迫阶级都必须提供无酬劳动，即剩余价值。有一个很长的时期，

---

① 《马克思恩格斯选集》（第一卷），人民出版社，2012，第49页。

奴隶制度是劳动组织的占支配地位的形式，奴隶必须做的劳动，比以生活资料的形式所还给他们的劳动，要多得多。在农奴制度下，直到农民徭役劳动废除，情形也是这样。不过，在这里，农民为维持自身生活而工作的时间和为地主工作的剩余劳动之间的区别是极清楚的，因为后者和前者是分开的。现在，形式已经变化了，不过本质依然是一样的。"凡是社会上一部分人享有生产资料垄断权的地方，劳动者，无论是自由的或不自由的，都必须在维持自身生活所必需的劳动时间以外，追加超额的劳动时间来为生产资料的所有者生产生活资料"。[①]

　　马克思、恩格斯用大量事实具体分析了农民贫困的根源。《摩泽尔记者的辩护》一文是马克思根据广泛收集的大量文件和资料以及对摩泽尔河沿岸地区农民贫困的原因的深入考察写成的，马克思触摸到了隐藏在各种社会关系后面的客观本质，加深了对社会生活和国家问题的理解。他在文章中阐述了一个极其重要的思想："人们在研究国家状况时很容易走入歧途，即忽视各种关系的客观本性，而用当事人的意志来解释一切。但是存在着这样一些关系，这些关系既决定私人的行动，也决定个别行政当局的行动，而且就像呼吸的方式一样不以他们为转移。只要人们一开始就站在这种客观立场上，人们就不会违反常规地以这一方或那一方的善意或恶意为前提，而会在初看起来似乎只有人在起作用的地方看到这些关系在起作用。"[②] 马克思力图揭示摩泽尔河沿岸地区农民贫困的社会原因，说明这种贫困状况同国家管理机构的联系。他明确指出，摩泽尔河沿岸地区农民的贫困状况同时也就是管理工作的贫困状况，这种贫困状况同时体现了现实和管理原则之间的矛盾。

　　恩格斯也在《不来梅港纪行》一文中，记述了德国贫苦群众离乡背井外出谋生的情景，分析了他们亡命他乡的深层次原因，指出："驱使这些人远走高飞的决不总是饥饿，更谈不上是利欲；驱使他们前往的是德国农民处于农奴依附地位和独立地位之间的不稳定境况，是世代相传的屈从地位以及世袭法庭的专横暴戾；这一切使得农民在下决心离开祖国以前食不

---

　　① 《马克思恩格斯选集》（第三卷），人民出版社，2012，第589页。
　　② 《马克思恩格斯全集》（第一卷），人民出版社，1995，第363页。

甘味，梦寐不安。"①

马克思在《法兰西阶级斗争》中也指出了工人与农民受剥削的实质和共同者，即资本。马克思认为，法国农民遭受的剥削和工业无产阶级遭受的剥削只是形式上不同，他们的剥削者实际上都是资本。"只有资本的瓦解，才能使农民地位提高；只有反资本主义的无产阶级的政府，才能结束他们经济上的贫困和社会地位的低落。"② 为了进一步分析无产阶级和农民受剥削和贫困的实质，马克思从生产资料的所有权方面进行了阐释，他指出："无产者遭受压迫和痛苦是因为没有自己的生产工具，而农民所有者遭受痛苦则是因为他是所有者，这看起来好像不正常，但却是事实。"③

列宁在批判以尔·先生④为代表的俄国自由派资产阶级的土地政策以及主张时指出：这些自由派"大声疾呼什么要用农民民主主义的土地政策来代替等级制的贵族的土地政策！要真正实现这种代替，就不应该诉诸'社会的关注'，而应该诉诸被压迫阶级——农民，反对压迫阶级——贵族，应该发动前者去反对后者，应该号召农民采取革命行动，而不应该请求国家实行改良"⑤。通过改良的方式来改善农民的贫困状况是根本不切实际的，也是不顾农民贫困产生的根源的异想天开。列宁也将矛头直指资本的罪恶，并在此基础上进一步分析指出，劳苦群众团结起来与资本的斗争，这是"两个世界——资本的世界和劳动的世界，剥削、奴役的世界和

---

① 《马克思恩格斯全集》（第二卷），人民出版社，2005，第190页。
② 《马克思恩格斯全集》（第十卷），人民出版社，1998，第214页。
③ 《马克思恩格斯全集》（第十二卷）人民出版社，1998，第687页。
④ 即谢尔盖·尼古拉耶维奇·布尔加柯夫（1871~1944年）——俄国经济学家、哲学家和神学家。19世纪90年代是合法马克思主义者，后来成了"马克思的批评家"。修正马克思关于土地问题的学说，企图证明小农经济稳固并优于资本主义大经济，用土地肥力递减规律来解释人民群众的贫困化；还试图把马克思主义同康德的批判认识论结合起来。后来转向宗教哲学和基督教。1901~1906年和1906~1918年先后在基辅大学和莫斯科大学任政治经济学教授。1905~1907年革命失败后追随立宪民主党，为《路标》文集撰稿。1918年起是正教司祭。1923年侨居国外。1925年起在巴黎的俄国神学院任教授。主要著作有《论资本主义生产条件下的市场》（1897年）、《资本主义和农业》（1900年）、《经济哲学》（1912年）等。参见《列宁全集》（第八卷），人民出版社，2017，第563页的人名索引注释。
⑤ 《列宁全集》（第八卷），人民出版社，2017，第78页。

友爱、自由的世界互相对立着"① 的斗争。这一斗争用列宁的话说就是，一方是一小撮富有的寄生虫。他们把工厂、工具和机器攫为己有。他们把千万亩土地和大量金钱变为自己的私有财产。他们使政府和军队成为他们的仆役，成为他们所积累的财富的忠实守护人。另一方是千百万穷苦人。他们不得不请求富人雇用他们。他们用自己的劳动创造全部财富，但是自己终生难得温饱，求乞似地请求工作，因从事力不胜任的劳动而损害了自己的健康，在农村的草棚里、在大城市的地下室和阁楼里忍饥挨饿。

第二，工人同农民结成联盟的思想。工人和农民天生是紧密联系的，恩格斯在于《英国工人阶级状况》一文中论述二者关系时指出："这个阶级的道德水平和智力水平怎样，是不难想象的。他们和城市隔离，从来没有进过城，因为他们把纱和布交给流动的代理商，从他们那里取得工资；他们和城市完全隔离，连住在城市近郊的老年人也从来没有进过城，直到最后机器剥夺了他们的生计，迫使他们到城里去寻找工作。他们在道德和智力方面和农民处于同一水平，由于有一小块租地，他们大部分人本来就和农民有着直接的联系。"② 在资本主义社会，马克思、恩格斯认为，工人的地位还不如农民，工人过分地依赖资本家，而有土地的农民则相对来说独立一些。马克思在分析劳动力供给时指出："至于谈到劳动价值的界限，它的确定实际上总是取决于供给和需求。我指的是资本方面对劳动的需求和工人方面对劳动的供给。在一些殖民地国家，供求规律有利于工人。所以，美国的工资水平比较高。资本在这里可以施展全力，却不能制止因雇佣工人经常转化为独立的自给自足的农民而造成的劳动市场的经常空虚。对于大部分美国人民说来，雇佣工人的地位不过是一种学徒见习的状态，他们迟早总会脱离这种状态。为了纠正殖民地的这种情况，作为母邦的不列颠政府曾一度采纳所谓现代殖民学说，其内容是将殖民地的土地人为地规定一种高价，以阻止雇佣工人过分迅速地转化为独立农民。"③

根据对法国革命中阶级斗争经验的总结，马克思得出了在政治上和理

---

① 《列宁全集》（第八卷），人民出版社，2017，第193页。
② 《马克思恩格斯选集》（第一卷），人民出版社，2012，第88页。
③ 《马克思恩格斯选集》（第二卷），人民出版社，2012，第66页。

论上都极为重要的结论：无产阶级在争取解放的革命斗争中必须同农民结成联盟。"很明显，农民所受的剥削和工业无产阶级所受的剥削，只是在形式上不同罢了。剥削者是同一个：资本。单个的资本家通过抵押和高利贷来剥削单个的农民；资本家阶级通过国家赋税来剥削农民阶级。农民的所有权是资本迄今为止用来支配农民的一种符咒；是资本用来唆使农民反对工业无产阶级的一个借口。只有资本的瓦解，才能使农民地位提高；只有反资本主义的无产阶级的政府，才能结束他们经济上的贫困和社会地位的低落。"① 之后，马克思在《路易·波拿巴的雾月十八日》一文中，阐述了工农联盟的思想，指出无产阶级革命只有获得农民的支持，才能形成一种"合唱"，若没有这种"合唱"，它在一切农民国度中的"独唱"都将成为孤鸿哀鸣，就更不可能消除自身的贫困。

同时，马克思、恩格斯认为农民阶级只有依靠工人阶级才能求得解放。农民阶级的革命局限性导致它不可能成为革命的首倡者。恩格斯在分析法兰西阶级斗争时指出："尽管法国目前出现了工商业的繁荣，但大部分人口，即 2500 万农民却由于严重的不景气而受苦。近几年的丰收使法国谷物价格跌得比英国低得多，负债累累、受高利贷盘剥并受捐税压榨的农民的处境远远不能认为是美妙的。但是，近三年来的历史充分证明，居民中的这个阶级根本没有能力首倡革命。"② 并分析了农民、小资产者、整个中等阶层如何逐渐向无产阶级靠拢的问题，这些阶级的出路在于"反对资产阶级专政，要求改造社会，要把民主共和机构保存起来作为他们运动的工具，团结在作为决定性革命力量的无产阶级周围，——这就是所谓社会民主派即红色共和国派的一般特征"③。而农民与工人的联合也具有历史的必然性，即马克思、恩格斯所分析指出的："在联合的反革命资产阶级面前，小资产阶级和农民阶级中一切已经革命化的成分，自然必定要与享有盛誉的革命利益代表者，即与革命无产阶级联合起来。"④ 联合起来的工人

---

① 《马克思恩格斯全集》（第十卷），人民出版社，1998，第 214 页。
② 《马克思恩格斯全集》（第十卷），人民出版社，1998，第 228 页。
③ 《马克思恩格斯全集》（第十卷），人民出版社，1998，第 218 页。
④ 《马克思恩格斯全集》（第十卷），人民出版社，1998，第 186 页。

阶级也必须为了农村无产阶级的利益而奋斗，正如马克思、恩格斯在写于1850年的《共产主义者同盟中央委员会告同盟书》中明确指出的那样："他们（即工人阶级——引者注）必须要求把没收过来的封建地产变为国有财产，变成工人移民区，由联合起来的农村无产阶级利用大规模农业的一切优点来进行耕种。这样一来，在资产阶级所有制关系发生动摇的情况下，公有制的原则立刻就会获得巩固的基础。正如民主派同农民联合起来那样，工人应当同农村无产阶级联合起来。"[1]

恩格斯在《〈德国农民战争〉序言》中进一步论述了农民只有和工人联合起来，依靠工人阶级才能获得解放的思想。他指出："小农——大农属于资产阶级——有不同类型：有的是封建的农民，他们还必须为自己的主人服徭役。既然资产阶级未能履行自己的职责，没有把这些人从农奴依附地位解放出来，所以也就不难令他们相信：他们只有依靠工人阶级才能求得解放。""除了工人，他们还能指望谁来拯救自己呢？"[2] 同时，恩格斯还指出，佃农、拥有小块土地的农民等大多承受着抵押借款造成的沉重压力，因而就像佃农依附地主那样依附高利贷者。他们只能获取很少一点劳动报酬，而且这种劳动报酬由于年成的好坏不同而极不稳定。他们绝对不能对资产阶级寄托什么希望，因为正是资产者、高利贷资本家在榨取他们的脂膏。但是，他们大部分牢牢抱住自己的财产不放，虽然这个财产实际上不是属于他们，而是属于高利贷者的。尽管如此，还是应当让他们明白，只有在服从人民意志的政府把一切抵押债务变成对国家的债务，并从而减低利息之后，他们才能摆脱高利贷者。而这只有工人阶级才能做到。而只有联合起来的工人阶级和农民在建立新政权和制度的基础上才能最终消灭工人阶级和农民的贫困。正如马克思在《雇佣劳动与资本》一文中所指出的那样，要消灭农民或产业工人阶级的贫困，"一个新的社会制度是可能实现的，在这个制度之下，当代的阶级差别将消失；而且在这个制度之下——也许在经过一个短暂的、有些艰苦的、但无论如何在道义上很有益的过渡时期以后——，通过有计划地利用和进一步发展一切社会成员的

---

① 《马克思恩格斯选集》（第一卷），人民出版社，2012，第562页。
② 《马克思恩格斯选集》（第三卷），人民出版社，2012，第29页。

现有的巨大生产力，在人人都必须劳动的条件下，人人也都将同等地、愈益丰富地得到生活资料、享受资料、发展和表现一切体力和智力所需的资料。"① 此外，马克思、恩格斯还探讨了农民与市民的关系，并认为："市民同农民之间不存在任何隔阂，这一点甚至历史学派都没有认真考虑过；所谓隔阂只是人们虚构的一种形式，其目的就是要我们容忍贵族的特殊地位。"②

农民问题是俄国革命运动的重大问题之一，一直为列宁所关注。列宁在马克思、恩格斯工农联盟思想的基础进一步指出了工人阶级的使命就是消除奴役、贫困和困苦。他说："全世界的工人在为使劳动摆脱雇佣奴役、摆脱贫穷和困苦而斗争。他们在为这样一种社会制度而斗争，在这种社会制度里，共同劳动所创造的财富将归全体劳动者享用而不是归一小撮富人享用。"③ 工农联盟有一个重要的使命，在获取政权之后，"他们要使土地、工厂和机器变为全体劳动者的共同财产。他们要使人不再分为富人和穷人，要使劳动的果实归劳动者自己，要使人类智慧的一切成就和工作中的一切改进都用来改善劳动者的生活，而不是成为压迫劳动者的工具。"④ 而且他提醒俄国社会民主党人，有觉悟的无产阶级决不拒绝支持资产阶级劳动农民的进步的和革命的要求，同时又向农村无产者说明明天必然要进行反对这种农民的斗争。他强调："把农村无产阶级组织起来，就像组织城市无产阶级一样，并把它同后者一起组织成为独立的阶级政党，向它说明它的利益和资产阶级农民的利益是敌对的，号召它为实现社会主义革命而斗争，向它指出，要想摆脱压迫和贫困，把农民中的一些阶层变为小资产者是无济于事的，必须用社会主义制度来代替整个资产阶级制度。"⑤

第三，马克思、恩格斯对农业工人的论述。马克思、恩格斯探讨了农业工人同工业工人之间的共同之处。马克思在探讨农民摆脱贫困的过程中进一步阐述了农业工人和工业工人之间的关系问题。恩格斯在《〈德国农

---

① 《马克思恩格斯选集》（第一卷），人民出版社，2012，第 326 页。
② 《马克思恩格斯全集》（第二卷），人民出版社，2005，第 276 页。
③ 《列宁全集》（第八卷），人民出版社，2017，第 193 页。
④ 《列宁全集》（第八卷），人民出版社，2017，第 193~194 页。
⑤ 《列宁全集》（第九卷），人民出版社，2017，第 324 页。

民战争〉序言》中提出了农民摆脱贫困的出路："工业工人只有当他们把资产者的资本，即生产所必需的原料、机器和工具以及生活资料转变为社会财产，即转变为自己的、由他们共同享用的财产时，他们才能解放自己。同样，农业工人，也只有首先把他们的主要劳动对象即土地本身从大农和更大的封建主的私人占有中夺取过来，转变为社会财产并由农业工人的合作社共同耕种，才能摆脱可怕的贫困。"① 在论述农业工人形成的条件时，马克思指出："农民的土地恰恰由于现代农业的发展以及资本主义农场经营的竞争而以越来越快的速度被剥夺。"②

在马克思、恩格斯看来，农业工人和工业工人的形成都是受资本利益的导向所致，都是资本家从利益出发考虑的结果。在此，马克思、恩格斯发展了斯密关于这一问题的论述，斯密认为："资本占有者决定把资本投入农业还是投入工业，投入批发商业的某一部门还是投入零售商业的某一部门的惟一动机，是对他自己的利润的考虑。至于资本的哪一种用途能推动多少生产劳动，或者会使他的国家的土地和劳动的年产品增加多少价值，他是从来不会想到去计算的。"③ 农业工人和工业工人同样受资本和地租的压迫，性质是相同的。在分析英国的农业工人时，马克思、恩格斯指出："正如我们在英国看到的，大地产就它力求赚到尽可能多的货币而言，已经失去自己的封建性质，而具有工业的性质。它给所有者［带来］尽可能多的地租，而给租地农场主带来尽可能多的资本利润。结果，农业工人的工资被降到最低限度，而租地农场主阶级在地产范围内代表着工业和资本的权力。"④

在马克思、恩格斯关于农业工人理论的基础上，列宁首先分析了俄国农业工人的现状，指出俄国存在大量农业工人，这是俄国革命首先需要注意到的。他说："在我们俄国，仅仅在50个'内地'省份里，就有350万雇农和日工，农业雇佣劳动是这些人的生活资料的最主要来源。无疑，农

---

① 《马克思恩格斯选集》（第三卷），人民出版社，2012，第30页。
② 《马克思恩格斯选集》（第三卷），人民出版社，2012，第105页。
③ 《马克思恩格斯全集》（第三卷），人民出版社，2002，第242页。
④ 《马克思恩格斯全集》（第三卷），人民出版社，2002，第264页。

业雇佣工人的数目现在还要多些，而且绝大多数是完全无产业的，或者几乎是完全无产业的。"① 同时指出，这些农业工人应该是俄国革命争取的对象，"应当想方设法使无产阶级高涨的浪潮在雇农和日工中间产生独特的无产阶级情绪和无产阶级斗争方法"②。而且俄国的工人阶级和社会民主党必须支持农业工人的斗争和罢工。列宁在《关于支持农民运动的决议案的报告》一文中支持土地问题委员所曾谈到的"最好再指出要支持农业工人和农民的罢工，特别是收获和割草等季节的罢工"③ 的决议。对此，列宁认为，"从原则上讲，这一点自然不会有什么反对意见"④。此外，列宁还十分重视启发和提高农业工人的政治觉悟。他曾在《无产阶级和农民》一文中就指出，要肯定农民和农业工人的革命要求，同时强调："农民应当知道，在城市中竖起的红旗不仅是为工业工人和农业工人的当前的、迫切的要求而斗争的旗帜，而且是为千千万万小农的要求而斗争的旗帜。"⑤ 而且列宁对农业工人和非农业工人做了明确区分，在列宁这里，所谓的农业工人就是有份地的雇工或日工，绝大多数外出做零工的则是非农业工人，列宁强调在统计时需加以注意和区分。

第四，无产阶级专政后对农民、农业进行社会主义改造的理论。马克思、恩格斯早在《共产党宣言》中就谈到了无产阶级在获得政权后就应尽快增加社会生产的总量，为改造农民、农业奠定经济基础。他们指出："工人革命的第一步就是使无产阶级上升为统治阶级，争得民主"；"无产阶级将利用自己的政治统治，一步一步地夺取资产阶级的全部资本，把一切生产工具集中在国家即组织成为统治阶级的无产阶级手里，并且尽可能快地增加生产力的总量"⑥。1850 年 4 月，马克思、恩格斯在给世界革命共产主义者协会起草的文件中，道明了无产阶级专政之后继续革命的思想："联合会的宗旨是推翻一切特权阶级，使这些阶级受无产阶级专政的统治，

---

① 《列宁全集》（第十卷），人民出版社，2017，第 44 页。
② 《列宁全集》（第十卷），人民出版社，2017，第 46 页。
③ 《列宁全集》（第十卷），人民出版社，2017，第 147 页。
④ 《列宁全集》（第十卷），人民出版社，2017，第 147 页。
⑤ 《列宁全集》（第十二卷），人民出版社，2017，第 89 页。
⑥ 《马克思恩格斯选集》（第一卷），人民出版社，2012，第 421 页。

为此应采取保持不断革命的方法，直到人类社会制度的最后形式——共产主义得到实现为止。"① 根据生产力的不同发展程度，无产阶级专政后建立的社会制度可以分为两个阶段。在 1875 年 5 月写成的《哥达纲领批判》中，马克思将共产主义社会分为"经过长久阵痛刚刚从资本主义社会产生出来的共产主义社会第一阶段"②（后来列宁将称之为"社会主义社会"）和"共产主义社会高级阶段"两个历史阶段。

对于无产阶级专政后对农民、农业进行改造的问题，马克思、恩格斯提出了蓝图式的初步科学设想。无产阶级夺取政权后必须废除生产资料私有制，这一点是肯定无疑的，但废除的方式有暴力剥夺和和平赎买两种可能性。马克思、恩格斯认为无产阶级掌握国家政权之后，必须依靠政治力量废除生产资料私有制、建立生产资料的社会主义公有制，"并不是要废除一般的所有制，而是要废除资产阶级的所有制"③。而对于完成这一任务的方式，马克思、恩格斯并没有排除"和平赎买"的可能性。1847 年，恩格斯为共产主义者同盟撰写了纲领草案《共产主义原理》，当涉及"能不能用和平的办法废除私有制"时，恩格斯写道："但愿如此，共产主义者当然是最不反对这种办法的人。"④

恩格斯在《法德农民问题》一文中阐明了农民对于无产阶级革命事业的重要性，同时也论述了无产阶级政党在夺取政权后对农业进行社会主义改造的方针，并根据对农村中的不同阶级和阶层状况的科学分析，提出了区别对待的原则。马克思、恩格斯将农民阶级分为富裕的农民、小自由农、封建佃农以及农业工人。在谈到对农业进行的社会主义改造时，恩格斯指出："当我们掌握了国家政权的时候，我们决不会考虑用暴力去剥夺小农……我们对于小农的任务，首先是把他们的私人生产和私人占有变为合作社的生产和占有，不是采用暴力，而是通过示范和为此提供社会帮助。"⑤ 在明确了和平改造小农经济的正确方针的同时提出了示范的方法来

---

① 《马克思恩格斯全集》（第十卷），人民出版社，1998，第 718 页。
② 马克思：《哥达纲领批判》，人民出版社 2018 年版，第 16 页。
③ 《马克思恩格斯选集》（第一卷），人民出版社，2012，第 414 页。
④ 《马克思恩格斯选集》（第一卷），人民出版社，2012，第 304 页。
⑤ 《马克思恩格斯选集》（第四卷），人民出版社，2012，第 370 页。

改造小农，马克思、恩格斯提出："现存的大地产将给我们提供一个良好的机会，让联合的劳动者来经营大规模的农业，只有在这种巨大规模下，才能应用一切现代工具、机器等等，从而使小农明显地看到通过联合进行大规模经营的优越性。"① 此外，恩格斯讲到剥夺大土地占有者和工厂主时说："这一剥夺是否要用赎买来实行，这大半不取决于我们，而取决于我们取得政权时的情况，尤其是也取决于大土地占有者先生们自己的态度。我们决不认为，赎买在任何情况下都是不容许的；马克思曾向我讲过（并且讲过好多次！）他的意见：假如我们能赎买下这整个匪帮，那对于我们最便宜不过了。"②

列宁根据马克思主义关于对农业、农民进行社会主义改造的理论，结合俄国革命胜利后的实际，论述了过渡时期俄国社会经济结构的特点，指出：在资本主义和共产主义之间有一个过渡时期，这个过渡时期不能不兼有这两种社会经济结构的特点；这一时期社会经济的基本形式是资本主义、小商品生产和共产主义，相应的基本力量是资产阶级、小资产阶级（特别是农民）和无产阶级。列宁指出，在一个农民占绝大多数的国家里，农业的社会主义改造是一个无比困难的、长期的任务。采用急躁轻率的行政手段和立法手段，只能延缓从个体小商品经济向公共的大经济的过渡，给这种过渡造成困难。只有帮助农民大大改进以至根本改造全部农业技术，才能加速这种过渡。列宁分析了对农业进行社会主义改造的必要性，他指出，无产阶级专政后，"农民经济仍然是小商品生产。这是一个非常广阔和极其深厚的资本主义基础。在这个基础上，资本主义得以保留和重新复活起来，同共产主义进行着极其残酷的斗争。这个斗争的形式，就是以私贩粮食和投机倒把来反对国家收购粮食（以及其他农产品），总之，是反对由国家分配农产品。"③ 列宁分析到，农民由于和任何小资产阶级一样，在无产阶级专政下也处于中间的地位：一方面，他们是由劳动者要求摆脱地主资本家压迫的共同利益联合起来的、人数相当多的劳动群众；另

① 《马克思恩格斯选集》（第三卷），人民出版社，2012，第 269~270 页。
② 《马克思恩格斯选集》（第四卷），人民出版社，2012，第 375 页。
③ 《列宁专题文集：论社会主义》，人民出版社，2009，第 156 页。

一方面，他们又是单独的小业主、小私有者、小商人。这样的经济地位必然使他们在无产阶级与资产阶级之间摇摆不定，因此，"到了无产阶级和资产阶级的斗争尖锐化的时候，到了一切社会关系遭到非常急剧的破坏的时候，由于农民和一般小资产者最习惯于因循守旧，那就很自然，我们必然会看到他们从一边转到另一边，摇摆不定，反复无常，犹豫不决，等等。"①

同时，列宁进一步发展了马克思、恩格斯关于详细区分农民阶级并对其进行社会主义改造的思想。他指出："无产阶级应当把劳动者农民和私有者农民，即把种地的农民和经商的农民、劳动的农民和投机的农民区别开来，划分开来。"② 而且认为这种划分是社会主义的全部实质所在，并在《无产阶级专政时代的经济和政治》一文中详细论述了划分的标准和改造的方针和态度问题。列宁也探讨了对农业和农民进行社会主义改造的方式问题，对于对中农的改造，列宁指出："俄共对中农的政策是逐步地有计划地吸引他们参加社会主义建设工作。党的任务是把他们同富农分开，关心他们的需要，把他们吸引到工人阶级方面来，用思想影响的办法而决不用镇压的办法来克服他们的落后性，在一切触及他们切身利益的问题上力求同他们妥协，在确定社会主义改造的方式方面向他们让步。"③ 但在具体的步骤和方法问题上，他认为每个国家都具有自己的特点，不应加以强制性的要求和规定。正如他所指出的："一切民族都将走向社会主义，这是不可避免的，但是一切民族的走法却不会完全一样，在民主的这种或那种形式上，在无产阶级专政的这种或那种形态上，在社会生活各方面的社会主义改造的速度上，每个民族都会有自己的特点。"④

（2）马克思主义经典作家的农民理论在中国的发展。

马克思、恩格斯在关注欧洲农民问题的同时，对中国这个农业大国中的农民问题也有所关注，在论述东方国家的农民问题时就曾指出，中国的

---

① 《列宁专题文集：论社会主义》，人民出版社，2009，第162页。
② 《列宁专题文集：论社会主义》，人民出版社，2009，第159页。
③ 《列宁专题文集：论无产阶级政党》，人民出版社，2009，第212页。
④ 《列宁全集》（第二十八卷），人民出版社，2017，第163页。

农民同俄国和印度等国家一样，也受到封建社会的多重压迫。尤其是鸦片战争之后，中国农民的境况就更加糟糕。马克思在《中国革命和欧洲革命》一文中指出："中国在 1840 年战争失败以后被迫付给英国的赔款、大量的非生产性的鸦片消费、鸦片贸易所引起的金银外流、外国竞争对本国工业的破坏性影响、国家行政机关的腐化，这一切造成两个后果：旧税更重更难负担，旧税之外又加新税。"① 列宁对马克思、恩格斯农民理论最大的发展在于他运用马克思主义经济分析和阶级分析的方法对农民阶级内部的分化及其演进进行了科学的分析。列宁指出农民阶级内部正在分化为下等户（贫困户）、中等户以及上等户。新中国成立后，几代中央领导集体对马克思、恩格斯和列宁的农民理论进行了探索与发展，将中国的革命和建设实际与中国农民问题相结合，创造性地提出了解决农民问题的途径和方法，是对马克思主义农民理论的丰富与进一步发展。

毛泽东从新民主主义革命的实际出发，提出了农民阶级是中国革命的主力军的思想。毛泽东指出："中国的贫农，连同雇农在内，约占农村人口百分之七十。贫农是没有土地或土地不足的广大的农民群众，是农村中的半无产阶级，是中国革命的最广大的动力，是无产阶级的天然的和最可靠的同盟者，是中国革命队伍的主力军。"② 在抗日战争时期，在抗日民族统一战线的领导下，毛泽东对农民问题的认识进一步加深。他特别指出，农民的土地斗争是中国反帝反封建的基本内容，中国的资产阶级民主革命实质上就是农民革命，因此对农民斗争的领导是中国无产阶级在资产阶级民主革命中的基本任务。正是基于对农民伟大革命性的认识，毛泽东提出了在新民主主义革命时期解决农民问题的核心，即土地问题。在土地革命的基础上走出了一条农村包围城市、武装夺取政权的中国革命的新道路，并在全国取得了胜利。

在社会主义建设时期，毛泽东在马克思主义经典作家关于农业集体化道路的基础上，对农民和农业进行了集体化的改造，通过将分散的农民组织起来，走集体化的道路，来解放农村的生产力，完成对农民、农业的社

---

① 《马克思恩格斯选集》（第一卷），人民出版社，1995，第 692 页。
② 《毛泽东选集》（第二卷），人民出版社，1991，第 643 页。

会主义改造，为实现农业的现代化奠定了经济制度基础。在论述对农业进行社会主义改造的重要性时，毛泽东指出："为了完成国家工业化，必须发展农业，并逐步完成农业社会化。"① 毛泽东认为，对分散的个体农业经济"是可能和必须谨慎地、逐步地而又积极地引导它们向着现代化和集体化的方向发展的，任其自流的观点是错误的"②。并且指出："单有国营经济而没有合作社经济，我们就不可能领导劳动人民的个体经济逐步地走向集体化，就不可能由新民主主义社会发展到将来的社会主义社会，就不可能巩固无产阶级在国家政权中的领导权。"③ 在社会主义建设的探索时期，毛泽东对农民问题进行了有益探索，提出了诸多对农民问题有见解的思想和理论，但也存在夸大了个人的主观能动性、背离了客观实际的地方。尽管如此，毛泽东的农民理论仍对中国的革命和建设有着较大的指导意义和价值，是对马克思主义农民理论的极大丰富与发展，是中国化了的农民理论。对此，邓小平在改革开放后客观地评价道："在搞社会主义方面，毛泽东主席的最大功劳是将马克思列宁主义的普遍真理同中国革命的具体实践结合起来。我们最成功的是社会主义改造。那时，在改造农业方面我们提倡建立互助组和小型合作社，规模比较小，分配也合理，所以粮食生产得到增长，农民积极性高。"④

　　中国农民问题在改革开放以来表现出了自己的特点，形成了中国特色社会主义农民理论，邓小平、江泽民、胡锦涛、习近平及其领导的集体丰富、发展了马克思主义经典作家的农民理论，不断赋予马克思主义农民理论中国化更多的内涵，将马克思主义农民理论推进到新的理论高度。改革开放以来，邓小平进一步发展和丰富了毛泽东的农民理论，将农民问题和中国改革开放的伟大实践相结合，提出了解决农民问题的新思路、新举措。改革开放伊始，邓小平就将农民问题上升到社会主义本质属性和国家

① 《毛泽东年谱（1949～1976）》（第一卷），中央文献出版社，2013，第426页。
② 王谦：《我国农业社会主义革命和建设的伟大指针》，《光明日报》1977年6月9日，第2版。
③ 王谦：《我国农业社会主义革命和建设的伟大指针》，《光明日报》1977年6月9日，第2版。
④ 《邓小平文选》（第二卷），人民出版社，1994，第313～314页。

稳定的高度，认为农民的温饱和富裕关系社会主义的优越性，农民的稳定是中国社会稳定的基础。他指出："中国有百分之八十的人口住在农村，中国稳定不稳定首先要看这百分之八十稳定不稳定。城市搞得再漂亮，没有农村这一稳定的基础是不行的。"① 可见，农村的稳定在改革开放过程中的地位与作用。1984 年 10 月，邓小平在会见参加中外经济合作问题讨论会全体中外代表时再一次强调了这一点。他说，改革开放，我们"对内经济搞活，首先从农村着手。中国有百分之八十的人口在农村。中国社会是不是安定，中国经济能不能发展，首先要看农村能不能发展，农民生活是不是好起来。翻两番，很重要的是这百分之八十的人口能不能达到。"② 1987 年，他在会见匈牙利社会主义工人党前总书记卡达尔时指出："占全国人口百分之八十的农民连温饱都没有保障，怎么能体现社会主义的优越性呢？"③

为了解决农民的温饱问题，中国农村开启了将农民从土地上解放出来的伟大实践和尝试，家庭联产承包责任制的实行，充分调动了农民的积极性，极大地解放了农村的生产力。正如邓小平所指出的："改革首先是从农村做起的，农村改革的内容总的说就是搞责任制，抛弃吃大锅饭的办法，调动农民的积极性。"④ 事实表明，正是由于"党的十一届三中全会以后决定进行农村改革，给农民自主权，给基层自主权，这样一下子就把农民的积极性调动起来了，把基层的积极性调动起来了，面貌就改变了"⑤。邓小平在《怎样评价一个国家的政治体制》一文中深刻指出："农民积极性提高，农产品大幅度增加，大量农业劳动力转到新兴的城镇和新兴的中小企业。这恐怕是必由之路。总不能老把农民束缚在小块土地上，那样有什么希望？"⑥ 可见将权力下放至农村、下放至农民的重要性以及解放思想的重要性，在此基础上中国改革开放在农村走出了一条成功的道路。因

---

① 《邓小平文选》（第三卷），人民出版社，1993，第 65 页。
② 《邓小平文选》（第三卷），人民出版社，1993，第 77～78 页。
③ 《邓小平文选》（第三卷），人民出版社，1993，第 255 页。
④ 《邓小平文选》（第三卷），人民出版社，1993，第 117 页。
⑤ 《邓小平文选》（第三卷），人民出版社，1993，第 238 页。
⑥ 《邓小平文选》（第三卷），人民出版社，1993，第 213～214 页。

此，江泽民在后来总结中国农村家庭联产承包责任制时强调："改革从农村开始，这是符合中国国情的战略决策。实行家庭联产承包，是中国农民的伟大创造。党中央尊重群众愿望，积极支持试验，几年功夫在全国推开。废除人民公社，又不走土地私有化道路，而是实行家庭联产承包为主、统分结合、双层经营，解决了我国社会主义农村体制的重大问题。"[1]

江泽民在新时期将中国的农业、农村、农民问题放在国家根本稳定的大局上来考虑，他指出应以市场为导向，从社会主义市场经济的角度出发，去解决中国的"三农"问题。在中共十四大确立的建立社会主义市场经济体制目标的背景之下，江泽民提出了中国农村经济工作的战略性方针，即"坚持以市场为导向，调整农村产业结构，优化资源配置，走高产、优质、高效的道路"[2]。在市场经济的前提之下，中国的乡镇企业异军突起，是农村改革开放以来的又一个重要成果。江泽民指出："乡镇企业异军突起，是中国农民的又一个伟大创造。它为农村剩余劳动力从土地上转移出来，为农村致富和逐步实现现代化，为促进工业和整个经济的改革和发展，开辟了一条新路。"[3]

同时，随着中国改革开放政策的推进以及城镇化的发展，农村劳动力向城镇转移的人数越来越多，农业和农村发展中出现了一些新情况新问题。如农村实行家庭联产承包责任制，农民和基层组织的关系也与过去不同了；市场经济的发展，使人们在就业和生产经营活动方面的流动性比过去大大增强。又比如，我国工人、农民和其他社会阶层，在就业、分配等方面出现了多样性等。这些都是需要我们去面对和解决的问题。为此，江泽民在武汉主持召开安徽、江西、河南、湖北、湖南、四川六省农业和农村工作座谈会，首先从农业的重要地位的角度强调了农民问题的重要性。他说："农业是国民经济的基础，农村稳定是整个社会稳定的基础，农民问题始终是我国革命、建设、改革的根本问题。"[4] 他向全党全国人民指

---

① 《江泽民文选》（第一卷），人民出版社，2006，第214页。
② 江泽民：《论有中国特色社会主义（专题摘编）》，中央文献出版社，2002，第128页。
③ 《江泽民文选》（第一卷），人民出版社，2006，第215页。
④ 《江泽民文选》（第一卷），人民出版社，2006，第258页。

出，要客观认识和评价农业、农村、农民在改革开放以来取得的成绩。他认为，改革开放以来农村的发展确实很快，成绩巨大。但是，"对农业和农村经济的实力，对农民群众的富裕程度和承受能力，切不可估计过高，一定要看到地区之间、农户之间存在的差别。没有差别，没有矛盾，就不成其为社会，不成其为世界。"① 他一再强调，历史事实告诉我们，什么时候我们党把农民问题解决得好，采取的政策正确，保护了农民的利益，调动了他们的积极性、主动性、创造性，工农联盟就巩固，革命、建设、改革就顺利进行、蓬勃发展。面对农业、农村出现的新情况、新问题，尤其是农村剩余劳动力大量流出问题，他指出："农村劳动力到城镇就业和跨区域流动，是沟通城乡经济和发展要素市场的必然要求"；"各地要顺应这一趋势，加强引导和管理，不能简单封堵，更不能采取歧视性限制政策"。②

此外，随着中国对外开放的进一步深化，农业、农村也受到了强烈冲击。在此情况下，江泽民分析指出："农村市场容量大，潜力大，乡镇企业'近水楼台先得月'，首先要紧紧依靠和抓住农村这个大市场，生产对农民适销对路、价格适宜的产品。谁能够率先打开农村市场，谁就能够获得大发展的广阔天地。"③ 而越是在市场经济冲击的情况下，就越要重视发展农村集体经济，"要从当地的实际出发，通过多种形式逐步发展壮大集体经济，这是提高农村基层组织的集体服务功能、增强党对农民群众的凝聚力的需要。"④ 在 21 世纪之初，江泽民从全局的高度揭示了农民问题的重要性，面对新情况，要求我们对农业、农村、农民问题更加重视。研究和解决我国的农业、农村、农民问题，必须从国情出发，必须充分认识解决我国农业、农村、农民问题的艰巨性。江泽民指出，必须尽快提高我国的农业现代化水平。就此，他认为："必须调整农村的就业结构和产业结构，走工业化、城市化的路子，把农村人口尽可能多地转移出来。"⑤ 为 21

① 《江泽民文选》（第一卷），人民出版社，2006，第 259 页。
② 江泽民：《论有中国特色社会主义（专题摘编）》，中央文献出版社，2002，第 133 页
③ 《江泽民文选》（第二卷），人民出版社，2006，第 119 页。
④ 《江泽民文选》（第三卷），人民出版社，2006，第 20 页。
⑤ 《江泽民文选》（第三卷），人民出版社，2006，第 407 页。

世纪解决中国"三农"问题提供了有力的发展方向。

胡锦涛从中国经济和改革开放进入新阶段的实际情况出发，从建设党的基层组织以及全面建设小康社会的高度认识农民问题的重要性。他指出："加强农业和农村工作，说到底是我们党在新的历史条件下要更好把广大农民群众团结起来、组织起来，更好调动和发挥他们积极性的问题。发展农业要靠政策、靠科技、靠投入，而所有这一切都要依靠以党组织为核心的农村基层组织团结带领广大农民群众去落实，都离不开基层组织工作。"[1] 从 20 世纪 80 年代初规划的小康社会的建设蓝图到党的十六大报告发出"全面建设小康社会"的号召，中国特色社会主义建设取得了一系列成就，但以胡锦涛同志为总书记的党中央对此也保持着清醒的认识。胡锦涛指出："没有农民的小康就没有全国人民的小康，没有农村的现代化就没有全国的现代化。"[2] 同时，提出了以科学发展观为指导思想来解决中国的农民问题，强调在统筹城乡发展的基础之上，增加农民收入，建设社会主义新农村。在中共十六届五中全会上，胡锦涛强调指出，要按照"生产发展、生活宽裕、乡风文明、村容整洁、管理民主"的要求，扎实稳步推进社会主义新农村建设。

在农民增收进入瓶颈期时，以胡锦涛同志为总书记的党中央向全国提出"工业反哺农业"的战略部署。他在中共十六届四中全会第三次全体会议上明确指出："解决好农业和农村发展、农民增收问题，仅靠农村内部资源和力量已经不够，必须在继续挖掘农村内部资源和力量的同时，充分运用外部资源和力量，推动国民收入分配向农业和农村倾斜，依靠工业反哺和城市支持。"[3] 这是结合中国工业化的实际情况所做出的正确的战略选择，正如他分析指出的："在工业化初始阶段，农业支持工业、为工业提供积累是带有普遍性的趋向；但在工业化达到相当程度以后，工业反哺农业、城市支持农村，实现工业与农业、城市与农村协调发展，也是带有普

---

① 《胡锦涛文选》（第一卷），人民出版社，2016，第 90 页。
② 《胡锦涛文选》（第二卷），人民出版社，2016，第 68 页。
③ 《胡锦涛文选》（第二卷），人民出版社，2016，第 248 页。

遍性的趋向。"①

随着农村剩余劳动力向非农产业和城镇的进一步转移，外出务工收入已成为农民收入的重要组成部分，同时农民进城务工也促进了城市经济发展。在此形势下，胡锦涛提出进一步转移农业剩余劳动力，提高农民收入的要求。他说："推进我国现代化进程，解决农业富余劳动力出路和农民增收问题，必须走工业化、城镇化的路子，把农民从农业和农村尽可能多转移出来。"② 认为这是世界各国走向现代化的共同规律，并提出了新形势下解决农民工进城问题的方针。胡锦涛指出，要善待农民工，"要从国民经济和社会发展全局出发，按照'公平对待，合理引导，完善管理，搞好服务'的方针，为农民进城务工创造有利条件，做好进城农民工服务和管理工作，为农民工提供职业技能培训和就业指导服务。"③ 进城务工与新农村建设同时并举，既要看到进城务工农民工的作用，同时也应该认识到农民工在新农村建设方面不可替代的地位。农民工作为建设新农村和构建社会主义和谐社会的重要组成部分，是新农村和和谐社会建设的重要力量。从这个意义上来说，必须妥善解决农民工问题，保护农民工的权利。胡锦涛在中共十七大报告中指出，要"规范和协调劳动关系，完善和落实国家对农民工的政策，依法维护劳动者权益"④。

以胡锦涛同志为总书记的党中央对农业、农民、农村问题的重要举措和重要论述是马克思主义农民理论在 21 世纪中国的生动体现和发展，其核心要义是坚持以科学发展观为指导，充分调动农民的积极性，切实维护农民群众的利益。正如 2008 年 9 月胡锦涛在于河南焦作主持召开农村改革发展问题座谈会时总结 30 年来中国农村改革发展的成功经验中所指出的："始终把保障农民权益放在农村改革发展的首要位置，把实现好、维护好、发展好广大农民根本利益作为农村一切工作的出发点和落脚点，充分尊重

---

① 《胡锦涛文选》（第二卷），人民出版社，2016，第 247 页。
② 《胡锦涛文选》（第二卷），人民出版社，2016，第 19 页。
③ 《胡锦涛文选》（第二卷），人民出版社，2016，第 18 页。
④ 胡锦涛：《高举中国特色社会主义伟大旗帜 为夺取全面建设小康社会新胜利而奋斗——在中国共产党第十七次全国代表大会上的报告》，《时政文献辑览》2008 年第 8 期，第 5 页。

农民首创精神，着力解决农民最关心最直接最现实的利益问题，全面保障农民经济、政治、文化、社会权益，广泛激发农民内在活力和创造热情，积极发挥农民在农村改革发展中的主体作用，使亿万农民都自觉投身建设社会主义新农村的伟大事业。"[①] 保障农民权益、增进农民福祉、改善农民生活，是党的根本宗旨的要求和体现，也是我们推进农村改革发展的目的，可以说这是对中国农村改革发展 30 年的重要经验总结，对于指导解决"三农"问题的意义重大。

党的十八大以来，以习近平同志为核心的党中央审时度势，从中国特色社会主义进入新时代的大局出发，从乡村振兴的战略安排上提出了解决"三农"问题和农民工问题的具体路径，成为习近平新时代中国特色社会主义思想的重要组成部分。首先，从全面建成小康社会的高度提出精准扶贫的战略安排。精准扶贫是以习近平同志为核心的党中央从中国特色社会主义发展全局的高度重视农民问题的重要体现。精准扶贫的关键在于"精准"二字，而要落实"精准"的要求，就要做到实事求是。实事求是地开展精准扶贫，是党的十八大以来习近平总书记对全国基层干部提出的硬性要求，同时，他从理论和实践的高度部署了精准脱贫工作的思路："要坚持精准扶贫、精准脱贫，重在提高脱贫攻坚成效。关键是要找准路子、构建好的体制机制，在精准施策上出实招、在精准推进上下实功、在精准落地上见实效。"[②] 2017 年 6 月，习近平总书记在深度贫困地区脱贫攻坚座谈会上讲话，在肯定精准扶贫工作的成效的同时，也指出其中存在的问题。"一些基层干部忙于填写各类表格，加班加点，甚至没有时间进村入户调研办实事。还有一些表格需要贫困群众亲自填报，但表格设计太复杂，填写项目太多，而且有很多术语，农民也弄不清楚。这类问题要注意纠正，精准识贫、精准扶贫要坚持，但要讲究科学、讲究方法、讲究效率，把各方面信息集中起来，建立信息库，实现信息资源共享。"[③]

其次，凸显农村基层党组织、党支部在农村发展、农民致富方面的重

[①]　《胡锦涛文选》（第三卷），人民出版社，2016，第 90 页。
[②]　《习近平谈治国理政》（第二卷），外文出版社，2017，第 84 页。
[③]　《习近平谈治国理政》（第二卷），外文出版社，2017，第 93 页。

要地位。习近平一再强调农村要发展，农民要致富，关键靠党支部的思想。要求"各级领导干部要心里装着困难群众，多做雪中送炭的工作，满腔热情为困难群众办事"①。2012 年 12 月，他在河北阜平县考察扶贫开发工作时强调了农村党支部在阐释和落实党的政策方面不可替代的作用，党支部"要原原本本把党的政策落实好，大家拧成一股绳，心往一处想，劲往一处使，汗往一处流，一定要想方设法尽快让乡亲们过上好日子"②。尤其是在脱贫攻坚的关键时刻，农村基层党组织要形成坚强有力的战斗堡垒："要把夯实农村基层党组织同脱贫攻坚有机结合起来，选好一把手、配强领导班子，特别是要下决心解决软弱涣散基层班子的问题，发挥好村党组织在脱贫攻坚中的战斗堡垒作用。还要依法打击村霸黑恶势力，严防他们干扰基层政权运行。"③

再次，从健全城乡发展一体化体制机制方面解决城乡发展不平衡所带来的农民问题，实施具体的改革举措。面对新形势下的新问题，尤其是城乡区域发展差距和居民收入分配差距依然较大，社会矛盾明显增多等问题，必须加快构建与健全城乡发展一体化的体制机制。这也就是在新的历史时期，习近平总书记对农村的发展和农民致富奔小康的更加深远的谋划——城乡发展一体化体制机制建设。2013 年 7 月 22 日下午，习近平赴湖北鄂州城乡一体化试点的长港镇峒山村考察，在与部分村民亲切座谈时指出："实现城乡一体化，建设美丽乡村，是要给乡亲们造福，不要把钱花在不必要的事情上。"④ 他还特别强调，城镇化要发展，农业现代化和新农村建设也要发展，同步发展才能相得益彰，要推进城乡一体化发展。为此，党的十八届三中全会在通过的《中共中央关于全面深化改革若干重大问题的决定》中明确指出："必须健全体制机制，形成以工促农、以城带乡、工农互惠、城乡一体的新型工农城乡关系，让广大农民平等参与现代

---

① 《习近平谈治国理政》（第一卷），外文出版社，2014，第 190 页。
② 《习近平谈治国理政》（第一卷），外文出版社，2014，第 190 页。
③ 《习近平谈治国理政》（第二卷），外文出版社，2017，第 91～92 页。
④ 《筑好康庄大道　共圆小康梦想——习近平总书记关心农村公路发展纪实》，《光明日报》2014 年 4 月 29 日，第 1 版。

化进程、共同分享现代化成果。"① 城乡发展一体化体制机制的内容具体包括加快构建新型农业经营体系、赋予农民更多财产权利以及推进城乡要素平等交换和公共资源均衡配置等。同时，党中央也对城乡一体化发展做出了总体要求，这就是"在促进城乡一体化发展中，要注意保留村庄原始风貌，慎砍树、不填湖、少拆房，尽可能在原有村庄形态上改善居民生活条件"②。

纵观马克思主义农民问题理论在中国的发展，不难看出农民问题在中国共产党诞生以来的各个阶段都是重要的理论和实践问题。在新民主主义革命时期它直接关系中国革命的成败，在社会主义建设和改革开放时期它直接关系社会全局的稳定和改革开放在农村伟大实践的成功与否。尤其是改革开放以来中国共产党人坚持把马克思主义关于农民问题的理论与中国改革开放的具体实际相结合，由此所形成的中国农民问题的相关理论，直接成为马克思主义中国化理论的重要内容，实事求是地发展了马克思主义经典作家的相关理论。而改革开放40年的伟大实践是马克思主义农民理论在中国不断发展和中国化的最大的实际和客观条件，正如学界部分学者所指出的那样："马克思主义农民问题理论的中国化和中国农民问题实践的马克思主义化并非一蹴而就，而是一个历史、动态的发展过程。"③

改革开放之前，中国的农民身份相同，职业较为单一，农民除了耕种自己的土地所得之外，几乎没有其他方面的收入，因此是一个同质化程度较高的群体。但随着1978年改革开放序幕的拉开，中国开始由传统社会向现代社会转型，农民群体分化明显，流动性不断增强，权利意识显著提高，价值观念日益多样化。在此背景下，无论是邓小平、江泽民、胡锦涛还是习近平总书记都做出了正确的战略决策，很好地解决了各个时期出现的突出问题，并形成了解决中国农民问题的成功的经验，包括以下几点。第一，充分关心农民的经济利益，切实保障农民的政治权利。马克思主义

---

① 《习近平谈治国理政》（第一卷），外文出版社，2014，第81页。
② 《中央城镇化工作会议在北京举行　习近平李克强作重要讲话　张德江俞正声刘云山王岐山张高丽出席会议》，《光明日报》2013年12月15日，第1版。
③ 刘娟、杨菲蓉：《试析马克思主义农民问题理论中国化的内涵》，《天府新论》2009年第3期，第106页。

的基本原则，就是要使群众认识自己的利益，并且团结起来，为自己的利益而奋斗。只有关心农民的经济利益，保障他们的政治权利，才能实现无产阶级的领导权，巩固工农联盟，保证革命和建设事业的胜利。第二，坚决相信人民，依靠人民，尊重群众的首创精神，取得人民的信任和支持，是我们的事业不断取得胜利的关键所在。工农联盟是社会主义国家的基础，是我们在革命和建设中都要依靠的基本力量。这一点无论在任何时候都不能动摇。第三，坚持对农民进行思想政治教育，在农村建设社会主义精神文明，是我们的事业不断胜利和发展的重要保证。在新形势下，农村的思想政治工作，要根据农民的思想实际，紧紧围绕农村的各项工作，围绕精准脱贫、乡村振兴等这些重要战略展开。要把思想教育同经济工作结合起来，正确处理共产主义思想教育同坚决执行现行政策的关系，紧密联系群众的切身利益和思想实际，做到就事论理，深入浅出，通俗易懂。只有这样才能使广大农村成为党执政的巩固根基，成为全面建成小康社会中可靠的一环。可以预见的是，中国特色社会主义进入新时代，农民问题的重要性不言而喻，农民将进一步分化发展，农民职业化发展将进一步明朗，农民组织化将进一步增强，农村集体经济将进一步发展，成为我们研究和解决"三农"问题和农民工问题的重要理论和实践基础。

（二）以马克思主义劳动力商品理论构建分析中国农民工问题的框架

亚当·斯密曾指出，劳动是生产的主要要素，是一切财富的源泉。[①] 大卫·李嘉图继承并发展了斯密的这一观点，认为全部价值由劳动产生，决定商品价值的不仅有活劳动，还有投在生产资料中的劳动。[②] 把劳动看作一切财富的源泉，并初步肯定了劳动的价值，是古典经济学家对国民经济学的一大理论贡献，但"从私有财产的事实出发，它没有给我们说明这

---

① 亚当·斯密：《国富论》，郭大力、王亚南译，商务印书馆，2015，第1页。
② 大卫·李嘉图：《赋税原理》，王文新、韩冬梅等译，人民日报出版社，2009，第5~6页。

个事实"①。这一任务是由马克思完成的。马克思从劳动力是商品这一角度向人们道明了资本主义生产的过程与秘密，从而发现了剩余价值理论。当代西方马克思主义学者对马克思的纯粹劳动力商品理论进行了新的阐释，并提出了不同的观点，这就是以卡尔·波兰尼、迈克尔·A. 莱博维奇（Michael A. Lebowitz）等为代表的学者提出了劳动力去商品化的理论。

1. 马克思的劳动力商品理论

劳动力成为商品是资本主义生产关系存在的前提条件。马克思主义政治经济学的劳动力商品理论，是剩余价值理论乃至社会总资本再生产理论的基础。马克思劳动力彻底商品化理论是分析和认识中国农民工问题的理论前提。

马克思的劳动力商品理论来源于亚当·斯密等古典经济学者，但远远超出并发展了古典经济学家的观点和理论。马克思认为自然界和劳动一样也是使用价值的源泉。"简言之，种种商品体，是自然物质和劳动这两种要素的结合。"② 同时，人在改变物质形态的劳动中还要经常依靠自然力的帮助，因此，"劳动并不是它所生产的使用价值即物质财富的唯一源泉"③。但马克思也指出，自然界其他要素只是参与财富的生产，并不生产价值，只有劳动力创造价值并创造出大于它自身价值的价值。所以他进一步提出："劳动，不仅是一定数额的现成的价值，而且因为它作为生产和利润形成的因素，也形成价值，所以是比它自身更大的价值的源泉。"④ 不同于古典经济学家的是，马克思区分了劳动的价值和劳动力价值的概念："劳动的价值无非是劳动力的价值"；"严格说来，劳动的价值或价格是无意义的名词，但是劳动力的价值或价格表面上却很像劳动本身的价格或价值"。⑤ 并强调，"剩余价值的惟一源泉是活劳动"⑥。进而探讨了这种活劳动即劳动力价值的决定因素："劳动力的价值，是由生产、发展、维持和

---

① 马克思：《1844年经济学哲学手稿》，人民出版社，2000，第50页。
② 《马克思恩格斯全集》（第二十三卷），人民出版社1972年版，第56页。
③ 《马克思恩格斯全集》（第二十三卷），人民出版社，1972，第56~57页。
④ 《资本论》（第三卷），人民出版社，2004，第16页。
⑤ 《马克思恩格斯全集》（第二十一卷），人民出版社，2003，第192页。
⑥ 《资本论》（第三卷），人民出版社，2004，第167页。

延续劳动力所必需的生活必需品的价值决定的。"① 此外，马克思从对劳动过程的分析入手，说明了资本主义生产不仅是劳动产品的生产，同时也是价值形成与价值增值的过程，指出了劳动力商品价值的特殊性。

马克思根据对劳动过程的分析指出，在现代社会关系中，资本家在市场上购买劳动过程所需的一切因素，这些因素既包括物的因素，即生产资料（不变资本），也包括人的因素，即劳动力（可变资本）。"这种商品具有特别的性质，这就是，它的使用是新价值的泉源，是新价值的创造。这个商品，就是劳动力。"② 在此，马克思强调指出："工人卖的并不直接是他的劳动，而是他的暂时让资本家支配的劳动力。"③ 随后，资本家就开始着手消费他所购买的劳动力商品。正如马克思所指出的："资本家购买工人的劳动力，付了它的价值以后，像所有其他买主一样，就有权消费或使用他所买的商品。"④ 这种消费和使用是在流通领域以外进行的，"就是说，让劳动力的承担者，工人，通过自己的劳动来消费生产资料。当然，劳动过程的一般性质并不因为工人是为资本家劳动而不是为自己劳动就发生变化。"⑤ 因此，不难得出结论："劳动力的消费过程，同时就是商品和剩余价值的生产过程。"⑥ 在此过程中，作为自由人的劳动者，是自己劳动力的所有者，有权把自己的劳动力当作商品在市场上出卖。马克思这里所说的自由人，具有两层含义："一方面，工人是自由人，能够把自己的劳动力当作自己的商品来支配，另一方面，他没有别的商品可以出卖，自由得一无所有，没有任何实现自己的劳动力所必需的东西。"⑦ 即马克思所说的"双重自由"。但他始终强调，要使资本家能够在市场上找到作为商品的劳动力，必须是自由的劳动力，"劳动力必须只出卖一定时间，因为要是一下子全部卖光，卖者就不再是卖者，而本身成为商品了。"⑧ 而且资本家在

---

① 《马克思恩格斯全集》（第二十一卷），人民出版社，2003，第189页。
② 《马克思恩格斯选集》（第二卷），人民出版社，2012，第72页。
③ 《马克思恩格斯全集》（第二十一卷），人民出版社，2003，第187页。
④ 《马克思恩格斯全集》（第二十一卷），人民出版社，2003，第190页。
⑤ 《资本论》（第一卷），人民出版社，2004，第216页。
⑥ 《马克思恩格斯全集》（第二十一卷），人民出版社，2003，第392页。
⑦ 《资本论》（第一卷），人民出版社，2004，第197页。
⑧ 《马克思恩格斯全集》（第二十一卷），人民出版社，2003，第391页。

市场上购买到的只是劳动力的使用价值，"资本家例如支付劳动力一天的价值。于是，在这一天内，劳动力就像出租一天的任何其他商品（例如一匹马）一样，归资本家使用。商品由它的买者使用；劳动力的占有者提供他的劳动，实际上只是提供他已卖出的使用价值。"①

劳动者为何要在市场上出卖自己的劳动力呢？马克思认为，这是有其深刻的社会背景及原因的，即在资本主义社会条件下，劳动者一无所有，他能支配的力量只有自己的劳动力，因此就不得不在市场上出卖自己的劳动力，来维持基本的生活。这是劳动力作为商品在市场上出现的主要原因，是劳动力的彻底商品化，除了出卖自己的劳动力外，工人一无所有。"劳动力占有者必须已没有可能出卖有自己的劳动对象化在内的商品，而不得不把他的劳动力本身当作商品出卖。"② 因此，"一无所有"性是劳动者出卖劳动力、劳动力商品化的社会原因。马克思分析指出："工人出卖他的劳动力——在现代制度下他不得不这样做"③；"他们被迫把他们的劳动力出卖给资本家，以换得一定量的生活资料，这些生活资料，最多只能维持工人的劳动能力，并养育出新的一代有劳动能力的无产者"④。马克思进一步分析指出，资本的积累"再生产出规模扩大的资本关系：一极是更多的或更大的资本家，另一极是更多的雇佣工人……因此资本的积累就是无产阶级的增加"⑤。

同时，马克思在分析劳动力所有者所谓的"双重自由"时，有一个基本的前提，也是劳动力商品化的基本前提，即劳动力所有者是同他的生产资料相分离的，被剥夺了生产资料，这种生产资料是劳动力的所有者对自己劳动力实行生产耗费的物的条件。从这个意义上讲，马克思的劳动力商品化就是无产阶级化的过程。正如马克思在《资本论》第二卷中所指出的："在出卖之前，劳动力是和生产资料，和它的活动的物的条件相分离

---

① 《资本论》（第一卷），人民出版社，2004，第216页。
② 《马克思恩格斯全集》（第二十一卷），人民出版社，2003，第391页。
③ 《马克思恩格斯全集》（第二十一卷），人民出版社，2003，第203页。
④ 《马克思恩格斯全集》（第二十一卷），人民出版社，2003，第368页。
⑤ 《马克思恩格斯全集》（第二十一卷），人民出版社，2003，第369页。

的。"① 而导致劳动者与其生产资料相分离的原因在于资本主义的生产和原始积累，"这种所谓的原始积累不过是一连串使劳动者与其劳动资料之间的原始统一被破坏的历史过程"②。

在探讨劳动力价值的同时，马克思也分析了异化劳动，即劳动者生产的商品直接与自己相对立。在《1844 年经济学哲学手稿》中，马克思指出："我们从国民经济学本身出发，用它自己的话指出，工人降低为商品，而且降低为最贱的商品；工人的贫困同他的产品的力量和数量成反比；竞争的必然结果是资本在少数人手中积累起来，也就是垄断的更惊人的恢复；最后，资本家和地租所得者之间、农民和工人之间的区别消失了，而整个社会必然分化为两个阶级，即有产者阶级和没有财产的工人阶级。"③这段话表明，工人生产的财富越多，他的劳动的力量和数量越大，他就越贫穷。工人创造的商品越多，他就越会变成廉价的商品。"物的世界的增值同人的世界的贬值成正比。劳动生产的不仅是商品，它生产作为商品的劳动自身和工人，而且是按它一般生产商品的比例生产的。这一事实无非是表明：劳动所生产的对象，即劳动的产品，作为一种异己的存在物，作为不依赖于生产者的力量，同劳动相对立。"④

从以上的分析不难看出，马克思认为劳动力成为商品需要具备两个条件：工人是自由人；同时，他没有别的商品可以出卖，自由得一无所有。显然，马克思在这里强调的是劳动力的彻底商品化。可见，劳动力彻底商品化的前提，是劳动者的无产阶级化，即劳动者是同他的生产资料相分离的，被剥夺了生产资料，这种生产资料是劳动者进行生产的必要条件。从这个意义上讲，劳动力成为商品的历史，就是小商品生产者不断被剥夺生产资料，从而实现无产阶级化的历史。西欧资本主义发展史表明，资本的原始积累过程造就了劳动者的无产阶级化。

2. 西方学者对马克思劳动力商品理论的发展

以卡尔·波兰尼和迈克尔·A. 莱博维奇等为代表的西方学者以马克思

---

① 《资本论》（第二卷），人民出版社，2004，第38页。
② 《马克思恩格斯选集》（第二卷），人民出版社，2012，第46页。
③ 《马克思恩格斯全集》（第三卷），人民出版社，2002，第266页。
④ 《马克思恩格斯全集》（第三卷），人民出版社，2002，第267页。

的劳动力商品理论为参照系，结合当代具体的资本主义现实条件，提出了劳动力去商品化或半商品化理论。波兰尼强调，劳动力去商品化是资本主义存续的条件，因为纯粹的商品化会引起资本主义的崩溃。波兰尼的观点和马克思类似，都肯定了劳动力商品化是资本主义市场经济得以产生的根本前提，劳动力是特殊的商品。但和马克思不同，波兰尼将劳动力商品与普通商品做了一个更为彻底的区分，即便从市场经济本身的再生产来看，彻底的劳动力商品化，进而言之，完全不受调控的市场经济，是个"彻头彻尾的乌托邦"[1]，只能导致社会本身的崩溃。波兰尼认为："劳动力、土地和货币显然都不是商品……劳动力仅仅是与生俱来的人类活动的另外一个名称而已，就其本身而言，它不是为了出售，而是出于完全不同的原因而存在的，并且这种活动也不能分离于生活的其他部分而被转移或储存……劳动力、土地和货币的商品形象完全是虚构的。"[2]

　　通过对发达资本主义国家市场经济的分析，波兰尼提出："一方面，生产者丧失了一切生产资料，即存在着高度的无产阶级化；另一方面，由于福利国家和转移支付的存在，实现了某种程度的劳动力'去商品化'。"[3]这就意味着，劳动者出卖劳动力并不一定要建立在丧失一切生产资料的前提下，或者即便丧失了生产资料，也不需要以市场作为获取劳动力再生产所需要的产品和服务的唯一途径。不受调控的市场扩张与社会保护运动之间的矛盾，决定了劳动力商品化最终会被约束在一个制度架构内；而围绕劳动力商品化的程度所展开的斗争，也就是西方学者贝弗里·J. 西尔弗（Beverly J. Silver）概括的所谓"波兰尼式的抗争"。并将其与工人阶级围绕剩余价值而展开的斗争，即"马克思式的抗争"做了区分。[4]波兰尼的观点在一定程度是对马克思劳动力彻底商品化理论的发展，但其局限性也

---

① 卡尔·波兰尼：《大转型：我们时代的政治与经济起源》，冯钢、刘阳译，浙江人民出版社，2007，第3页。

② 卡尔·波兰尼：《大转型：我们时代的政治与经济起源》，冯钢、刘阳译，浙江人民出版社，2007，第62~63页。

③ 孟捷：《劳动力价值再定义与剩余价值论的重构》，《政治经济学评论》2015年第4期，第73页。

④ Beverly J. Silver, *Forces of Labor: Workers' Movements and Globalization since 1870* (Cambridge: Cambridge University Press, 2003), pp. 2 – 3.

十分明显，波兰尼的理论强调从交换领域分析劳动力过度商品化，而忽视了从生产领域的角度分析经济剥削的根源。[①]

作为当代的马克思主义者，迈克尔·A. 莱博维奇对马克思的劳动力商品理论也做出了新解释。他认为，在现实的资本主义社会，劳动力并没有完成彻底的商品化过程，这主要有两个方面的原因。第一，出于营利的考虑，资本总是力图压低雇佣劳动者的工资以降低成本，一定程度的劳动力半商品化意味着雇佣劳动者收入来源的多元化，这使得工资水平低于劳动力价值成为可能，因此劳动力半商品化是资本主义发展过程中的伴生物。第二，资本主义生产关系下的劳动力是"自为存在的工人"，资本面对的不是为了资本而存在的雇佣工人，而是为了自身而存在的雇佣工人。[②] 雇佣劳动者的斗争和反抗推动了劳动力的半商品化。莱博维奇的工人阶级政治经济学，高度强调雇佣劳动的主体性以及对雇佣劳动概念的具体化重塑，主要动机在于突出雇佣工人个体对维系与发展资本主义制度的重要性，突出雇佣工人社会需要的具体性、多样性与差异性，突出雇佣工人的社会需要与资本主义持续存在之间的逻辑关联。如莱博维奇提出，随着社会发展不断增长的人类需要，是决定社会历史变革的重要推动力量。在资本主义条件下，雇佣工人社会需要的变化以及满足需要程度的提高，导致资本主义不断向前推进，而资本主义灭亡也是雇佣工人的社会需要无法得到满足的结果。[③]

基于以上认识，劳动力之所以在资本主义时代出现半商品化的情况，莱博维奇认为正是因为雇佣工人的主体地位，而马克思忽视了这一点。但是，我们知道，马克思提出的"资本即雇佣劳动"并没有忽视雇佣工人的主体地位，而是对劳动者的重要地位和作用的确认和肯定。马克思指出，从工人方面看，"资本主义时代的特点是，对工人本身来说，劳动力是归

---

① M. Burawoy, "For Public Sociology," *America Sociological Review* 70（2005）：4–28.

② 迈克尔·A. 莱博维奇：《超越〈资本论〉：马克思的工人阶级政治经济学》，崔秀红译，经济科学出版社，2007，第99页。

③ 郜丽华：《莱博维奇的"工人阶级政治经济学"批判》，《教学与研究》2016年第9期，第77页。

他所有的一种商品的形式，因而他的劳动具有雇佣劳动的形式"①；从资本方面看，由于没有雇佣劳动，资本就无法获得剩余价值从而实现价值增殖，所以"资本没有雇佣劳动就不再成为资本"②。在此意义上，资本就是雇佣劳动，雇佣劳动就是资本。可见莱博维奇对马克思的批判完全是主观主义的判断。正如国内学界学者所指出的："莱博维奇采用主观主义和个人主义的研究方法，事实上背离了马克思的历史唯物主义方法论原则。"③

此外，西尔弗和本·法因（Ben Fin）等西方学者也从不同角度论述了劳动力半商品化的理论。针对莱博维奇指责马克思忽视雇佣工人主体地位的观点，本·法因指出，马克思主义政治经济学不仅关注对劳动力使用价值和交换价值的决定因素的研究，而且承认劳动以及劳动与资本斗争的主体性。④ 这些都有助于我们丰富马克思主义政治经济学的劳动力商品理论。

这些学者的共识在于，现实的资本主义往往是多种生产方式和生产关系的混合，作为次要内容的非资本主义生产方式和生产关系，为资本主义生产方式和生产关系的矛盾运动提供了缓冲空间。

（三）构建关于农民工问题的中国特色社会主义政治经济学话语体系

中国特色社会主义政治经济学是社会主义政治经济学在当代中国的新发展。中国特色社会主义政治经济学属于马克思主义政治经济学中的社会主义部分，即政治经济学的社会主义部分。"进一步地说，中国特色社会主义政治经济学不是一般的社会主义政治经济学，不是其他国家的社会主义政治经济学，而是中国特色社会主义政治经济学，是社会主义政治经济学在当代中国的新发展，反映了当代新的历史条件下建设和发展社会主义

---

① 《资本论》（第一卷），人民出版社，2004，第198页。

② 《马克思恩格斯全集》（第三十卷），人民出版社，1995，第237页。

③ 邰丽华：《莱博维奇的"工人阶级政治经济学"批判》，《教学与研究》2016年第9期，第81页。

④ Ben Fine，"Intervention Debating Lebowitz：Is Class Conflict the Moral and Historical Element in the Value of Labour-Power?" *Historical Materialism* 16（2008）：56 – 63.

经济的特点和规律。"①

　　党的十八大以来，习近平总书记多次强调要学好用好政治经济学，要立足我国国情和我国发展实践，发展当代中国的马克思主义政治经济学，构建中国特色社会主义政治经济学的话语体系。他在主持中共中央政治局第二十八次集体学习时强调："建设中国特色社会主义政治经济学，要立足我国国情和我国发展实践，揭示新特点新规律，提炼和总结我国经济发展实践的规律性成果，把实践经验上升为系统化的经济学说，不断开拓当代中国马克思主义政治经济学新境界。"② 这对构建中国特色社会主义政治经济学理论体系提出了明确的要求。2016 年 5 月 17 日，习近平总书记主持召开哲学社会科学工作座谈会并发表重要讲话，强调结合中国特色社会主义伟大实践，加快构建中国特色哲学社会科学。③

　　根据习近平总书记的系列讲话精神，学界对中国特色社会主义政治经济学的概念进行了界定。洪银兴指出："中国特色社会主义政治经济学是当代中国的马克思主义政治经济学，在阶段性上的学科定位是：在生产关系上属于社会主义初级阶段的政治经济学，在生产力上属于中等收入发展阶段的政治经济学。"④ 逄锦聚也指出："中国特色社会主义政治经济学，是植根于中国的土壤，立足当代中国国情和中国发展实践而产生的政治经济学。中国特色社会主义政治经济学与当代中国马克思主义政治经济学是同义语，中国特色社会主义政治经济学即当代中国马克思主义政治经济学。"⑤

　　构建中国特色社会主义政治经济学，要将马克思主义与中国特色社会主义道路的伟大实践相结合，在中国改革开放的实践中发展当代的马克思主义政治经济学。马克思主义政治经济学本身就是一门实践中的科学，它

---

① 张宇、谢地等：《中国特色社会主义政治经济学》，高等教育出版社，2018，第 6 页。
② 《习近平在中共中央政治局第二十八次集体学习时强调　立足我国国情和我国发展实践　发展当代中国马克思主义政治经济学》，《人民日报》2015 年 11 月 25 日，第 1 版。
③ 《在哲学社会科学工作座谈会上的讲话》，《人民日报》2016 年 5 月 19 日，第 1 版。
④ 洪银兴：《以创新的理论构建中国特色社会主义政治经济学的理论体系》，《经济研究》2016 年第 4 期，第 4 页。
⑤ 逄锦聚：《中国特色社会主义政治经济学论纲》，《政治经济学评论》2016 年第 5 期，第 90 页。

需要结合历史的具体条件加以考察、发展和丰富。恩格斯就曾指出："政治经济学本质上是一门历史的科学。它所涉及的是历史性的即经常变化的材料；它首先研究生产和交换的每个个别发展阶段的特殊规律，而且只有在完成这种研究以后，它才能确立为数不多的、适用于生产一般和交换一般的、完全普遍的规律。""人们在生产和交换时所处的条件，各个国家各不相同，而在每一个国家里，各个世代又各不相同。因此，政治经济学不可能对一切国家和一切历史时代都是一样的。"①

马克思主义政治经济学来到中国后，中国共产党就在具体的中国革命、建设和改革的过程中将其中国化。在新民主主义革命时期，中国共产党在对中国经济的艰苦探索中，把马克思主义基本原理与中国实际相结合，探索形成了新民主主义经济理论。新中国成立后，中国共产党带领全国人民经过过渡时期和生产资料的社会主义改造，在中国确立了社会主义经济制度。在其后的经济建设和理论探索中，形成了社会主义社会的基本矛盾、主要矛盾理论，提出了统筹兼顾、注意综合平衡，以农业为基础、以工业为主导、农轻重协调发展等重要理论。这些探索与实践，既有成功的经验，又有失败的教训，但都为之后中国改革开放积累了宝贵的经验，为中国特色社会主义政治经济学提供了理论和实践基础。

在改革开放的伟大实践中，我们把马克思主义政治经济学基本原理同现代化建设和改革开放的具体实践结合起来，不断丰富和发展马克思主义政治经济学，形成了中国特色社会主义政治经济学的许多重要理论成果。例如，社会主义本质和人民中心理论，社会主义初级阶段理论，社会主义基本经济制度理论，促进社会公平正义、逐步实现全体人民共同富裕的理论，发展社会主义市场经济、使市场在资源配置中起决定性作用和更好发挥政府作用的理论，全面深化改革理论，企业改革理论，宏观经济运行和调控理论，创新、协调、绿色、开放、共享的发展理念理论，我国经济发展进入新常态的理论，推动新型工业化、信息化、城镇化、农业现代化相互协调的理论，用好国际国内两个市场、两种资源的理论，等等。这些理

---

① 《马克思恩格斯文集》（第九卷），人民出版社，2009，第153～154页。

论成果都是适应当代中国国情和时代特点的中国特色社会主义政治经济学的重要理论，不仅有力地指导了我国经济改革和发展实践，而且开拓了马克思主义政治经济学的新境界。

农民工问题是中国改革开放的产物，也有其特殊的历史背景和政治体制因素。应充分挖掘农民工背后的政治经学理论基础，构建关于农民工问题的中国特色社会主义政治经济学话语体系，而不是在西方经济学的框架之内认识和研究中国的农民工问题，这是目前学界需要努力耕耘之处。

无论是"民工潮"的出现还是"民工荒"的发生，迁徙与回流的农民工都是受劳动力市场配置和资本配置的结果。"民工潮"伴随着劳动力市场和资本的配置而出现。改革开放之后，由于资本首先进入城市，城市快速发展起来，在资本的吸引之下，出现劳动力市场的开放以及对劳动力的大量需求，一部分农民选择不种田，而到城市打工。因为家庭联产承包责任制虽然激发了农民的生产积极性，粮食产量开始增长；但到1984年，全国粮食产量达到高峰后开始下降。"包产到户"对增加产量的促进效应维持的时间并不长。因此部分农民选择就地或外出打工，由此进入城市或乡镇工作。从他们的工作性质来讲是工人了，但是因为他们又有一个由农业户口界定的身份，所以形成身份的叠加，被称为农民工，也就是说工人是他们的职业，农民是他们的身份。"农民工这种复杂的制度现象是中国从一个传统农业社会向现代化社会过渡时出现的典型现象。"[1] 而在2001年之前，大部分农民工就地打工，进入乡镇企业的较多，2001年，对于中国农民工的发展而言是一个转折点。国家统计局在计算农民工数量时往往会把农民工分成本地农民工和外出农民工。大概在2001年之前，就全国而言，本地农民工的人数在绝对量上多于外出农民工。但是在此之后，外出农民工的数量就开始超过本地农民工。2001年是中国经济发展中非常重要的一个年份。中国在这一年加入了WTO，为中国经济注入了新的活力，带来了重要机遇，中国进一步扩大贸易、推动经济改革、吸引更多的外国投资在中国沿海及内地城市。相伴随的是劳动力市场对劳动力的大量需求，

---

[1] 孟捷：《农民工、竞争性地方政府和社会主义 - 政党国家——改革开放以来中国的经济制度和经济学话语》，《东方学刊》2019年第1期，第46页。

尤其是沿海一带的制造业。因此，2001年之后，农民工的相当大一部分在生产性行业工作，比如说建筑业是最多的，还有很多在制造业。

在社会主义市场经济条件下，将政府的合理引导与市场决定性作用的发挥相结合，农民工问题会在新型城镇化和乡村振兴战略的双重助力下最终得到解决。

第四章　政治经济学视角下中国农村劳动力的半商品化问题

马克思主义劳动力商品理论在中国农民工问题的新发展上呈现半商品化的状态，对劳动力半商品化的概念界定，是西方马克思主义经济学家对马克思劳动力商品理论的新发展。国内也有部分学者运用马克思的劳动力商品理论在分析中国农民工问题上提出了半商品化的概念。

一　劳动力半商品化理论

如第三章所述，现代西方马克思主义经济学家在马克思的劳动力商品理论之上，发展了这一理论，但与马克思的劳动力彻底商品化主张不同的是，以卡尔·波兰尼和迈克尔·A.莱博维奇等为代表的经济学家主张资本主义社会存在的是劳动力的半商品化，或者称之为"去商品化"，而非彻底的、完全的商品化。

波兰尼的观点和马克思类似，都肯定了劳动力商品化是资本主义市场经济得以产生的根本前提，劳动力是特殊的商品。但和马克思不同之处在于，波兰尼将劳动力这个特殊商品与普通商品做了一个更为彻底的区分，并进一步提出了"虚构商品"的概念。在波兰尼那里，资本主义市场经济的历史，被概括地理解为不受约束的市场化趋势与所谓社会保护运动之间的矛盾演化的历史。[①] 波兰尼的理论为我们认识和分析社会主义市场经济条件下的劳动力商品化问题提供了新的视角，尤其是他的劳动力虚构商品

---

① 孟捷、李怡乐：《改革以来劳动力商品化和雇佣关系的发展——波兰尼和马克思的视角》，《开放时代》2013 年第 5 期，第 74 页。

理论。正如有学者评价道："劳动力作为'虚构商品'，其商品化的程度可谓直接反映了中国市场化改革的发展程度。我们需要定性和定量地分析这种波兰尼眼中的'虚构商品'是如何被构造出来的，有哪些制度因素提升了劳动力商品化的程度，又有哪些制度因素限制了其商品化。"①

　　莱博维奇作为当代的马克思主义者，对马克思的劳动力商品理论做出了新解释。他认为，在现实的资本主义社会，劳动力没有完成完全商品化的过程，这主要有两个方面的原因。第一，由于资本主义发展的需要，在生产的过程中资本家总是要压制劳动力完全商品化，尽量压低劳动者工资，使其成为产业后备军；第二，劳动力在资本主义生产关系下，是"自为存在的工人"，是独立的生产关系的一个环节，因为工人阶级也必须实现自身的发展，需要不断增加工资，扩大必要生活资料的数量和范围，满足各种需要。在这里，莱博维奇提出了"两个必须"（two oughts）的理论：一方面，资本必须实现价值增值；另一方面，工人阶级也必须实现自身的发展，为此就要增加工资，不断扩大必要生活资料的数量和范围，满足工人各种以前从未实现的需要，即"工人为了自身的生存成了雇佣工人，这是一种与资本相结合的方式，而这种方式最终的结果则是为了工人自身"②。因此，"资本面对的不再是为了资本而存在的雇佣工人，而是为了自身存在的雇佣工人。"③正是坚信这一点，莱博维奇认为，劳动者在经济领域的这种斗争和反抗，有助于劳动力的去商品化。

　　同时，莱博维奇从工人自身再生产创造的价值方面出发高度评价了工人在去商品化中的具体作用。他认为，从工人阶级再生产的角度看，家庭劳动以及在医疗服务、教育培训等部门进行的劳动，都是创造价值的生产性劳动。④因此，莱博维奇坚信，工人的必需生活资料量通过阶级斗争来

_____

① 孟捷、李怡乐：《改革以来劳动力商品化和雇佣关系的发展——波兰尼和马克思的视角》，《开放时代》2013年第5期，第75页。

② 迈克尔·A. 莱博维奇：《超越〈资本论〉：马克思的工人阶级政治经济学》，崔秀红译，经济科学出版社，2007，第99页。

③ 迈克尔·A. 莱博维奇：《超越〈资本论〉：马克思的工人阶级政治经济学》，崔秀红译，经济科学出版社，2007，第99页。

④ 迈克尔·A. 莱博维奇：《超越〈资本论〉：马克思的工人阶级政治经济学》，崔秀红译，经济科学出版社，2007，第182～185页。

决定，意味着劳动力价值的调整绝非自动完成的。一方面，资本会努力使劳动力价格的增加变成仅仅是暂时的；另一方面，工人则会努力通过斗争使之长期化，即使之成为劳动力价值的新标准。[①] 对于工人阶级开展斗争的动因，莱博维奇写道："工人依照对自我的理解来生产自身，为此就需要许多投入，但这些投入是不能充分实现的——因为资本主义生产是受资本增值的目标限制的，而不是受'生产和社会需要（即社会的发展了的人的需要）之间的比例'的限制。满足需要的'资本主义限制'的存在，必要需要和社会需要之间的差距，意味着工人把自身作为被剥夺者而生产出来：'只要人的需要并没有实现，他就与其需要因而与其自身存在着冲突。'为更高的工资而斗争是内在于作为自身之存在的雇佣工人之中的。"[②]可见，莱博维奇对资本主义条件下自为存在的工人阶级的地位和作用的评价是很高的，但也有学者指出，莱博维奇的这一理论"显然过高地估计了工人阶级在资本主义社会中的力量"[③]。

此外，在西尔弗的论述中，赢得资本主义的妥协，并不会导致任何"大转变"，只会激发资本一方采用各种新的策略来应对劳工运动。[④] 在关于 1870 年以来劳工史的权威叙述中，她揭示了资本家如何为了降低劳动力成本而相互竞争，从而导致挑战资本合法性的各种斗争的兴起。但是正如学界的分析所指出的："西尔弗暴露出一种未曾言明的乐观主义倾向——剥削总是会导致她称之为马克思式的抗争（Marx-type struggles）；或者，如果剥削并未导致马克思式的劳工抗争，也会导致围绕劳动力的商品化而展开的波兰尼式的抗争（Polanyi-type struggles）。在其分析中，后一种类型的抗争（即波兰尼式的抗争）处于从属地位，这使得波兰尼关于资本主义根本不同的各个面相的论述，以及他与众不同的关于资本主义体验的理论，

---

① M. Lebowitz, *Beyond Capital*（London：Palgrave Macmillan，2003），p. 112.
② M. Lebowitz, *Beyond Capital*（London：Palgrave Macmillan，2003），p. 73.
③ 孟捷：《劳动力价值再定义与剩余价值论的重构》，《政治经济学评论》2015 年第 4 期，第 79 页。
④ 迈克尔·布洛维：《从波兰尼到盲目乐观：全球劳工研究中的虚假乐观主义》，刘建洲译，《开放时代》2011 年第 10 期，第 86 页。

包括由此而引发的不同的政治论战，都不能得到很好的阐释。"①

此外，英国左派马克思主义经济学家法因等西方学者也从不同角度论述了劳动力半商品化的理论。法因阐述了住宅、教育、交通等劳动力再生产领域的去商品化和再商品化的斗争，对马克思的劳动力商品化做出了新解释。法因认为，马克思所讲的劳动力市场分割是从产业后备军的角度展开的，而他想要强调工人工资和生存环境表现出来的不同，以及是否有特殊群体的工人总是去从事特定的工作。他的研究具体到了决定劳动力价值的消费束的区别。在他看来，决定消费习惯和构造劳动力市场的因素并不独立。例如，工人对交通、住房和教育的消费都可能影响劳动力市场结构的形成。②

二　劳动力半商品化与中国的农民工问题

马克思劳动力商品理论为我们认识和分析中国农民工问题提供了理论的分析框架，同时马克思主义经典作家的劳动力商品理论在社会主义市场经济条件下也得到了新的发展。劳动力商品理论在中国的新发展是理论适应中国特色社会主义现实的需要，正如马克思所指出的："理论在一个国家实现的程度，总是取决于理论满足这个国家的需要的程度。"③

（一）国内学者运用劳动力商品理论分析农民工问题

在社会主义市场经济条件下，中国的农民工主要在私有经济部门就业，马克思主义政治经济学的劳动力商品理论是一个比较合适的分析框架。在国内学界，也有诸多学者联系中国农民工的实际情况，论述了劳动力半商品化（或称之为"半无产阶级化"）的理论，丰富与发展了马克思的劳动力商品理论。孟捷和李怡乐认为，劳动力商品化经历了不同阶段，

---

① 迈克尔·布洛维：《从波兰尼到盲目乐观：全球劳工研究中的虚假乐观主义》，刘建洲译，《开放时代》2011 年第 10 期，第 89 页。
② Ben Fine, *Labor Market Theory: A Constructive Reassessment* (London and New York: Routledge, 1998), pp. 180 – 188.
③ 《马克思恩格斯选集》（第一卷），人民出版社，2012，第 11 页。

从而详细论述了无产阶级化与劳动力商品化的各种组合情况，并区分了无产阶级化和劳动力商品化的不同之处，认为："马克思所谈论的'双重自由'，可以看作直接生产者无产阶级化的前提条件，而非劳动力商品化的前提条件。即便没有完全丧失生产资料，即便还没有获得彻底的人身自由（比如迁徙的自由），仍然可以实现劳动力商品化，中国改革的经验验证了这一点。"① 因为决定劳动力商品化的直接因素是劳动力再生产对市场的依赖程度。② 而且他们用波兰尼的劳动力半商品化理论带来的启示分析了我国的农民工问题，认为"波兰尼式的抗争"为我们认识农民工问题提供了一个新的视野："首先，劳动力作为'虚构商品'，其商品化的程度可谓直接反映了中国市场化改革的发展程度……其次，中国市场经济发展中的严重不平衡，造成了劳动力商品化过程中的一系列结构性差异，换言之，在不同部门、不同地区、不同身份之间，劳动力的商品化程度是各不相同的，这又影响到现实中的劳动力市场结构。最后，在由政府主导和调控的向市场化的转型中，社会保护运动如何被压制，又如何因应各种社会矛盾而展开，决定性地影响着劳动力商品化的长期变化趋势。"③

孟庆峰也持相同观点，认为"无产阶级化的阶级结构并不是劳动力商品化的必要条件，半无产阶级化的阶级结构同样是劳动力商品化的条件之一"④。之后他在另一篇文章中进一步分析了劳动力半商品化的条件，结合中国社会主义市场经济，分析了资本和农民工相互作用的结果，即土地制度、户籍制度以及政府偏向城市的再分配制度成了资本追逐利润最大化所加以利用的资源。指出，在资本追逐利润最大化的前提下，"半无产阶级化没有起到社会自我保护的作用，相反，半无产阶级化与劳动力商品化结

---

① 孟捷、李怡乐：《改革以来劳动力商品化和雇佣关系的发展——波兰尼和马克思的视角》，《开放时代》2013 年第 5 期，第 76 页。
② 孟捷、李怡乐：《改革以来劳动力商品化和雇佣关系的发展——波兰尼和马克思的视角》，《开放时代》2013 年第 5 期，第 76 页。
③ 孟捷、李怡乐：《改革以来劳动力商品化和雇佣关系的发展——波兰尼和马克思的视角》，《开放时代》2013 年第 5 期，第 74 页。
④ 孟庆峰：《半无产阶级化、劳动力商品化与中国农民工》，《海派经济学》2011 年第 1 期，第 132 页。

合产生了一种缺乏社会保护的劳动力商品化：农民工的半无产阶级化。"[1] 农民工的这种半无产阶级化也是导致他们周期性失业的重要原因。因为，当处于经济周期的萧条时期或经济危机期间，大批农民工就会失业，将被迫返回农村，又变成农民，形成周期性失业。这种"风吹草动"式的农民工半商品化使得农民工的脆弱性和不稳定性一览无余。

有学者结合中国农民工的特殊情况，分析了农民工半无产阶级化的特殊性，认为中国农民工的无产阶级化是一个没有完成的无产阶级化。卢晖临和潘毅在探讨第二代农民工的身份认同时再一次分析了农民工的半无产阶级化产生的现实原因。他们认为在中国将自己转变为世界工厂并逐步实现工业化的同时，中国社会再次激活了在世界资本主义历史上常见的无产阶级化过程。但中国在社会主义市场经济条件下的无产阶级化有其自身的特殊之处，对走入城市的农民工来说，因为缺乏在其工作地长久居留的机会，所以改革开放以来中国的工业化和城市化仍是两个高度分离的过程。[2]

中国改革开放以来的历史已经证明，中国是存在农民工劳动力商品化问题的，即使大部分农民工没有完全和彻底地与自己的生产资料相脱离，也没有获得自由迁徙的权力（户籍制度限制）。这些都不能构成劳动力商品化的决定性条件，因为客观的事实是由于 40 多年来的改革开放，劳动力以及生产者已经对市场有着较高的依赖程度，正如学界同仁所指出的："生产者在多大程度上需要从市场上购买其劳动力再生产所需的产品和服务，直接导致了劳动力的商品化。"[3] 而农民工，正是社会主义市场经济条件下劳动力商品化的特殊性所在，这种特殊性在于劳动力的半商品化倾向，以及与劳动力半商品化相伴随的农民工回流问题。

（二）农民工不同于马克思主义经典作家论述中的无产阶级

中国的农民工不同于马克思主义经典作家论著中的无产阶级，对此，

---

① 孟庆峰：《农民工的半无产阶级化与积累的社会结构》，《电子世界》2012 年第 8 期，第 167 页。

② 卢晖临、潘毅：《当代中国第二代农民工的身份认同、情感与集体行动》，《社会》2014 年第 4 期，第 6 页。

③ 孟捷、李怡乐：《改革以来劳动力商品化和雇佣关系的发展——波兰尼和马克思的视角》，《开放时代》2013 年第 5 期，第 76 页。

我们需要结合中国改革开放的具体实践来加以认识和分析。

1. 马克思主义经典作家对无产阶级的概念界定

无产阶级在马克思、恩格斯那里，也经常以"雇佣工人""现代工人""无产者""现代工人阶级"等用语在论述中出现。《共产党宣言》中马克思、恩格斯就指出："资产阶级不仅锻造了置自身于死地的武器；它还产生了将要运用这种武器的人——现代的工人，即无产者"；"随着资产阶级即资本的发展，无产阶级即现代工人阶级也在同一程度上得到发展；现代的工人只有当他们找到工作的时候才能生存，而且只有当他们的劳动增殖资本的时候才能找到工作"。① 马克思在《资本论》中指出："简单再生产不断地再生产出资本关系本身：一方面是资本家，另一方面是雇佣工人；同样，规模扩大的再生产或积累再生产出规模扩大的资本关系：一极是更多的或更大的资本家，另一极是更多的雇佣工人。"②

恩格斯在《共产党宣言》1888 年英文版的序中对资产阶级和无产阶级做出了明确而清晰的定义："资产阶级是指占有社会生产资料并使用雇佣劳动的现代资本家阶级。无产阶级是指没有自己的生产资料，因而不得不靠出卖劳动力来维持生活的现代雇佣工人阶级。"③ 恩格斯在《共产主义原理》中进一步对无产阶级的概念及其诞生的社会条件做了论述："无产阶级是专靠出卖自己的劳动而不是靠某一种资本的利润来获得生活资料的社会阶级。这一阶级的祸福、存亡和整个生存，都要看对劳动的需求而定，也就是要看生意的好坏，要看无法制止的竞争的波动而定。一句话，无产阶级或无产者阶级就是 19 世纪的劳动阶级。"④ 在分析资产阶级概念时他进一步对无产阶级的概念补充道，这是一个"完全没有财产的阶级，他们为了换得维持生存所必需的生活资料，只得把自己的劳动出卖给资产者。这一阶级叫做无产者阶级或无产阶级"⑤。同时，他指出了无产阶级不是凭空产生的，不是既定的历史存在："无产阶级是由于工业革命而产生的，

---

① 《马克思恩格斯选集》（第一卷），人民出版社，2012，第 406~407 页。
② 《马克思恩格斯选集》（第二卷），人民出版社，2012，第 275 页。
③ 《马克思恩格斯选集》（第一卷），人民出版社，2012，第 400 页。
④ 《马克思恩格斯全集》（第四卷），人民出版社，1958，第 357 页。
⑤ 《马克思恩格斯全集》（第四卷），人民出版社，1958，第 359 页。

这一革命在上世纪下半叶发生在英国，后来相继发生于世界各文明国家"。① 在分析美国的工人运动时，恩格斯写道："农民的大规模被剥夺才给现代雇佣工人阶级奠定了基础，这些工人除了自己的劳动力，一无所有，只有向别人出卖劳动力，才能活命。"②

工业革命与资本是无产阶级壮大与发展的主要条件，马克思主义经典作家指出："产业革命到处都促使无产阶级和资产阶级以同样的速度发展起来。资产阶级愈发财，无产者的人数也就愈众多。因为只有资本才能使无产者找到工作，而资本也只有在使用劳动的时候才能增殖，所以无产阶级的增长是和资本的增长完全一致的。"③ 马克思指出，资本的积累"再生产出规模扩大的资本关系：一极是更多的或更大的资本家，另一极是更多的雇佣工人……因此，资本的积累就是无产阶级的增加"④。关于这个阶级的使命，马克思主义经典作家的论述也较多，在标志着马克思、恩格斯完成世界观和历史观转变的重要文献《〈黑格尔法哲学批判〉导言》一文中，马克思首次阐明了无产阶级的历史使命，指出无产阶级是唯一能够消灭任何奴役、实现人的解放的阶级。马克思认为："无产阶级宣告迄今为止的世界制度的解体，只不过是揭示自己本身的存在的秘密，因为它就是这个世界制度的实际解体。"⑤ 无产阶级对私有制的否定就是它存在的历史使命，"无产阶级要求否定私有财产，只不过是把社会已经提升为无产阶级的原则的东西，把未经无产阶级的协助就已作为社会的否定结果而体现在它身上的东西提升为社会的原则。"⑥

在《共产党宣言》中，马克思、恩格斯就进一步明确了无产阶级的最终使命："在当前同资产阶级对立的一切阶级中，只有无产阶级是真正革命的阶级。其余的阶级都随着大工业的发展而日趋没落和灭亡，无产阶级却是大工业本身的产物。中间等级，即小工业家、小商人、手工业者、农

---

① 《马克思恩格斯全集》（第四卷），人民出版社，1958，第 357 页。
② 《马克思恩格斯选集》（第四卷），人民出版社，2012，第 273 页。
③ 《马克思恩格斯全集》（第四卷），人民出版社，1958，第 363 页。
④ 《马克思恩格斯选集》（第二卷），人民出版社，2012，第 76 页。
⑤ 《马克思恩格斯选集》（第一卷），人民出版社，2012，第 15 页。
⑥ 《马克思恩格斯选集》（第一卷），人民出版社，2012，第 15 ~ 16 页。

民，他们同资产阶级作斗争，都是为了维护他们这种中间等级的生存，以免于灭亡……他们甚至是反动的，因为他们力图使历史的车轮倒转。"① 因此，资产阶级必然灭亡，无产阶级必然胜利都是不可避免的。马克思在其《资本论》第一卷中分析了资本主义的内在矛盾，之后指出："这个阶级的历史使命是推翻资本主义生产方式和最后消灭阶级。这个阶级就是无产阶级。"②

《在〈人民报〉创刊纪念会上的演说》是马克思于 1856 年 4 月 14 日在纪念英国宪章派报纸《人民报》创刊四周年的宴会上的演说。在这篇演说中，马克思简明扼要地阐述了唯物史观和无产阶级革命理论。他指出：在资本主义社会，生产力与生产关系之间的对抗是不可避免、毋庸争辩的事实，它必然引起无产阶级革命，这种革命意味着无产阶级在全世界的解放；无产阶级是新生产力的代表，肩负着彻底改造旧世界的历史使命。马克思以铿锵有力的语言宣告："历史本身就是审判官，而无产阶级就是执刑者。"③

列宁则对俄国无产阶级如何形成以及这个阶级在俄国的使命进行了专门论述。在批判海洛夫斯基关于"俄国需要创造无产阶级"这一观点时，对无产阶级的概念进了界定。认为那些被逼得走投无路、横遭剥削、生活状况堪忧的人在俄国比比皆是，这些人形成的阶级就是无产阶级。他指出："俄国还需要创造无产阶级?! 在俄国，只有在俄国，才能看到群众穷得走投无路，劳动者横遭剥削，它的贫民生活状况往往被拿来同英国相比（而且比得合情合理）；千百万人民忍饥挨饿是经常的现象，而粮食输出却在日益增加。在这样的俄国，竟没有无产阶级!!"④ 之后，列宁在多处对无产阶级进行了论述。可见，无产阶级在俄国是普遍的存在，即靠出卖自己的劳动而不是靠某一种资本的利润来获得生活资料的社会阶级。土地和劳动工具的私有制是资本家对这个阶级进行剥削的基础，私有制使工人群

---

① 《马克思恩格斯选集》（第一卷），人民出版社，2012，第 427 页。
② 《马克思恩格斯选集》（第二卷），人民出版社，2012，第 90 页。
③ 《马克思恩格斯选集》（第一卷），人民出版社，2012，第 777 页。
④ 《列宁选集》（第一卷），人民出版社，2013，第 165 页。

众陷于赤贫境地，迫使他们把自己的劳动出卖给资本家，把工人除了维持自己生活以外的全部剩余劳动产品白白送给资本家。

对于无产阶级，为这个阶级而奋斗的政党应该向这个阶级宣传和解释资本家的这种剥削怎样必然地引起工人同资本家的阶级斗争，这个斗争的条件及其最终目的又是怎样的。向这个阶级说明"工人阶级的斗争是政治斗争"① 这一道理和目的。也就是说，要向工人阶级说明，他们"不争得对国家事务、国家管理、发布法令的影响，就不可能进行争取自身解放的斗争"②。可见，无产阶级的唯一出路就是对资产阶级进行阶级斗争。工人阶级的先进代表在解放无产阶级的过程中发挥着重要作用，正如列宁所指出的："工人阶级的先进代表领会了科学社会主义思想，领会了关于俄国工人的历史使命的思想时，当这些思想得到广泛的传播并在工人中间成立坚固的组织，把他们现时分散的经济战变成自觉的阶级斗争时，俄国工人就会起来率领一切民主分子去推翻专制制度，并引导俄国无产阶级（和全世界无产阶级并肩地）循着公开政治斗争的大道走向胜利的共产主义革命。"③

2. 农民的无产阶级化：概念及其演进

根据马克思主义的传统观点，无产阶级化是一个与工业化、城市化进程有着密切联系的历史过程，农民发生分化并沦为无产阶级在一定程度上是资本主义社会发展的必然。认为在资本主义农业生产方式之下，大生产排挤小生产，小农必然消亡，农民的分化与无产阶级化既是资本主义发展的驱动力，也是必然结果。

马克思、恩格斯分析指出，随着商品经济在农村的蔓延与发展，英国率先出现农业中资本主义生产关系取代封建主义生产关系的过程。英国农村逐步形成人口的"两极分化"，即占有生产资料的资产阶级与他们所雇用的无产阶级；部分被剥夺的农民则流入城市，成为推动工业发展的"双重自由劳工"。通过对生产资料的占有进而完成资本对农业、农村的控制，

---

① 《列宁专题文集：论无产阶级政党》，人民出版社，2009，第 20 页。
② 《列宁专题文集：论无产阶级政党》，人民出版社，2009，第 20 页。
③ 《列宁选集》（第一卷），人民出版社，2012，第 81 页。

这是农民无产阶级化的重要基础。马克思就指出："资本主义生产一旦占领农业，或者依照它占领农业的程度，对农业工人人口的需求就随着在农业中执行职能的资本的积累而绝对地减少，而且对人口的这种排斥不像在非农业的产业中那样，会由于更大规模的吸引而得到补偿。因此，一部分农村人口经常准备着转入城市无产阶级或制造业无产阶级的队伍，经常等待着有利于这种转化的条件。"① 恩格斯在《英国状况》一文中指出：在英国农村，"土地都划分成数量不多的大庄园，并以庄园为单位出租。大租佃者的竞争把小租佃者和自耕农从市场上排挤出去，使他们穷困潦倒；于是他们就变成雇农和靠工资生活的织工，这些人大批流入城市，使城市以极其惊人的速度扩大起来。"②

在俄国资本主义发展过程中，农村也存在尖锐的阶级矛盾，旧的宗法式农民已分化为富农、中农和小农。因此，列宁分析指出，在未来，小农必然会被彻底瓦解，绝大多数中农会沦为贫农或破产为无产者，继而形成农业中资产阶级和无产阶级的直接对立。列宁在分析俄国资本主义发展时指出："从工役制最终过渡到资本主义的基础，是小农经济的自由发展，这种小农经济由于剥夺地主土地有利于农民而获得了巨大的推动力。整个土地制度将变成资本主义制度，因为农奴制的痕迹消灭得愈彻底，农民的分化就进行得愈迅速。"③

在此之后，西方一些学者在马克思主义作家的经典论述和判断的基础上发展了无产阶级化这一理论。如查尔斯·蒂利（Charles Tilly）就指出，无产阶级化的历程并非一个和工业化相联系的过程；毋宁说，它是一个和资本主义的进展有着密切关联的历史过程；无产阶级化并非仅仅发生在工业部门，也发生在农业和服务业中。④ 而且他援用欧洲工业化的史实分析了在欧洲的很多地方，工业化首先从乡村开始的，无产阶级化的历程也首先发生在乡村之中。根据蒂利的考察，"在19世纪和20世纪期间……制造

---

① 《马克思恩格斯文集》（第五卷），人民出版社，2009，第739~740页。
② 《马克思恩格斯文集》（第一卷），人民出版社，2009，第96页。
③ 《列宁选集》（第一卷），人民出版社，2012，第162页。
④ 刘建洲：《无产阶级化历程：理论解释、历史经验及其启示》，《社会》2012年第2期，第51页。

业和工人涌向城市……制造商住在他们能降低获取原料的成本和使他们的产品接近市场的地方,可以正确地假定,工人们将会到制造商所在的地方去。"① 之后,蒂利在他的研究中打破了工业化与城市、技术变革必然联系在一起的思维框架,打破了无产阶级产生于城市和工厂之中的传统逻辑。这就是在题为《欧洲无产阶级的人口学起源》的文章中所区分的无产阶级化的两个明显不同的历史逻辑:其一,工人日益与生产资料相分离,这意味着剥夺(expropriation)的不断增长;其二,工人越来越依靠出卖劳动力而生活,这意味着雇佣劳动的不断增长。②

在马克思看来,无论是剥夺还是雇佣劳动,都是一个异化的过程。因此,剥夺、雇佣劳动及其所包含的异化形式,构成了无产阶级的基本条件。马克思认为,即使资本在进入生产过程的时候是资本使用者本人挣得的财产,它迟早也要成为不付等价物而被占有的价值,成为无酬的他人劳动在货币形式或其他形式上的化身。工人是"财富的人身源泉,但被剥夺了为自己实现这种财富的一切手段。因为在他进入过程以前,他自己的劳动就同他相异化而为资本家所占有,并入资本中了,所以在过程中这种劳动不断对象化在为他人所有的产品中"③。蒂利则指出,从历史的角度看,剥夺和雇佣劳动未必一定联系在一起。可能存在这样的历史场景,即:特定的社会中存在严酷的剥夺,但没有雇佣劳动的存在。譬如,在矿场工作的工人,因为工作外包的原因,老板可以实现对工人的剥夺,但工人的劳动并非雇佣劳动。同时,也可能存在另一种情形,即:特定社会中存在雇佣劳动,但没有剥夺的发生。蒂利最后得出结论指出,无产阶级化的历程既可以表现为资本主义化的雇佣劳动,也可以表现为劳动关系的非资本主义化和超级剥夺。④

---

① 查尔斯·蒂利:《强制、资本和欧洲国家》,魏洪钟译,上海世纪出版集团,2007,第55页。

② 刘建洲:《无产阶级化历程:理论解释、历史经验及其启示》,《社会》2012年第2期,第58页。

③ 《资本论(纪念版)》(第一卷),人民出版社,2018,第658页。

④ 刘建洲:《无产阶级化历程:理论解释、历史经验及其启示》,《社会》2012年第2期,第58页。

美国学者富兰克林·门德尔斯于 1971 年考察了农村工业化进程中的无产阶级化问题，并将农村的工业化称为"原工业化"，对此进行了界定。原工业化"的标志不仅是传统组织的，而且是市场导向的，主要是乡村工业的迅速增长。它还伴随着乡村经济的空间组织的变化"①。并在他之后的文章中进一步阐释了农业和工业之间的关系："为什么农业和工业间的这种联系会提供打破平衡的力量，促使地区经济沿着可能导致现代工业的一种内卷的然而是扩张的道路前进"。②

国内有学者结合中国改革开放以来的具体实践研究中国农民无产阶级化的演进和消解过程问题，认为进入全球化时代以来，中国的工人阶级、无产阶级这一概念正在"消解"。也有学者从国家干预等方面分析了农民工无产阶级化的中断问题，认为改革以来中国农民工的无产阶级转化由于国家力量的干预而并未完成，不得不处于"未完成的无产阶级化状态"。③农民工作为劳动的主体，其劳动力的出现、使用与再生产在空间和社会意义上被割裂和拆分开来，他们的劳动力以工人的身份在城市被使用，却必须回到农村、以农民的身份得到再生产。

3. 关于农民工的半无产阶级化

半无产阶级的概念并非国内外学界首创，马克思主义经典作家也都曾针对半无产阶级展开过论述。在马克思那里，资本的原始积累也是直接生产者无产阶级化的过程。但是，在他那里，"至少在成熟的资本主义经济中，半无产阶级化的工人将和原始积累一道趋于消失"④。

列宁则结合后发资本主义国家（德国和俄国）的历史，考察了半无产阶级化的工人对于这些国家的资本积累及其在世界市场中参与竞争的重要作用。列宁在研究俄国资本主义发展时，看到了在农村中出现的一种新类

---

① 富兰克林·门德尔斯：《原工业化：工业化的第一阶段》，《经济史杂志》1972 年第 32 期，第 241 页。
② 王加丰：《原工业化：一个被否定但又被长谈不衰的理论》，《史学理论研究》2002 年第 3 期，第 123 页。
③ 刘建洲：《无产阶级化历程：理论解释、历史经验及其启示》，《社会》2012 年第 2 期。
④ 孟捷、李怡乐、张衔：《非自由劳工与现代资本主义劳动关系的多样性》，《贵州大学学报（社会科学版）》2012 年第 6 期，第 4 页。

型的无产阶级，即具有份地的雇佣工人阶级。1920 年 6 月，他在为共产国际第二次代表大会草拟的《土地问题提纲初稿》中说："一切资本主义国家内，农村被剥削劳动群众有以下几个阶级：第一，农业无产阶级即雇佣工人（年工、季节工、日工），他们靠受雇于资本主义农业企业来获得生活资料……第二，半无产者或小块土地农民，他们一方面依靠在资本主义农业企业或工业企业中出卖劳动力，另一方面依靠在仅能给他们家庭生产一部分食物的小块私有的或租来的土地上耕作，来获得生活资料……第三，小农，他们拥有自己的或租来的一块不大的土地，可以应付他们全家以及经营上的需要，并不另外雇用劳动力。"①

列宁在分析俄国资本主义的发展时指出了农民分化的趋势和结果，认为在资本主义分化过程中，农民中一方面分化出农业资产阶级，另一方面分化出农业无产阶级和半无产阶级。② 并把半无产阶级涵盖在一切被剥削的劳动者的范畴之中。由于俄国是一个农民占绝对多数的国家，被剥削的劳动群众主要是农村中的三部分人，列宁后来也就径直把"被剥削的劳动群众"和"半无产阶级"用作"贫苦农民"的同义语。例如 1918 年 11 月，列宁在《无产阶级革命和叛徒考茨基》一文中说：无产阶级应该把资产阶级民主革命进行到底，这就要求无产阶级联合农民，中立自由资产阶级，彻底摧毁君主制、中世纪制度和地主土地占有制，"无产阶级联合全体半无产阶级（一切被剥削的劳动者），中立中农，推翻资产阶级，这就是与资产阶级民主革命不同的社会主义革命"③。紧接着列宁又写道："起初同'全体'农民一起，反对君主制，反对地主，反对中世纪制度（因此，革命还是资产阶级革命，是资产阶级民主革命）。然后同贫苦农民一起，同半无产阶级一起，同一切被剥削者一起，反对资本主义，包括反对农村的财主、富农、投机者，因此革命变成了社会主义革命。"④

毛泽东在《中国社会各阶级的分析》一文中对中国农村的半无产阶级

---

① 《列宁选集》（第四卷），人民出版社，2012，第 224～225 页。
② 《列宁全集》（第三卷），人民出版社，2013，第 145、149、154 页。
③ 《列宁选集》（第三卷），人民出版社，2012，第 652 页。
④ 《列宁选集》（第三卷），人民出版社，2012，第 657 页。

专设章节进行分析。不仅详细分析了中国农村半无产阶级所涵盖的人群，还特别强调，"所谓农民问题，主要就是他们的问题"①。他在文章中得出这样的结论："综上所述，可知一切勾结帝国主义的军阀、官僚、买办阶级、大地主阶级以及附属于他们的一部分反动知识界，是我们的敌人。工业无产阶级是我们革命的领导力量。一切半无产阶级、小资产阶级，是我们最接近的朋友。那动摇不定的中产阶级，其右翼可能是我们的敌人，其左翼可能是我们的朋友——但我们要时常提防他们，不要让他们扰乱了我们的阵线。"②

无论是列宁还是毛泽东，马克思主义理论家在分析半无产阶级阶级时都是以农民被剥削的程度来界定和划分的，即所谓的"被剥削的劳动群众"。列宁所说的"被剥削的劳动群众"，除少数例外，大多数是"贫苦农民"和"半无产阶级"的同义语，大体上也就是毛泽东所界定的雇农、贫农和下中农。

改革开放初期，学界还针对近代中国农村有没有无产阶级和半无产阶级进行过争论。以王小强等为代表的学者认为近代中国不存在农村无产阶级和半无产阶级，指出曾经是人们所公认的命题——"中国是一个小资产阶级汪洋大海的国家"并不科学。"严格说来，近代中国的广大劳动农民，不仅称不上农村无产阶级或半无产阶级，甚至是否能够称为小资产阶级，其阶级属性是否能够与近代城市小手工业者混为一谈，也是大有探讨余地的。"③ 也有学者进一步分析了近代中国农村不存在无产阶级和半无产阶级的原因。第一，中国农村不存在资本主义大农业生产方式。第二，中国农村基本没有农业资本主义经营方式。在中国，除极个别外，几乎没有农业资本主义，也没有农业资本家和农业工人。第三，掌握中国农村经济命脉的不是商品经济和商品交换。在中国农村经济中，虽然出现了商品经济和商品交换关系的渗透，但它们并不对中国农村经济起决定作用。第四，传

---

① 《毛泽东选集》（第一卷），人民出版社，1991，第6页。
② 《毛泽东选集》（第一卷），人民出版社，1991，第9页。
③ 王小强：《中国农民的阶级属性雏议——近代中国有一个农村无产阶级和半无产阶级吗？》，《学习与探索》1980年第5期，第10页。

统意义上所谓的"穷"，并不能成为阶级划分的标志，近代中国农村的雇农只是"无产者"，而不是无产阶级。[①]

改革开放以来，在中国经济转型的历史进程中，出现了一个特殊的社会群体——农民工。这个阶层成员，就业于生产、流通、服务等各种经济环节，在制造业、建筑业、采掘业、商业、运输、餐饮、环卫乃至居民服务等行业都有他们的身影。这一社会群体吸引了众多学界学者的关注。对农民工问题的无产阶级化分析成为当前学界讨论的一个热点问题。目前，在学界对农民工问题的无产阶级化讨论中，较为一致的看法就是农民工没有完成马克思主义经典作家所论述的无产阶级化的过程，而是处在半无产阶级化的状态。以孟捷、潘毅、孟庆峰等为代表的国内学者用政治经济学的视角分析了这一半无产阶级化过程。如孟庆峰就指出："农民工是当今中国工业化、城市化进程中出现的事物，从政治经济学的角度来说，它是半无产阶级化和劳动力商品化的结合。"[②] 并以波兰尼的视角进一步指出了"半无产阶级化"存在的必然性，认为"半无产阶级化"是波兰尼社会"大转变"过程中不可缺少的一个环节，劳动力一方面被商品化为资本积累服务，同时又有一定程度的"去商品化"，是一种"社会的自我保护运动"。但是中国农民工的半无产阶级化是在农村取消集体经济而重归小农经济的条件下，劳动力的再生产阶段同被商品化的劳动力使用阶段一样失去了社会保护。[③]

半无产阶级化条件下农民工的阶级属性问题也得到了探讨。农民工从事的职业十分广泛，除最基本的产业工人以外，还包括保洁、保安、餐饮、家政等行业的服务人员，除了受雇于雇主，靠劳动力价值为生以外，一部分人成为小手工业者、小商贩等个体经济劳动者。产业工人是农民工群体中的主体，但农民工与马克思主义政治经济学意义上的产业工人还不

[①] 《我国有没有农村无产阶级和半无产阶级?》，《中共山西省委党校学报》1981 年第 1 期，第 85 页。

[②] 孟庆峰：《农民工的半无产阶级化与积累的社会结构》，《电子世界》2012 年第 8 期，第 166 页。

[③] 孟庆峰：《半无产阶级化、劳动力商品化与中国农民工》，《海派经济学》2011 年第 1 期，第 144 页。

同。农民工与通常意义的产业工人不同，首先是因为他们的农民身份。就其普遍特征而言，构成农民工群体的劳动者在没有成为农民工之前，都是居住在农村地区从事农业生产的农民。长期的农业生产环境造成了他们吃苦耐劳的品格。他们以农户家庭为基本生产单位，在承包的土地上从事农业生产以获取经济生活来源。承包土地作为他们就业的基本手段，使他们的就业具有自然性质，不需要别人安排或在劳动力市场上接受雇主的雇用。这样的就业方式使得农村、农业成为他们生活的基本保障。正是这种保障使他们即使进入工厂、城镇，仍然保持着自己与农村、农业的密切经济联系，而这种联系影响着他们在就业时对收入的考虑，也正是这种联系使得他们成为"农民工"。由于从事职业的广泛性和身份的特殊性，对农民工群体的阶级属性界定也就显得较为复杂。

目前学界认为农民工介于双重阶级身份的认同过程中，即认为农民既是农民阶级又是工人阶级，强调农民工是农民的一部分，在进城务工的同时加入工人阶级队伍中来，转化为新时期工人阶级的成员，一样为社会经济发展做出重大贡献。对此，有学者指出："'农民工'是在特有的历史社会背景和改革过程中，以及由此形成的经济体制、社会管理体制下形成的一个劳动者群体。'农民工'是传统政治经济学中没有的概念，需要在特有的国情背景下加以理解。"①

同时，学界还就农民工半无产阶级化的未来路径进行了分析，主要的观点为应该打通农民工半无产阶级化到完全、彻底无产阶级化的渠道。如孟捷认为："农民工最终应该在制度上被消灭，和发达国家经历的历史过程一样，完成向无产阶级化的过渡。"② 张俊山从提高农民工收入的角度提出了半无产阶级化的未来趋势："当前的农民工阶层是中国劳动者发展的一个历史阶段，今后他们将进一步向工人阶级的更高阶段发展，在此过程中，应不断提高他们在劳资关系中的经济与社会地位，促进他们掌握现代

---

① 张俊山：《收入分配领域矛盾的集中表现——农民工收入问题》，《华南师范大学学报》（社会科学版）2017年第3期，第58页。
② 孟捷：《农民工、竞争性地方政府和社会主义 - 政党国家——改革开放以来中国的经济制度和经济学话语》，《东方学刊》2019年第1期，第50页。

工业技术，使他们的各方面素质不断提高。"[1] 刘冠军和尹振宇从工业文明和发展的演进历程中分析了半无产阶级化最终的去向的是"去无产阶级化"。他们提出："商品的生产经历了'工场手工业—机器大工业—知识经济—人工智能'四个时期的发展，而劳动者随着生产技术的进步也大致经历了'准无产阶级—无产阶级—半无产阶级—去无产阶级化'四个阶段。工业 4.0 时代劳动者'去无产阶级化'的过程暗合从社会主义向共产主义过渡的演进逻辑，是实现社会主义市场经济下劳动者自由而全面发展的重要途径。"[2] 也有学者认为通过彻底的市民化来实现农民工的半无产阶级化趋势。主张通过回流解决农民工问题，同时以小城镇为农民工回流的主要阵地，完成半无产阶级化向市民化的转变，即所谓的"回流式市民化"。如潘华就指出："新生代农民工是一群有自我意识和行动能力的主体，正在实践中积极探索市民化的出路，由大城市回流到户籍所在的中小城市，在打工积累的基础上转向自主创业或正规就业，从而实现市民化的目的。"[3] 此外，也有学者分析，当回流伴随着沿海企业向内地迁移时，也有可能使曾经双重脱嵌于乡村和城市社会的农民工实现"再嵌入"。[4]

　　另有学者就劳动力商品化与农民工的半无产阶级化之间的关系进行了探讨。马克思并没有区分劳动力商品化和无产阶级化，而是将两者视为同一个过程。所谓"双重自由"，在马克思那里既被看作劳动力商品化的条件，也被看作直接生产者无产阶级化的条件。根据列宁对马克思劳动力商品理论的发展与贡献，我们已经知道，劳动力的商品化不必依赖于彻底的无产阶级化，而且往往与半无产阶级化相联系。[5] 随着研究的深入，学者们发现半无产阶级化不仅不与资本积累矛盾，而且资本积累对半无产阶级

---

① 张俊山：《收入分配领域矛盾的集中表现——农民工收入问题》，《华南师范大学学报》（社会科学版）2017 年第 3 期，第 58 页。

② 刘冠军、尹振宇：《工业 1.0 到 4.0 演进视角下的劳动者无产阶级属性分析》，《北京行政学院学报》2019 年第 4 期，第 64 页。

③ 潘华：《"回流式"市民化：新生代农民工市民化的新趋势——结构化理论视角》，《理论月刊》2013 年第 3 期，第 171 页。

④ 黄斌欢、徐美玲：《工厂内迁与劳工的再嵌入——江西陶瓷厂的工厂政体研究》，《学术研究》2015 年第 6 期，第 46 页。

⑤ 《列宁全集》（第三卷），人民出版社，1984，第 151 页。

化的工人乃至非自由劳动存在结构性依赖。对此，孟捷和李怡乐指出，劳动力商品化的直接原因是劳动力再生产对市场的依赖，正是因为劳动者日益依赖市场来获得劳动力再生产所需要的生活资料，才导致劳动力商品化。只有打破直接生产者对生活资料的所有权，他们才会寻找工业就业的机会。中国的改革就体现了劳动力的商品化、半商品化和劳动者的半无产阶级化是相容的。① 总之，劳动力的商品化不一定要求劳动者无产阶级化，劳动者再生产对市场的依赖是劳动力商品化的必要条件。

（三）中国农村劳动力半商品化的主要表现

在上文中已经提出，中国农村劳动力不同于马克思、恩格斯所论述的劳动力商品，而是更多地体现出一种半商品化的倾向。众所周知，马克思在论述资本主义社会劳动力彻底商品化时有一个基本前提，即劳动力的"双重自由"，这种情况与社会主义条件下的劳动力商品大为不同，农民工在将自己的劳动力商品出卖之前，他们本身并没有和其依赖生存的生产资料——土地相分离。此外，马克思所指出的："劳动力一经出卖而和生产资料相结合，它就同生产资料一样，成了它的买者的生产资本的一个组成部分。"② 这种情况造成了资本主义社会工人和资本家的对立，因为"劳动力实现的条件——生活资料和生产资料——已经作为他人的财产而和劳动力的所有者相分离了"③。资本主义市场经济条件下的这种对立体现在两个方面：一方面，生产资料是作为他人的财产而和劳动力的所有者相对立的；另一方面，劳动的卖者是作为他人的劳动力而和它的买者相对立的。而在中国，劳动力商品化是在社会主义市场经济条件下根本利益一致的基础上的交换行为，体现了社会主义社会劳动力商品的特征和属性。

中国农村劳动力的半商品化主要表现在以下几个方面。首先，马克思劳动力价值理论下的劳动力商品化是"双重自由"下的劳动力的彻底商品

---

① 孟捷、李怡乐：《改革以来劳动力商品化和雇佣关系的发展——波兰尼和马克思的视角》，《开放时代》2013 年第 5 期，第 74 页。
② 《资本论》（第二卷），人民出版社，2004，第 38 页。
③ 《资本论》（第二卷），人民出版社，2004，第 38 页。

化，即无产阶级化是劳动力商品化的必然条件，这是马克斯·韦伯所说的"理想模型"①。正如当代西方主流经济学家所指出的："马克思之所以能够抓住历史，就是因为它以一种真正资本主义关系的理想的、典型的内部组织形式科学地反映了这种历史现实。"② 社会主义市场经济条件下中国的农民工并不符合马克思意义上的"双重自由"，他们是劳动力的真正所有者。在中国，农民工是有土地的，耕种土地和城市打工都是农民工的收入来源，故农民工并非彻底的劳动力商品，回流是进城务工的农民工因无法完成向市民转化而做出的一种可能性和现实性选择，是劳动力半商品化矛盾积累的一个总爆发。其次，外出的农民工可以选择重新回到农村，再一次和自己的生产资料相结合，或选择就地就业，参与当地的新型城镇化进程。也就是说，大量农民工回流可以作为社会主义条件下解决农民工问题的应对之策，但并非长久之计。最后，不断回流的农民工成为马克思意义上的产业后备军的一个重要组成部分，但在马克思那里，相对过剩人口形成的产业后备军是失业存在的根源和趋势。需要指出的是，在此问题上，马克思没有论述劳动力供给的增长问题。马克思忽略了这一点，即失业只有在劳动力供给的增长超过劳动力需求的增长时才会产生，即使对劳动力的需求增长缓慢，如果没有劳动力供给的更快增长，也不会有失业，失业也就不会成为社会动荡的根源。在中国，目前我们看到的回流的农民工所构成的产业后备军并未像马克思所说的那样，对受雇用的工人形成压力，是一个社会失业的根源，但如果中国农村劳动力半商品化问题处理不好，在短期的效益发挥殆尽之后，长期的不利因素便会体现出现，在一定程度上成为马克思意义上的社会动荡的根源。

还需要指出的是，社会主义市场经济条件下大批农民工回流，是资本积累的产业和空间配置规律主导下中国农村劳动力半商品化的必然结果。回流就是这种劳动力半商品化所积累的矛盾的一个爆发。这也表明，中国

---

① 马克斯·韦伯：《社会科学方法论》，中央编译出版社，2008，第 185 页。
② 威廉·拉佐尼克：《车间的竞争优势》，徐华、黄虹译，中国人民大学出版社，2007，第 11 页。

农村劳动力半商品化过程中存在的问题和矛盾必须引起我们的高度重视。尤其是国际金融危机后，相关矛盾暴露出来，农民工回流可以说是这些矛盾累积的结果。对于资本而言，回流解决了它所面临的问题，因为甩掉了包袱。但对于农民工和国家而言，潜在的问题表象化了，浮现出来了，同时也必须进行解决了。

第五章 对中国农村劳动力半商品化趋势的合理突破

农村劳动力半商品化的存在为中国改革开放以来推进城镇化进程提供了重要的条件，它的积极影响是客观存在的，同时它所带来的负面效应也必须引起我们的高度重视。

一 中国农村劳动力的半商品化为中国的经济社会发展提供动力

关于劳动力半商品化的存在状态为社会带来的积极影响，以下将从三个方面展开探讨。

首先，劳动力半商品化的存在是资本快速积累的一个重要条件。马克思把资本分为不变资本和可变资本，其中可变资本的物质内容是劳动力。他指出："劳动力一经出卖而和生产资料相结合，它就同生产资料一样，成了它的买者的生产资本的一个组成部分。"① 在《资本论》中，类似的论述还有不少。马克思的意思很明确：劳动力商品化的结果就是它的资本化，它的价值是生产资本价值的组成部分，而且半商品化的存在使得资本家并未对劳动力再生产的过程完全负责，因此进一步加速了资本的积累过程。

在新的实践基础之上，美国学者威尔森考察了劳动力半商品化为资本积累所带来的好处这一问题。他指出，利用劳动力处于半商品化阶段中的

---

① 《资本论》（第二卷），人民出版社，1975，第 38 页。

半无产阶级化的工人，可以为资本积累提供各种形式的补贴，以巩固资本的盈利能力。他将这种补贴称为"劳动补贴"（labor subsidy）。① 并且，他从五个方面分析了给资本带来的益处。第一，资本无须为半无产阶级化的工人提供劳动力再生产的全部费用，和"双重自由的"雇佣工人相比，半无产阶级化的工人只能取得更为低廉的工资。第二，半无产阶级化的工人往往在原材料和能源生产等部门就业。换言之，凭借使用半无产阶级化的工人，这些部门可以依靠低廉的工资成本提供价格低廉的原材料和能源供给，从而有利于全社会的资本积累。第三，在水利、港口、公路等大型基础设施建设中普遍采用了低成本的半无产阶级化工人，这既降低了基础设施的建设成本，也使得资本有可能享受廉价的基础设施服务。第四，维持半无产阶级化的现状，意味着工人的一部分生计不必依靠市场。这有助于避免完全的无产阶级化所可能导致的农产品价格上涨，从而抑制了通胀的压力。第五，来自农村地区的服务业农民工为城市生活提供的低成本商品和服务，如餐饮、理发等，帮助稳定了城市工人的工资增长要求。② 威尔森以上的分析都是："从供给方面削减了成本，从而有助于避免因成本上升造成的利润挤压。在此意义上，这些补贴形式是提高利润率和刺激资本积累的重要因素。"③

其次，劳动力半商品化为国际国内市场提供了廉价且富有弹性的劳动力。改革开放以来，随着引进外资以及外商投资环境的不断优化，外商直接投资企业的数量在中国逐年增长，而中国的农民工在这些企业中的就业规模也在持续增长。自 2001 年中国加入 WTO 开始，中国已经深度融入市场经济体系，积极参与全球分工，依靠廉价劳动力成为满足全球市场需求的"世界工厂"，同时也成为发达国家资本输出与利润攫取的重要场所。在此，我们以富士康为例进行分析，早在 2010 年 6 月，富士康未向中国内

---

① 孟捷、李怡乐、张衍：《非自由劳工与现代资本主义劳动关系的多样性》，《贵州大学学报》（社会科学版）2012 年第 6 期，第 5 页。

② Tamar D. Wilson, "Primitive Accumulation and the Labor Subsidies to Capitalism," *Review of Radical Political Economics* 44（2012）: 2 - 8.

③ 孟捷、李怡乐、张衍：《非自由劳工与现代资本主义劳动关系的多样性》，《贵州大学学报》（社会科学版）2012 年第 6 期，第 5 页。

陆地区迁移之时，富士康在中国大陆的雇佣工人就在80万人以上，其中有40多万人在深圳。之后，富士康在内陆地区开始大规模招聘，在河南、武汉、重庆、淮安、天津等地大量招人。据《中国青年报》2010年5月的报道，富士康在全球雇工100万人以上，其中有90万人来自中国大陆，其中又有85%是青年农民工。随着富士康公司向中国内陆地区的扩张，加入富士康的农民工数量继续扩大。当然，这100万余名员工除了农民工还有毕业大学生以及职业教育毕业的学生等。

跨国资本包括本国的资本之所以能够源源不断地以低于绝大多数国家市场的价格雇用到中国的大量劳动力，前提是中国社会转型中存在大量的农村剩余劳动力，以及大量农民工劳动力半商品化的存在。农民工一方面进城务工，另一方面在农村又有土地生产资料，这使得他们对雇主的依赖减轻了很多。由于农民工长期进城务工，生活在城市，但是他们的子女、父母等多在农村，他们还要进行劳动力再生产，就是必须有养老、医疗以及孩子的教育，也就是要培育新一代劳动力。而农民工所获得的工资仅仅是维持其自身生活的工资，而资本可以不用为农民工的劳动力再生产买单。也就是说一个雇主如果雇用农民工的话，它不需要覆盖其劳动力再生产的全部费用。

根据马克思的分析，在资本主义生产方式中，工人的个人消费，即劳动力再生产是隶属于资本积累的，并构成了资本积累的组成部分。劳动力须经出卖以换取货币，才能购买相应的产品和服务，完成自身的再生产。这一过程既为剩余价值的生产，也为剩余价值的实现创造了条件。马克思从劳动力再生产的角度规定了劳动力价值，提出后者涵盖工人为了维持自身生存、抚育子女以及通过教育获得劳动技能所需的生活资料价值的总和。重要的是，马克思还假定，劳动力价值的补偿完全是以工资形式进行的。换言之，生产者已不再可能在直接工资之外，即在纯粹的资本主义生产方式之外取得生存资料。这意味着，依照马克思的假定，劳动力价值是和一个彻底无产阶级化了的世界相对应的。但在农民工身上不是这样的存在，"概而言之，因为农民工的劳动或就业与其劳动力再生产在空间和制度上是分割的，结果造成了他们的工资成本低廉。如果雇主雇一个城里人就不一样了，城里人要在城市买房，要在城市养老，孩子要在城市上学，所有这些费用公司都得负担。农民工不需要这些，所以他的工资就比一般城镇职工低了很多。"[①]

在此，我们所谓的"廉价"主要体现在以下两个方面：一是工资水平低；二是非工资性的成本低。[②] 就工资水平而言，即使近年来农民工工资水平有较大幅度的提高，但仍然显著低于城镇职工的工资水平。在非工资性成本方面，农民工通过租赁廉价房、无社会保障等为城镇发展节省了需要支付的高额成本。从这个意义上来讲，农民工难以形成对自身人力资本的投资，也难以保护自身已形成的人力资本。所谓的"富有弹性"主要是指劳动力供给弹性，即劳动力供给量变动对工资率变动的反应程度（被定义为劳动力供给的工资弹性）。在劳动力富有弹性的情况下，劳动力供给量变动的百分比大于工资率变动百分比。对此，国内学者结合中国改革开放以来的具体实践，分析了农民工的半无产阶级化提供的廉价劳动力所带来的社会影响，即廉价的劳动力并没有起到社会自我保护的作用；相反，半无产阶级化与劳动力商品化结合产生了一种缺乏社会保护的劳动力商品化，即劳动力半商品化。指出，农民工的"半无产阶级化实际上变相地补贴了雇主，为企业提供了充足的低工资且富有弹性的劳动力"[③]。

最后，劳动力半商品化有利于农民工收入的提高。劳动力半商品化的一个不可替代的优势在于它使得农民在自己土地经营收入的基础之上，可以有进城务工的额外收入。从这个意义上来说，它是提高农民工收入的重要途径。改革开放以来，承包土地仍是农民工就业的基本手段，农民工以农户家庭为基本生产单位，在承包的土地上从事农业生产以获取经济生活来源，这就使得他们无须依赖劳动力市场上的雇主们，即"他们的就业具

---

① 孟捷：《农民工、竞争性地方政府和社会主义政党－国家——改革开放以来中国的经济制度和经济学话语》，《东方学刊》2019 年第 1 期，第 48 页。
② 辜胜阻、易善策、郑凌云：《基于农民工特征的工业化与城镇化协调发展研究》，《人口研究》2006 年第 5 期。
③ 孟庆峰：《农民工的半无产阶级化与积累的社会结构》，《电子世界》2012 年第 8 期，第 167 页。

有自然性质，不需要别人安排或在劳动力市场上接受雇主的雇用"①。这样的就业方式使得农村、农业成为农民工生活的基本保障。但正如学者所指出的："尽管农村经济为农民工的生活与就业提供着保障，给了他们最后的退身场所，但是，由于长期以来农村经济落后于城市，农业收入低于其他产业或行业，因此，农村、农业为农民提供的这种保障处于一个非常低的水平，不能保证他们家庭经济的扩大再生产乃至正常再生产。"②

现实经济发展中价值和价格的运动并不像政治经济学所述的价值规律作用那样自动地在社会上形成等量劳动相交换的交换环境。农业就是在长期经济发展中不断地被工业及其他行业甩在后面的一个低收入行业，农产品价格低于工业品乃至服务的价格，因而农民从事农业生产所得收入长期低于其他行业。也就是说，农民在承包土地上的经营收入仍低于在其他行业就业的收入水平，农民依靠土地获得的保障并不能使农民在土地上安居乐业，这样的经济背景促成了农民工外出打工提高收入的浪潮。一方面，促使农民走出农村、农业，到城镇从事第二、第三产业；另一方面，也赋予了这部分新兴的产业工人以独特的性质。③ 以广西壮族自治区百色市田阳县为例，全县总人口34.8万人，其中农村劳动力20.5万人，有农民工7.16万人，约占农村劳动力的35%。外出务工是田阳县农民增加收入的重要途径，尤其是南部、北部山区乡镇，外出务工人数占全县外出务工人员总数的84.5%，外出务工成为山区农民增加收入和实现脱贫致富的主要途径。④ 为了更清晰地分析打工收入在农民工家庭收入中的比重，以田阳县某户农民工家庭为例。2012年该家庭纯收入26249元中，工资性收入为12250元，占46.67%；家庭经营纯收入为11403元，占43.44%；还有2596元转移性纯收入，占9.89%。⑤ 这种情况在当地较有普遍性。

① 张俊山：《收入分配领域矛盾的集中表现——农民工收入问题》，《华南师范大学学报》（社会科学版）2017年第3期，第60页。
② 张俊山：《收入分配领域矛盾的集中表现——农民工收入问题》，《华南师范大学学报》（社会科学版）2017年第3期，第60页。
③ 张俊山：《收入分配领域矛盾的集中表现——农民工收入问题》，《华南师范大学学报》（社会科学版）2017年第3期，第60页。
④ 《田阳县农民工调查》，《光明日报》2013年12月31日，第15版。
⑤ 《田阳县农民工调查》，《光明日报》2013年12月31日，第15版。

二 中国农村劳动力的半商品化并非合理的长期存在

如前所述，尽管土地家庭联产承包责任制主导下的农村经济为农民工的生活与就业提供着保障，但这种保障处于一个非常低的水平，不能保证他们家庭经济的扩大再生产乃至正常再生产。也就是说，农村这种劳动力半商品化趋势的长期存在带来的结构性矛盾和不利影响不应忽视。

（一）不利于人的自由而全面发展的共产主义目标的实现

人的自由而全面发展是马克思主义终极的奋斗目标和社会理想，在为此目标而奋斗的过程中，一切对人的束缚和限制的体制机制都是马克思主义所要批判的对象。马克思、恩格斯对共产主义社会的经典描述莫过于《共产党宣言》里的这段话："代替那存在着阶级和阶级对立的资产阶级旧社会的，将是这样一个联合体，在那里，每个人的自由发展是一切人的自由发展的条件。"[①] 他们在分析产业工人的全面发展时批判过资本主义私有制给劳动者的自由全面发展带来的危害。根据马克思、恩格斯的观点，产业工人不像农民，农民有自己的自耕田，但农民一旦沦为产业工人，那么他所有的生活必需品都基于商品购买和商品消费的市场化形式。劳动者的生存和需求也同样被限定在一个商品消费的公共需求体制中，劳动者的生存和发展同样也完全同质化，从而使得劳动者成为"单向度"的"物"，而不是"全面发展"的"人"。此时，劳动者劳动的自主性以及生存方式的自主性完全丧失，从而退化为一种公共形式。而在这种生产关系之下所结成的人与人的关系的局限性十分明显。正如马克思、恩格斯在《德意志意识形态》中所指出的："某一阶级的各个人所结成的、受他们的与另一阶级相对立的那种共同利益所制约的共同关系，总是这样一种共同体，这些个人只是作为一般化的个人隶属于这种共同体，只是由于他们还处在本

---

① 《马克思恩格斯选集》（第一卷），人民出版社，2012，第422页。

阶级的生存条件下才隶属于这种共同体；他们不是作为个人而是作为阶级的成员处于这种共同关系中的。"①

国内也有学者在马克思主义关于人的自由全面发展的思想和框架之下探讨农民工问题。如胡钧和施九青就提出了农民工问题在人的自由而全面发展中的重要地位，他们认为研究人的全面而自由发展，当前应当特别关注几亿农民，特别是农民工在城镇化过程中怎样走在个人全面而自由发展的大道上。提出，农民工并不是遵循某些精英为他们指出的获得解放的道路前行，而是从自身的利益出发，坚定地走上进城参与工业化进程之路，从而使自己得到解放，并抓住了全面地和自由地发展的机遇。② 徐肖然和韩沛在《共产党宣言》中人的自由而全面发展思想对新生代农民工就业的启示方面谈道："《共产党宣言》的人的全面自由发展思想体现在新生代农民工身上就是让他们有尊严地工作，让他们拥有体面的生活。"③ 丘小维从人本的视角出发呼吁在新型城镇化建设推进的过程中必须坚持人本取向，即坚持以人为本、制度公正、全面协调和谐可持续的发展指向，重点关注失地农民、农民工、城市贫民三类人群的发展，通过提升人的素质、实现人的价值、促进人的发展来突破人发展的内在限度。④

虽然中国的农民工与马克思主义经典作家所讨论的产业工人之间不能画等号，但其中有一定的借鉴意义。在农村劳动力半商品化状态之下所形成的雇工与农民工之间的关系仍是不健康的，不利于人的自由而全面发展的自由人联合体的构建。我们所应构建的生产关系应该是这样的一种联合体，即："这个共同体中各个人都是作为个人参加的。它是各个人的这样一种联合（自然是以当时发达的生产力为前提的），这种联合把个人的自由发展和运动的条件置于他们的控制之下。"⑤ 因此，合理突破农村劳动力

① 《马克思恩格斯文集》（第一卷），人民出版社，2009，第573页。
② 胡钧、施九青：《中国新型城镇化与个人的全面而自由的发展》，《改革与战略》2014年第2期，第1页。
③ 徐肖然、韩沛：《探析〈共产党宣言〉人的发展思想对新生代农民工就业的启示》，《出国与就业》（就业版）2011年第17期，第31页。
④ 丘小维：《人本取向的中国新型城镇化建设研究》，《改革与战略》2014年第1期，第6页。
⑤ 《马克思恩格斯文集》（第一卷），人民出版社，2009，第573页。

的半商品化状态成为实践中解决农民工问题的合理诉求与关键所在。

（二） 导致农民工劳动力再生产无法正常进行

根据马克思的基本观点，劳动力再生产不仅包括劳动者自身劳动能力的维持和恢复、劳动技能的积累和传授，还包括新的劳动力的繁衍、培育和补充。劳动力再生产过程的顺利进行是资本主义简单再生产和扩大再生产顺利开展的前提和基础。马克思在《资本论》中明确指出，劳动力价值组成部分包括劳动者及其家属所需要的生存资料、发展资料。也就是说，劳动者劳动能力的生产需要一定量的生存资料，它的再生产又不断地需要一定量的生存资料。这样一来，劳动力再生产所需要的生活资料可以分解为两个层次：劳动者本人和家属所需的"生存资料"，包括衣、食、住、行（生活资料和住房）等；劳动者本人和家属所需的"发展和享受资料"，包括教育、培训、医疗、社会保障等。同时，劳动力作为一种特殊的商品，其价值在现实中还受到社会因素的影响，正如马克思指出的："和其他商品不同，劳动力的价值规定包含着一个历史的和道德的要素。"[①]

故劳动力再生产环节的破坏，不仅包括对劳动者自身能力的损耗，"与工作日的延长密不可分的劳动力的更大损耗，在一定点内，可以用增多的报酬来补偿。超过这一点，损耗便以几何级数增加，同时劳动力再生产和发挥作用的一切正常条件就遭到破坏。劳动力的价格和劳动力的剥削程度就不再是可通约的量了。"[②] 也包括新的劳动力的繁衍不能正常进行，劳动力作为特殊的商品，"商品的这个价值要素决不能和各种修理费用混为一谈。如果商品出售了，这个价值要素就会和别的要素一样货币化，即转化为货币；但是，在转化为货币以后，它和其他价值要素的区别就出现了。为了开始商品的再生产（总之，就是为了使商品生产过程成为持续的过程），在商品生产上消费的原料和辅助材料，必须用实物来补偿；在商品上消耗的劳动力，同样也必须用新的劳动力来补偿。"[③]

---

① 《马克思恩格斯文集》（第五卷），人民出版社，2009，第199页。
② 《马克思恩格斯全集》（第四十四卷），人民出版社，2001，第602页。
③ 《资本论（纪念版）》（第二卷），人民出版社，2018，第502页。

　　在马克思主义的分析范式之下可以看出，劳动力的价值在实现的过程中是存在很大的弹性的，而这也正是社会主义国家在其中发挥作用的优势所在。如以教育为例，教育是一个国家劳动力再生产的重要组成部分，但教育究竟是由政府提供，还是由劳动者自己来购买，存在不同模式。美国模式强调教育是私人产品，因此，教育费用主要由劳动者本人和家庭负担。尽管美国初等教育和中等教育也是免费，但美国私立教育发达，尤其是私立高等教育更是如此。而社会主义市场经济条件下的中国教育则正在避免美国教育私有化所带来的弊端，从而在一定程度上能够较为顺利地保障劳动力再生产在教育方面的完成。

　　根据国家教育事业统计数据，2017 年我国为 1406.63 万名随迁子女（进城务工人员随迁子女）提供了义务教育。[①] 国家统计局的数据显示，2018 年，3 ~ 5 岁随迁儿童入园率（含学前班）83.5%，比上年提高 0.2 个百分点。其中，26.0% 在公办幼儿园，比上年下降 0.7 个百分点；35.2% 在普惠性民办幼儿园，比上年提高 1.4 个百分点。从不同规模城市来看，入读公办和普惠性民办幼儿园的比例相差不大。500 万人以上城市中 3 ~ 5 岁随迁儿童有 63.3% 入读公办和普惠性民办幼儿园，50 万人以下城市中的比例为 61.8%。义务教育阶段随迁儿童在校率 98.9%，比上年提高 0.2 个百分点。从就读的学校类型看，小学阶段随迁儿童 82.2% 在公办学校就读，与上年持平；11.6% 在有政府支持的民办学校就读，比上年提高 0.8 个百分点。初中阶段随迁儿童 84.1% 在公办学校就读，比上年下降 1.8 个百分点；10% 在有政府支持的民办学校就读，比上年提高 0.3 个百分点。[②] 近年来，虽然国家在农民工子女教育问题上已经取得了重大突破，但仍然存在不少的问题亟待解决。

　　同时，随着全球化时代的到来，中国农村劳动力的再生产过程也不可避免地受到了全球化浪潮的影响和冲击。美国社会学家卡斯特在其著作中

---

①　郭元婕：《改革开放四十年来我国随迁子女教育的成就与经验》，《教育科学研究》2019 年第 9 期，第 17 页。

②　《2018 年农民工监测调查报告》，国家统计局网站，http://www.stats.gov.cn/tjsj/zxfb/201904/t20190429_1662268.html，2019 年 4 月 29 日。

探讨了全球化时代给劳动力再生产带来的冲击，他认为时间－空间的浓缩性是全球化时代的一个重要特征，它意味着资本主义扩张与全球化生产在空间安排上的一个不连贯的、冲突的、流动的重构过程。资本集中所带来的结果是生产组织、生产资料以及劳动力的集中，因此也就导致劳动力再生产资料（住房、教育、健康、文化、商业、交通等）的集中化趋势。①

当代中国的产业劳动力大军主要是由跨地区流动的农民工所构成的，而这种结构性的矛盾决定了这一劳动主体的生存状态无论是在空间上还是在社会意义上都是非常割裂和充满悖论的，即："城市允许农民进入城市打工以满足全球资本与国家发展战略的需要，但同时却拒绝（或者说无力）承担他们在城市中完成长期劳动力再生产的成本。作为城市中的临时性劳动力，城市的住房、教育、养老、健康医疗、福利以及其他环境设施等集体性消费资料（means of collective consumption）与这个劳动力大军无关。"② 也就是说，城市在享受了农民工为其创造的巨大的利益的同时并没有承担起农民工劳动力再生产的责任，而是将责任推给了农村，这样便会提高农村的发展成本，加重农村在新型城镇化进程中的负担。农民工这种在空间上被割裂的状态构成了其劳动的全过程。Burawoy 认为，流动劳工系统再生产的条件是劳动力再生产所包含的两个过程在空间上的分离，即劳动力的维持过程和更新过程在不同的地方进行。③ 这种对农民工劳动力再生产过程的割裂也带来家庭和社会问题。比如说，"半工半耕的家庭安排有助于缓解农民的货币支出压力，但这种安排同时也造成了家庭成员空间上的隔离。伴随人口的流动，一个个完整的家庭被撕裂，农民工难以与其家人共享天伦之乐，外出务工人员和留守家庭成员饱受相思之苦。"④ 同时，劳动力再生产过程不能顺利进行也是家庭整体性健康不平等的结果。

---

① M. Castells, *City Class and Power*（New York：St. Martin's Press, 1978），pp. 38－42.

② 任焰、陈菲菲：《农民工劳动力再生产的空间矛盾与社会后果：从一个建筑工人家庭的日常经验出发》，《兰州大学学报》（社会科学版）2015 年第 5 期，第 11 页。

③ Michael Burawoy, "The Functions and Reproductions of Migrant Labor：Comparative Material from Southern Africa and the United States," *The American Journal of Sociology* 81（1976）：1050－1087.

④ 罗小锋：《制度、家庭策略与半工半耕型家庭生计策略的形成——兼论农民工家庭劳动力的再生产》，《福建行政学院学报》2013 年第 5 期，第 50 页。

有学者分析指出："正是劳动力半商品化形成的农民工拆分型劳动力再生产模式以及国家在劳动力再生产过程中的缺位导致了农村流动家庭整体性健康不平等结果的产生。"①

（三）短期和长期给国家和社会带来的不利影响

针对中国改革开放以来的实际情况，中国农民工的这种半商品化的倾向，主要表现在以下两个方面。首先，社会主义市场经济条件下的中国农民工，并非马克思意义上的双重自由者。他们是劳动力的真正所有者，同时他们又是有土地的，耕种土地和进城务工构成了农民工的双重收入来源。因此，农民工并非彻底的劳动力商品。其次，外出的农民工可以选择重新回到农村，再一次和自己的生产资料相结合，或选择就地就业，参与当地的新型城镇化进程以及发展壮大农村集体经济。农民工回流现象，正是劳动力半商品化状态实现分化的客观结果。

这一半商品化并非长期的合理存在。从短期看，农民工的半商品化有利于经济增长和农民收入提高。但从长期来看，农民工的半商品化不利于社会主义市场经济的可持续发展。首先，农民工的半商品化不利于社会主义市场经济中重大关系的协调和平衡。在农民工半商品化条件下，廉价的劳动力成本为资本赢利提供了更广阔的空间，但由此造成的劳资关系失衡在宏观经济层面表现为资本积累和社会消费的比例失衡。根据国家统计局数据，2018 年城镇非私营单位就业职工月平均工资 6871.75 元，而《2018年农民工监测调查报告》显示，2018 年农民工人均月收入仅为 3721 元。②显然，与城镇职工的收入水平相比较而言，农民工的收入远远不及，而且差距有进一步拉大的趋势。这制约了作为消费主体的工薪阶层的收入增长，由此加剧了社会消费能力相对于资本积累的迟滞性。不仅如此，在农民工月均收入增速有所放缓的情况下，农民工生活消费成本则不断提高。2015 年农民工用于生活消费的支出为 1012 元，用于居住的支出为 475 元，

---

① 姚俊、赵俊：《农村人口流动的健康不平等结果——基于劳动力再生产的视角》，《江苏社会科学》2015 年第 4 期，第 58 页。
② 国家统计局：《2018 年农民工监测调查报告》，《中国信息报》2019 年 4 月 30 日，第 2 版。

占其支出总额的 **46.9%**。① 生活必需品价格的上涨意味着农民工实际工资水平的下降，这进一步削减了社会消费能力的规模，生产过剩自然更为严重。据统计，目前在大城市务工的农民工仍然是城市中低端消费市场的重要组成部分。有学者通过对长三角地区新生代农民工的调查，发现新生代农民工消费结构中生存消费项目占据了很大的比例，并且不同类型的新生代农民工在消费结构上存在较明显的差异。②

同时，劳动力半商品化的存在也会导致国内市场发展缓慢。有学者就以资本主义为分析范本，从半无产阶级化的角度指出了劳动力半商品化的矛盾所在："半无产阶级化在世界资本主义体系中的普遍存在，也会助长以下矛盾。在利用半无产阶级化削减生产成本的同时，也削弱了落后国家内部市场的发展。换言之，通过利用包括半无产阶级化的工人在内的非自由劳工以实现资本的空间修复，全球资本积累最终只是加剧了需求体制的矛盾。"③

其次，农民工的半商品化不利于技术进步和产业升级。在农民工半商品化的条件下，农民工基本上都流向了低端的劳动密集型产业，这些产业大多只需要简单熟练的重复劳动即可，对于劳动者的技术素质没有太大的要求，这就对技术进步和产业升级造成了严重的负面效应。调查显示，进城务工的农民工就业大多在建筑业、制造业等第二产业以及以批发和零售业、居民服务等为代表的第三产业。2018 年，农民工从业的行业分布数据显示，第三产业的从业比例已经超过第二产业，分别为 **50.5%** 和 **49.1%**。④ 当前，中国经济进入新常态阶段，技术进步和产业升级是适应和引领经济新常态的关键。要实现技术进步和产业升级，关键在于人的因素。这要求农民工必须接受职业技术培训，掌握现代化的操作技术，具备较高的劳动技能等。在农民工半商品化的条件下，仅仅依靠所获得的工薪

---

① 国家统计局：《2015 年农民工监测调查报告》，《中国信息报》2016 年 4 月 29 日，第 1 版。
② 倪建伟：《新生代农民工城市消费现状与影响因素研究——基于长三角 939 份问卷调查的实证分析》，《经济体制改革》2015 年第 6 期，第 84～85 页。
③ 孟捷、李怡乐、张衔：《非自由劳工与现代资本主义劳动关系的多样性》，《贵州大学学报》（社会科学版）2012 年第 6 期，第 5 页。
④ 国家统计局：《2018 年农民工监测调查报告》，《中国信息报》2019 年 4 月 30 日，第 2 版。

收入，农民工是无法支付这些培训费用的，市场机制无法自发地解决这个问题。

一方面，缺乏技能导致农民工只能被锁在产业链的低端，被当作廉价劳动力使用，但是另一方面，伴随着人工成本的大幅上涨，企业的缺工情况和招工难问题日益突出。4015 位企业家参加的中国企业家调查系统 2012 年年度问卷跟踪调查显示，关于当前企业经营中遇到的最主要困难，选择"人工成本上升"的占 75.3%，排在所有 19 个选项的第一位，而且是连续三年排第一位。① 劳动力成本的上升倒逼技术进步和产业升级。一方面，劳动力成本上升会影响到企业生产成本，进而可能影响到企业竞争力，这就促使企业在产业升级方面不得不下功夫；另一方面，劳动力成本上升，也会促进企业技术进步，加强管理，也有利于劳动者收入水平的进一步提高。企业在技术进步和产业升级的同时也会对劳动者的素质要求越来越高，进而倒逼农民工不得不提高自身技能以应对挑战和竞争。

最后，农民工的半商品化带来了巨大的社会成本，在一定程度上有可能影响社会稳定和国家安全。农民工和一般的城市工人不同，他们没有享受到和城市普通工人一样的福利和待遇，加之大多数从事的是简单重复劳动，并没有与技术相结合，很容易被资本所抛弃。这种状况对社会福利和社会救济提出了更高的要求，加重了国家和社会的负担。目前，外出的农民工收入无法负担其全部的家庭生活开支，社会保障和保险依赖于土地，而一旦土地与农民工分离，则意味着这种保障难以实现。如果没有国家兜底，必然造成社会动荡。此外，农民工长期远离农业生产，农村空心化、老龄化程度较高，农业收益又较少，谁来种田的问题突出。调查显示："目前平均每户农村家庭就有一位青壮年劳动力弃农务工，加之粮食生产的比较效益下降，一些地方农地出现抛荒。"② 大量农村青壮年劳动力涌入城市，"空心化"的农村如何确保我国粮食安全？目前从事传统农业的农民越来越少，根据统计，2017 年从事第一产业的农民仅占 0.5%，2018 年

---

① 《当前企业发展面临的困难及战略选择（一）（国务院发展研究中心调查研究报告）》，《中国经济时报》2013 年 2 月 4 日，第 5 版。
② 《中国人的饭碗要牢牢端在自己手上》，《人民政协报》2014 年 3 月 8 日，第 18 版

这一比重又有所下降，变为 0.4%。[①]

 据报道，目前在中国农村，种田的农民越来越少，导致很多田地荒芜，直接影响着国家的粮食安全。以江西省吉水县金滩镇塘下村为例，这里种田的农民从 2003 年至 2013 年减少了很多。该村一共有 430 多户人家，2003 年村里还有一半农民在种田，截至 2013 年 5 月，只有 120 户的人家在种田，还多是村干部、小组长和老人，40 岁以下的人种粮积极性几乎为零。[②] 加之我国耕地的现实情况严峻，长此以往，将直接威胁中国的农业粮食安全问题。统计数据显示，中国人均耕地面积仅为 1.38 亩，约为世界平均水平的 40%，宜居的土地只占陆地国土面积的 19%，耕地质量总体偏差。水土流失、土地沙化、土壤退化、"三废"污染等问题严重。民以食为天，在此情况下，保证我国的粮食安全，直接关系社会的稳定和国家安全问题。国际经验和教训告诉我们，作为一个拥有近 14 亿人口的大国，我们确保粮食的安全绝不能寄托于国际市场，必须依靠国内基本自给，自给率应达到 95% 左右。

 而要想从根本上解决"农民荒"问题，必须调动农民发展农业生产的积极性，让农业真正发挥作为整个国民经济基础的作用。但长期以来，农民远谈不上是体面的职业。农民收入较低、劳动条件差，社会保障水平和城镇居民相比仍有较大差距。保证种粮农民有利可图、让农民成为体面的职业、培养职业农民，不仅是解决"谁来种地"问题的关键，也是改变农村面貌、建设美丽乡村，真正实现乡村振兴战略的关键。其中一个重要问题就是必须合理突破目前农民工劳动力半商品化的倾向和趋势，积极探索中国农村劳动力半商品化的合理途径。

三 突破中国农村劳动力半商品化趋势的合理性

 农民工是我国改革开放和工业化、城镇化进程中涌现的一支新型劳动大军和不可或缺的重要组成部分，对中国的现代化建设做出了重要贡献。

---

① 国家统计局：《2018 年农民工监测调查报告》，《中国信息报》2019 年 4 月 30 日，第 2 版。
② 《保障粮食安全呼唤新农民》，《光明日报》2013 年 5 月 20 日，第 10 版。

农民工回流也是改革开放的产物，在推进中国特色新型城镇化的过程中，要直视"民工潮"，同时也要正视"民工荒"现象之下的农民工半商品化问题。

探讨突破中国农村劳动力半商品化趋势的路径，必须首先明确农民工半商品化问题的深层次根源所在。从20世纪90年代出现农民工向大中城市转移的"民工潮"现象，到2008年国际金融危机后的"民工荒"，以及大量农民工回流等现象，农民工问题贯穿改革开放的全过程。"民工潮""民工荒"和农民工回流等现象背后的支配力量，是中国市场化过程中资本积累在产业和空间上的特定配置方式。

根据马克思主义政治经济学的观点，雇佣劳动力的流动，是资本积累在产业和空间上实现特定配置的客观结果。马克思在考察简单再生产和扩大再生产的过程中，指出：简单再生产是以原有规模不断重复进行的社会生产过程，它是扩大再生产的基础；扩大再生产是通过剩余价值不断资本化而使生产规模不断扩大的社会生产过程，而扩大再生产"对劳动的需求的增长，总的说来是同资本的积累相适应的"[1]。同时，"随着积累的增进而膨胀起来的并且可以转化为追加资本的大量社会财富，疯狂地涌入那些市场突然扩大的旧生产部门，或涌入那些由旧生产部门的发展而引起需要的新兴生产部门，如铁路等等。"[2]

但随着资本积累的进一步扩大及现代科学技术的产生，城市的劳动力也会逐渐过剩。恩格斯在《国民经济学批判大纲》中指出："人口过剩或劳动力过剩是始终与财富过剩、资本过剩和地产过剩联系着的。"[3] 同时，技术进步不仅对劳动力需求的数量产生影响，而且对劳动力的就业结构、劳动力的素质乃至身心都会产生影响。因为"在技术变革的前提下，劳动的主观条件（此处即劳动的复杂性）将会发生变化，先前的简单劳动会变为复杂劳动"[4]。随着生产力的提高和现代科学技术的发展，对农民工劳动

---

① 《马克思恩格斯文集》（第五卷），人民出版社，2009，第729页。
② 《马克思恩格斯文集》（第五卷），人民出版社，2009，第729页。
③ 《马克思恩格斯选集》（第一卷），人民出版社，2012，第41页。
④ 孟捷：《劳动与资本在价值创造中的正和关系研究》，《经济研究》2011年第4期，第20页。

力素质和技能的要求也不断提高。正如马克思所说："现在，不是生产力不足造成人口过剩，而是生产力增长要求人口减少，并且通过饥荒或移民来赶走过剩的人口。不是人口压迫生产力，而是生产力压迫人口。"①

中国农村剩余劳动力从农村进入城市寻找就业机会，同样遵循着资本积累的产业和空间配置的一般规律。中国农民工的形成与变化，从根本上来说是中国市场化进程中资本积累特定模式的产物，这主要表现为资本积累的产业模式和空间模式。农民工半商品化是资本在劳动密集型低端产业迅速积累的产物。随着全球化进程的展开，发达国家将大量劳动密集型产业向中国等发展中国家转移，这为资本在劳动密集型产业的快速积累提供了前所未有的可能性。然而，这种可能性要想变成现实，必须有大量廉价的雇佣劳动者提供简单熟练劳动。中国农村的大量剩余劳动力正好符合这种需要，由此形成了从农村迁移到城市的庞大民工群体。但随着劳动密集型产业的产能过剩不断加重，这些产业的资本积累速度开始下降，它们对农民工的需求增长也开始下降。

不仅如此，伴随着技术进步和资本有机构成的提高，劳动密集型产业的资本积累对简单熟练劳动力的需求进一步萎缩。这种变化导致农民工过剩问题开始逐渐显现，特别是 2008 年国际金融危机以来这种过剩更为严重。而主要集中在珠三角、闽东南、浙东南等加工制造业聚集地区的"民工荒"问题也开始出现，这种"民工荒"更多的是农民工过剩所导致的。一方面，企业由于资本积累对简单熟练劳动力的需求减少，对技术的要求提高而招不到人；另一方面大量农民工因不符合要求而找不到工作。有学者就提出，"民工荒"的说法不能成立。② 可见，从"民工潮"到"民工荒"的变化，其背后的力量正是资本在劳动密集型产业展开的积累过程，而且需要一代一代的农民工不断更替。在资本运动规律之下，"这部分无产阶级的绝对增长就需要采取这样一种形式：它的成员迅速耗损，但是它的人数不断增大。这样就需要工人一代一代地迅速更替。"③ 劳动密集型产

---

① 《马克思恩格斯全集》（第十一卷），人民出版社，1995，第 662 页。
② 蔡昉：《如何使劳动力要素价格不再被扭曲》，《光明日报》2004 年 10 月 19 日，第 B2 版。
③ 《马克思恩格斯文集》（第五卷），人民出版社，2009，第 739 页。

业的布局和发展是资本流动的导向结果。由于东部地区经济高度依赖出口，且在 2008 年国际金融危机之后的一段时间内出口订单锐减，大量外向型劳动力密集型企业倒闭或转移。对于谋求更大利润的资本来讲，要么谋求产业升级，以技术提升劳动生产率，要么迅速转移。而此时资本在进入中西部地区之后借助用地和人力资源等比较优势纷纷承接东南沿海与国际产业转移，积极发展劳动密集型制造加工业，吸引大量农业剩余人口就近就业。

概括起来，在资本积累的产业和空间配置之下，中国农村剩余劳动力从农村流向城市呈现两大特征。其一，流向低端产业的特征。改革开放以来，资本首先开始在城市积累，农民工从农村流入城市，进一步加剧了资本在城市的积累。而随着世界产业结构的调整，西方国家所淘汰的大部分劳动密集型产业开始向中国等发展中国家转移，加之廉价的农村剩余劳动力的存在，也直接决定了中国的资本积累一直都是在劳动密集型产业中进行。这种劳动密集型资本积累需要城市资本考虑技术与劳动力特定的结合方式，而农民工无技术标准的简单熟练劳动的特性恰好符合城市资本对劳动力的特定要求，因此绝大多数农民工在劳动密集型的低端产业务工。但劳动密集型产业发展到一定程度，必然会导致劳动力供给不足的问题出现，伴之而来的就是中国的"民工荒"以及农民工回流。随着科学技术的发展，城市资本采用机器提高劳动生产率，对农民工形成了直接的冲击。马克思分析指出："正是这个发展过程使简单劳动相对过剩，另一方面使熟练劳动简单化，于是也就使它贬值了。"[1] "现代工业的发展一定会越来越有利于资本家而有害于工人，所以资本主义生产的总趋势不是提高而是降低工资的平均水平，在或大或小的程度上使劳动的价值降到它的最低限度。"[2]

其二，流动的空间性特征。改革开放首先在东南沿海等城市兴起，农民工流动的方向也大多为东部大中城市。这里商品经济较为发达，产业集聚，产业链较为完整，吸引了大部分农民工打工赚钱。正如马克思所指出

---

① 《马克思恩格斯全集》（第二十一卷），人民出版社，2003，第 210 页。
② 《马克思恩格斯全集》（第二十一卷），人民出版社，2003，第 211 页。

的："商业依赖于城市的发展，而城市的发展也要以商业为条件，这是不言而喻的。"① 正是东南沿海发达的商品经济吸引了农村剩余劳动力的大规模转移。另外，产业聚集、完整的产业链也是农民工流入的一个重要原因。目前，我国的制造业、服务业等相互交织形成了大量的产业聚集，较多的就业机会和较高的工资吸引了大量农民工。学界有学者就此问题对全国多数城市进行调查并得出以下结论："制造业与服务业、制造业与生产性服务业、制造业与消费性服务业的共同集聚对地区工资水平具有显著性作用，而制造业与公共性服务业共同集聚对地区工资水平的作用不明显。"② 陈建军和胡晨光以长三角次区域为例指出，产业在既定空间集聚产生的自我集聚可以提高集聚区域居民生活水平、促进地区技术进步、增强区域产业竞争力。③ 完整的产业链也可以提升区域的竞争力。如浙江台州的塑料产业就通过市场链接作用进行了一场内部的整合与分工，在外部，与路桥、黄岩、椒江等三个区之间形成了优势互补，形成了塑料产业的整体优势。

可见，无论是"民工潮"还是"民工荒"，背后的支配力量都是符合资本的运动规律的。正如马克思所指出的："工人数量的自然增长不能满足资本积累的需要，但同时又超过这种需要，这是资本运动本身的一个矛盾。资本需要的少年工人数量较大，成年工人数量较小。比这个矛盾更引人注目的是另一个矛盾：在成千上万的人手流落街头的同时，有人却抱怨人手不足，因为分工把人手束缚在一定的生产部门了。"④ 所以，农民工的半商品化，还是改革开放以来资本在东中部经济发达地区迅速积累的产物。改革开放首先在东南沿海等城市兴起，当地商品经济较为发达，产业集聚，产业链较为完整，因此形成显著的"外在经济"效应。⑤ 外在经济

---

① 《资本论》（第三卷），人民出版社，2004，第 370 页。
② 杨仁发：《产业集聚与地区工资差距——基于我国 269 个城市的实证研究》，《管理世界》2013 年第 8 期，第 41 页。
③ 陈建军、胡晨光：《产业集聚的集聚效应——以长江三角洲次区域为例的理论和实证分析》，《管理世界》2008 年第 6 期，第 68 页。
④ 《马克思恩格斯文集》（第五卷），人民出版社，2009，第 739 页。
⑤ 刘光大：《西方规模经济理论与应用评价》，《石油化工技术经济》1995 年第 2 期，第 72 页。

可以在一定程度上降低交易成本，更符合资本赢利和积累的条件，由此带动了大量农民工向这些地区流动。

通过以上分析可以看出，资本积累的产业和空间要求主导了劳动力从中西部等落后地区流向东南沿海发达地区，又在国际金融危机来临后将农村剩余劳动力引向回流，就地就近就业，这也是农民工半商品化趋势存在的根本原因。

根据国内外的城镇化建设经验可知，未来农村劳动力向城市转移是不可逆的趋势，也就是说劳动力还是会在一定程度上维持其半商品化的倾向。在这种趋势下，农村劳动力和分散的农业小商品生产是一致的。农民工这个特殊的身份仍然存在，他们一方面作为农村家庭联产承包责任制的务农者，同时又是流向城市打工的农民工。前文已经分析了农村劳动力半商品化存在的合理性及它的短期有益性，此处不再赘述。但必须指出的是，从 20 世纪 80 年代以来中国农村执行的家庭联产承包责任制，经过多年运行，作为特定历史阶段的制度变迁所带来的优势已不存在，许多地区出现了农业基础设施荒废、大量农民外出打工、农村中青年劳动力不足等突出问题。另外，中国的劳动力资源优势正在消失，劳资矛盾不断加剧和突出，一方面是雇佣单位需要付给农民工的工资，即用人的劳动力成本在不断提高，另一方面是农民工在城市生活成本不断提高的前提下，收入增长缓慢、生活水平相对下降等一些问题和矛盾出现。

继续维持农民工劳动力的半商品化趋势，则在中国农民工问题上暴露出来的矛盾就解决不了，回流只是暂时将矛盾隐藏了起来，农民工问题没有得到根本的解决。回流过程中积累的矛盾越多越久，对国家和农民本身来说都是极为不利的，更会对当下的新型城镇化建设起到严重的阻碍作用。因此，农村劳动力半商品化的趋势并非发展中国特色社会主义市场经济和新型城镇化建设的长久之计，必须突破目前农村劳动力的半商品化趋势。

第六章 新型城镇化进程中农民工问题的未来趋势和解决方案

对于突破中国农村劳动力半商品化的趋势，解决农民工问题，农村劳动力在遵循市场经济规律之下的回流提供了一个可行性路径。应以回流为契机，依托农村集体经济实现对农村劳动力半商品化的超越，最终解决农民工问题，实现高质量的城乡融合和共同富裕。

一 解决农民工问题的历史方位和战略安排

中国特色社会主义进入新时代，成为推进新型城镇化建设的重要历史机遇期。党的十八大以来，在习近平新时代中国特色社会主义思想的指导下，中国的新型城镇化建设取得了重大进展，党和国家从农业、农村、农民这个中国特色社会主义发展的现实短板实际出发，提出乡村振兴战略，为农民工问题的解决提供了历史方位和战略安排。

（一）历史方位：中国特色社会主义进入新时代

中国特色社会主义进入新时代，这是当前中国新型城镇化进程中解决农民工问题的最大实际和历史坐标。习近平总书记在十九报告中明确指出："经过长期努力，中国特色社会主义进入了新时代，这是我国发展新的历史方位。"① 中国特色社会主义进入新时代，主要标志在于中国社会的

---

① 习近平：《决胜全面建成小康社会 夺取新时代中国特色社会主义伟大胜利——在中国共产党第十九次全国代表大会上的报告（2017 年 10 月 18 日）》，《人民日报》2017 年 10 月 28 日，第 1 版。

主要矛盾发生了变化，已经由人民日益增长的物质文化需要同落后的社会生产之间的矛盾转化为人民日益增长的美好生活需要和不平衡不充分的发展之间的矛盾。中国特色社会主义进入新时代，中国共产党人有新的使命和担当。自1921年诞生以来，中国共产党已经带领中国人民取得了新民主主义革命、社会主义建设、改革开放等无数个胜利，也必将在新的历史时期取得更大的胜利，铸就更多的辉煌。但正如习近平总书记所说，中华民族伟大复兴，绝不是轻轻松松、敲锣打鼓就能实现的。全党必须准备付出更为艰巨、更为艰苦的努力。[①] 新时代这个历史赋予了中国共产党全新的使命与担当，那就是实现中华民族伟大复兴中国梦。今天，我们比历史上任何时期都更接近、更有信心和能力实现中华民族伟大复兴的目标。中国特色社会主义进入新时代，这个新时代有新思想，这个新思想就是党的十八大以来形成并不断发展的习近平新时代中国特色社会主义思想。这是当前全党、全国正在进行的中国特色社会主义建设的指导思想，具有重大的政治意义、理论意义、实践意义。

习近平新时代中国特色社会主义思想也是当前解决新型城镇化进程中农民工问题的指导思想，在这一新思想的指导之下，解决农民工问题也应有新布局、新思路与新举措。面对党的十八大以来中国农民工问题出现的新情况、新问题、新挑战，以习近平同志为核心的党中央提出了一系列新举措、新战略、新布局，为新时代中国特色的城镇化道路提供了指导思想和解决问题的总抓手，同时也明确了农民工问题的光明前景和未来趋向。

发展是解决我国一切问题的基础和关键，发展必须是科学发展，必须坚定不移贯彻创新、协调、绿色、开放、共享的发展理念。实现"两个一百年"奋斗目标、实现中华民族伟大复兴的中国梦，不断提高人民生活水平，必须坚定不移把发展作为党执政兴国的第一要务。面对中国经济已由高速增长阶段转向高质量发展阶段，正处在转变发展方式、优化经济结构、转换增长动力的攻关期这个现实情况，必须创新发展理念。李克强对

---

① 习近平：《决胜全面建成小康社会　夺取新时代中国特色社会主义伟大胜利——在中国共产党第十九次全国代表大会上的报告（2017年10月18日）》，《人民日报》2017年10月28日，第1版。

全国优秀农民工和农民工工作先进集体表彰大会做出重要批示，强调：
"积极推进以人为核心的新型城镇化，落实和完善居住证制度，进一步做好为农民工服务工作，使更多农民工成为有技能的新型产业工人和平等享受权益的新市民，这对于打好扶贫攻坚战、促进社会公平正义具有重大意义。各地区、各有关部门要深化体制机制改革，着力稳定和扩大农民工就业，切实维护劳动保障权益，有序推进农民工融入城市，让发展成果更多惠及全体农民工。"[1] 与此同时，一系列惠及农民工的举措不断出台，无论是进城还是回流，都有可触摸到优惠政策。党的十八大以来，农民工问题被提上史无前例的高度，农民工问题已经和"三农"问题、和乡村振兴战略、和城乡融合、和全面建成小康社会以及和农业农村的现代化紧紧地联系在一起。

（二）战略安排：乡村振兴

党的十九大报告首次明确地提出了发展农村的伟大战略布局，实施乡村振兴战略，发展现代化农业、农村；坚持与推动新型工业化、信息化、城镇化、农业现代化同步发展。习近平指出："农业农村农民问题是关系国计民生的根本性问题，必须始终把解决好'三农'问题作为全党工作重中之重。要坚持农业农村优先发展，按照产业兴旺、生态宜居、乡风文明、治理有效、生活富裕的总要求，建立健全城乡融合发展体制机制和政策体系，加快推进农业农村现代化。"[2] 中国特色社会主义进入了新时代，解决农民工问题有了新的历史方位，有了新的指导思想、新的发展理念与新的战略布局。在此基础上，全面建成小康社会进而全面建设社会主义现代化强国的目标终将实现。因为"这个新时代，是承前启后、继往开来、在新的历史条件下继续夺取中国特色社会主义伟大胜利的时代，是决胜全面建成小康社会、进而全面建设社会主义现代化强国的时代，是全国各族

---

[1] 《着力稳定和扩大农民工就业　切实维护劳动保障权益　让发展成果更多惠及全体农民工》，《光明日报》2016年2月2日，第3版。

[2] 习近平：《决胜全面建成小康社会　夺取新时代中国特色社会主义伟大胜利——在中国共产党第十九次全国代表大会上的报告（2017年10月18日）》，《人民日报》2017年10月28日，第1版。

人民团结奋斗、不断创造美好生活、逐步实现全体人民共同富裕的时代，是全体中华儿女勠力同心、奋力实现中华民族伟大复兴中国梦的时代，是我国日益走近世界舞台中央、不断为人类做出更大贡献的时代"①。

新时代为解决农民工问题提出了战略安排，即实施乡村振兴战略。党的十九大报告中的乡村振兴战略为新时代我国农业农村农民的发展带来了新的希望，为近 6 亿中国农村人口描绘了宏伟而美好的蓝图，同时也为中国农民工问题的解决提供了强有力的国家政策支持。2017 年底的中央经济工作会议也强调，要科学制定乡村振兴战略规划，实施乡村振兴战略。会议指出："健全城乡融合发展体制机制，清除阻碍要素下乡各种障碍。推进农业供给侧结构性改革，坚持质量兴农、绿色兴农，农业政策从增产导向转向提质导向。"② 党的十六届五中全会提出了建设社会主义新农村，强调要按照生产发展、生活富裕、乡风文明、村容整洁、管理民主的要求，扎实稳步地加以推进。党的十九大提出的乡村振兴战略，可以说是社会主义新农村建设的重要升级。实施乡村振兴战略，是实现城乡、区域和人的均衡发展的必要条件，也是推动新型城镇化、解决"三农"问题的迫切需要。

乡村振兴战略可以说为农村谋划了一张新的蓝图，也为当下解决农民工问题提供了重要突破口。随着中国特色社会主义进入新时代，我国社会主要矛盾已经转化为人民日益增长的美好生活需要和不平衡不充分的发展之间的矛盾。当前，农村还是全面建成小康社会的短板，从诸多侧面反映出，不平衡不充分发展在"三农"中的表现更为突出。乡村振兴战略，不仅为解决农村发展问题指明了道路，也为建立新型城乡关系提供了逻辑框架。同时，经过进入 21 世纪以来的努力，城乡关系发生了根本性的变化。在这种城乡关系的此消彼长和不断调整中，乡村发展面临的问题和挑战也随之而来。在城镇化进程下，农村同时需要振兴，这不仅是中国面临的问

---

① 习近平：《决胜全面建成小康社会　夺取新时代中国特色社会主义伟大胜利——在中国共产党第十九次全国代表大会上的报告（2017 年 10 月 18 日）》,《人民日报》2017 年 10 月 28 日，第 1 版。

② 《中央经济工作会议在北京举行》,《人民日报》2017 年 12 月 21 日，第 1 版。

题，也是全球化的问题。"在乡村，基础设施相对供给不足、生活条件落后等现象，特别是传统文化的消失等问题，值得关注"。① 针对这些问题，乡村振兴战略的提出，是把乡村放在了与城市平等的地位上，把乡村作为一个有机整体，更加充分地立足于乡村的产业、生态、文化等资源，更加注重发挥乡村的主动性，来激发乡村发展活力，建立更加可持续的内在增长机制。这是一种思路的根本转变，确立了全新的城乡关系。

而实施乡村振兴战略，关键是要抓住"人"。从这一点上来说，就是要在继续推动农业人口转移进城、降低乡村人口占比的同时，注重解决农村人口和农业劳动力的老龄化问题，引导部分农民、农民工返乡，积极合理引导农民工回流，让有技术、有资本、有文化以及愿意留在农村的农民工参与乡村的振兴。同时，实施乡村振兴战略，需要科技和人才的支撑。要激励更多优秀的城市人才下乡创业，支持和鼓励农民就业创业，加强农村干部、农民培训，培养造就一支懂农业、爱农村、爱农民的"三农"工作队伍。

（三） 乡村振兴战略与新型城镇化建设的辩证关系

乡村振兴战略与新型城镇化建设之间是相互促进、相互依存的关系。乡村振兴战略是解决农民工问题的指导思想和战略安排，但乡村振兴战略的具体落实离不开新型城镇化建设的带动。正如学者所指出的："'乡村振兴战略'是中共十九大报告中提出的七个发展战略之一，而在其他六个以往已经提到的发展战略中，并没有包括自中共十八大以来一直强调的新型城镇化战略。然而，脱离新型城镇化战略而独立实施乡村振兴战略，恐怕会收效甚微。"② 乡村振兴离不开新型城镇化的带动，城市和农村从来不相矛盾，而是互利共赢的命运共同体。实施乡村振兴的关键点在于人的因素，农民是这一战略实施的主体和动力，调动农民参与乡村振兴战略的积极性，发挥农民工在乡村振兴战略中的积极因素，对于乡村振兴战略的有效实施至关重要。而新型城镇化建设是吸引农民参与乡村振兴战略的重要

---

① 《乡村振兴战略：农村发展新蓝图》，《光明日报》2017年11月14日，第14版。
② 蔡继明：《乡村振兴离不开新型城镇化》，《建筑时报》2018年2月5日，第8版。

动力因素，如学界所指出的："实施乡村振兴战略的着力点就是要调动亿万农民的积极性、主动性和创造性，就是要通过推进城市和新型城镇化建设来带动农产品生产销售，带动农民进城就业。"①

新型城镇化建设也离不开乡村振兴战略的全面实施。新型城镇化最为核心的要义是"人的城镇化"，农村剩余劳动力向城市转移及农村人口的市民化是新型城镇化的重要任务。新型城镇化的这一重要任务迫切需要通过强化农村经济结构调整，更加注重保护农民利益，加快农村经济发展，增加农民收入，进而缩小城乡差距来完成。随着新型城镇化、农业现代化的深入发展，大量农村劳动人口转移到城市，土地流转、农业规模经营已成为必然发展趋势。乡村振兴战略关注的重点在农村、在农业。党的十九大报告将农村、农业、农民问题提高到乡村振兴战略的高度，提出要保持土地承包关系稳定并长久不变，第二轮土地承包到期后再延长30年，这就为未来20年农村经济和整体经济的稳定发展提供了重要保障。在乡村振兴的具体安排上，报告强调，农村将实现生产生活生态"三生同步"、第一第二第三产业"三产融合"、农业文化旅游"三位一体"，确保乡村发展农民参与和受益，着力构建企业、合作社和农民利益联结机制，坚持共同发展。这就是说，无论农民进不进城，土地承包权都会为农民提供最后的保障；农民在城市和在农村都会有生存发展的机会。

但新型城镇化与乡村振兴战略之间也存在矛盾。城镇化是现代化的必由之路，是世界各国多年现代化发展的经验实践，当前中国的城镇化率与发达国家相比仍有较大差距，中国的城镇化还有很长的路要走。尤其是以人为核心的新型城镇化建设还有很大的发展空间，新型城镇化在转移农村剩余劳动力方面发挥着至关重要的带动和容纳作用。而乡村振兴战略最重要的因素也是人，农业、农村的现代化关键是人的现代化。因此，要处理好二者在发展过程中的矛盾，就要一方面支持有条件、有意愿的农业转移人口在城市就业创业、落户定居，逐渐打破城乡二元壁垒，使这一部分人全面融入城市社会，但另一方面又要鼓励和培养一批愿意从事农业、扎根

---

① 操戈、邓卫哲：《乡村振兴离不开新型城镇化带动》，《农民日报》2018年4月19日，第4版。

农村的职业农民，吸引那些"走出去"的农民工和大学生返乡创业。同时，还要引导科技人才和工商企业家下乡，整合乡村要素资源，推动形成工农互促、以工带农、城乡互补、全面融合、共同繁荣的新型工农城乡关系，推动新型工业化、信息化、城镇化、农业现代化同步发展。当前，我国社会主要矛盾已经转化为人民日益增长的美好生活需要和不平衡不充分的发展之间的矛盾。城乡发展不平衡是最大的不平衡，农业发展不充分是最大的不充分，农业农村现代化是社会主义现代化建设中最大的短板。

（四）乡村振兴战略之下解决农民工问题的政策路径

乡村振兴战略将发展的重点放在"三农"问题上，以此带动农民工问题以及中国农村劳动力半商品化问题的解决。乡村振兴战略要求必须始终把解决好"三农"问题作为全党工作重中之重。坚持农业农村优先发展，按照产业兴旺、生态宜居、乡风文明、治理有效、生活富裕的总要求，建立健全城乡融合发展体制机制和政策体系，加快推进农业农村现代化。尤其是要求深化农村土地制度改革，完善承包地"三权"分置制度，形成所有权、承包权、经营权三权分置及经营权流转的格局。同时要求必须深化农村集体产权制度改革，保障农民财产权益，壮大集体经济等。这一系列要求和战略安排，抓住了"三农"问题和农民工问题的关键，直面中国农村劳动力半商品化过程中的矛盾，为"三农"问题和农民工问题的解决奠定了政策基础。

在此之下，探讨解决农民工问题的政策路径，包括以下几个方面。

第一，打通城乡二元经济结构，打破户籍制度壁垒，让愿意扎根城市的农民工融入城市，是解决农民工问题的制度保障。中国现行的户籍制度始于1958年，当年颁布施行的《中华人民共和国户口登记条例》确立了城乡二元的户籍管理格局。这种制度在特定的历史条件下发挥了巨大的作用，但随着城镇化建设的发展，它影响了公民迁徙自由的权利，阻碍了城乡一体化进程。因此，必须推进户籍制度改革，实现城乡二元结构之间的良性流动。目前我国常住人口城镇化率尤其是户籍人口城镇化率不仅远低于发达国家的平均水平，也低于人均收入与我国相近的发展中国家的平均水平，还有较大的发展空间。造成户籍人口城镇化率较低的主要原因在于中国目前推行的户籍制度。户籍制度影响到了每一个人的衣食住行、经济权益与政策参与，尤其对农民工的影响最为突出。对于已经不从事农业生产的农民，就其职业来看，他们已是非农职业，但就其身份而言仍是农民。这部分人进不能融入城市，退已经无法扎根农村，只能在城乡之间流动。这不但诱导形成了人类历史上最大规模的流动人口，而且引发了一系列的社会经济问题。

因此，推进与深化户籍制度改革，提高户籍人口城镇化率，是新型城镇化的主要途径。2001 年，国务院批转《关于推进小城镇户籍管理制度改革的意见》，小城镇的户口全面向拥有固定住所和合法收入的外来人口放开，对经批准在小城镇落户的人员，不再办理粮油供应关系手续；根据本人意愿，可保留其承包土地的经营权，也允许依法有偿转让。2003 年，第十届全国人民代表大会常务委员会第三次会议通过《中华人民共和国居民身份证法》，2004 年 1 月 1 日起施行，标志着户籍管理开始向信息化、身份证化管理迈进。2007 年，中央进一步要求积极稳妥推进户籍制度改革，并首次提出建立城乡统一的户口登记管理制度。2010 年，国务院批转《关于深化经济体制改革重点工作的意见》，强调深化户籍制度改革将加快落实中小城市、小城镇的落户政策，并首次提出要在全国范围内实行居住证制度。2016 年 2 月，国务院印发《关于深入推进新型城镇化建设的若干意见》。提出："积极推进农业转移人口市民化，加快落实户籍制度改革政策，鼓励各地区进一步放宽落户条件；全面实行居住证制度，推进居住证制度覆盖全部未落户城镇常住人口；推进城镇基本公共服务常住人口全覆盖；加快建立农业转移人口市民化激励机制。"[1] 同时，国务院办公厅发布《关于印发推动 1 亿非户籍人口在城市落户方案的通知》（国办发〔2016〕72 号）要求各地结合实际情况进一步推动户籍制度改革。2016 年的"十三五"规划纲要也明确提出要深化户籍制度改革，指出："推进有能力在城镇稳定就业和生活的农业转移人口举家进城落户，并与城镇居民享有同

---

[1] 《国务院关于深入推进新型城镇化建设的若干意见》（国发〔2016〕8 号），中央人民政府网站，http://www.gov.cn/xinwen/2016-02/06/content_5039979.htm，2016 年 2 月 6 日。

等权利和义务。优先解决农村学生升学和参军进入城镇的人口、在城镇就业居住 5 年以上、举家迁徙的农业转移人口、新生代农民工落户问题。"①而且要求地方政府实行差异化的落户政策，推动农业转移人口市民化，强化地方政府在此问题上的主体责任。

在国家层面政策的推动下，各地开始探索适合本地情况的户籍制度改革，逐渐形成了以下几种模式。其一是中小城镇"全面放开户口"的改革，如云南红河州取消农业人口、非农业人口的二元户籍制度，打破居民在就业、教育、医疗、社会保障等方面的区别对待。2017 年，云南省"全面放开户口"改革进一步向除昆明主城外的全省推进，且首次针对农民工提出落户条件。《云南省公安厅关于全面深化户籍制度改革 加快推进农业转移人口和其他常住人口落户城镇的通知》规定，迁移前户口登记在城乡分类属性为乡村地区的人员中，优秀农民工、自主创业并办理工商营业执照且连续纳税满 1 年的人员、获得县级以上人民政府（或市级以上政府相关部门）个人奖项或荣誉称号的人员，提供相关证明材料后，申请将户口登记在实际就业地的社区集体户不受缴纳基本养老保险和居住证办理条件的限制。

其二是中西部地区探索"一元户籍"的改革，如重庆、成都、安徽等全面取消农业和非农业户口的划分并建立一元化管理的探索。2015 年 5 月，安徽省出台《关于进一步推进户籍制度改革的意见》，其中提出引导人口向中小城市、重点开发区域转移，到 2020 年实现常住人口城镇化率达到 58%，取消农业户口与非农业户口性质区分，统一登记为居民户口，体现户籍制度的人口登记管理功能。户口登记不再标注户口性质，不再出具关于户口性质的证明。

其三是东部地区探索"户籍条件准入"的改革，如上海以居住年限、参加社会保障的年限，或者是职业能力与人力资本等作为申办本市常住户口的条件。青岛市 2018 年 3 月发布的《关于深化户籍制度改革的实施意

---

① 《中华人民共和国国民经济和社会发展第十三个五年规划纲要》，新华网，http://news. xinhuanet. com/politics/2016lh/2016 - 03/17/c_1118366322. htm，2016 年 3 月 17 日。

见》，在探索户籍条件准入方面做了更为详尽的规定。指出，适度放宽城区的落户政策，大幅放宽新区和全面放开县域落户政策，同时简化积分落户政策、全面推进城镇户口自由迁移、健全人口信息管理制度等。①

城乡二元结构问题一直是农民工市民化过程中的一道坎，深化户籍制度改革，不断完善农民工社会保障体系、子女上学、落户以及基本公共服务等方面的建设，为农民工融入城市生活保驾护航，也为真正解决城乡二元结构提供强大动力支撑。

第二，要健全进城务工农民工各方面的保障机制，不断提高农民工在务工城市的生活水平。目前，外出农民工在参加社会保障方面的比例虽然有所提高，但水平仍然比较低。根据 2013 年的数据，外出农民工参加养老保险的比例为 15.7%，比 2012 年上升 1.4 个百分点；参加工伤保险的比例为 28.5%，比上年增长 4.5 个百分点；参加生育保险的比例为 6.6%，比上年增长 0.5 个百分点；参加失业保险的比例为 9.1%，比 2012 年增长 0.7 个百分点；参加医疗保险的比例为 17.6%，增长 0.7 个百分点（见表 6-1）。

表 6-1　2008~2013 年外出农民工参加社会保障的比例

单位：%

险种	2008 年	2009 年	2010 年	2011 年	2012 年	2013 年
养老保险	9.8	7.6	9.5	13.9	14.3	15.7
工伤保险	24.1	21.8	24.1	23.6	24.0	28.5
医疗保险	13.1	12.2	14.3	16.7	16.9	17.6
失业保险	3.7	3.9	4.9	8.0	8.4	9.1
生育保险	2.0	2.4	2.9	5.6	6.1	6.6

资料来源：《2013 年全国农民工监测调查报告》，国家统计局网站，http://www.stats.gov.cn/tjsj/zxfb/201405/t20140512_551585.html，2014 年 5 月 12 日。

2014 年参加"五险一金"的农民工的比例比 2013 年略有增长，农民

———————

① 青岛市人民政府：《关于深化户籍制度改革的实施意见》（青政发〔2018〕13 号），青政网，http://www.qingdao.gov.cn/n172/n68422/n68424/n31282492/n31282493/180330102240607056.html，2018 年 3 月 30 日。

工 "五险一金" 的参保率分别为工伤保险 26.2%、医疗保险 17.6%、养老保险 16.7%、失业保险 10.5%、生育保险 7.8%、住房公积金 5.5%，比上年分别提高 1.2 个、0.5 个、0.5 个、0.7 个、0.6 个和 0.5 个百分点（见表6-2）。分区域看，在东部地区务工的农民工 "五险一金" 参保率分别为工伤保险 29.8%、医疗保险 20.4%、养老保险 20.0%、失业保险 12.4%、生育保险 9.1%、住房公积金 6.0%，均好于中西部地区。但在中西部地区务工的农民工 "五险一金" 的参保率提高较快。分行业看，在农民工比较集中的几个行业中，制造业农民工 "五险一金" 参保率分别为工伤保险 34.2%、医疗保险 22.1%、养老保险 21.4%、失业保险 13.1%、生育保险 9.3%、住房公积金 5.3%，分别是参保率最低的建筑业农民工工伤保险参保率的 2.3 倍、医疗保险参保率的 4.1 倍、养老保险参保率的 5.5 倍、失业保险参保率的 6.2 倍、生育保险参保率的 7.9 倍、住房公积金参保率的 5.9 倍，从事不同行业的农民工参保率差距明显。①

表 6-2　2014 年农民工参加 "五险一金" 的比例

单位：%，个百分点

项目	工伤保险	医疗保险	养老保险	失业保险	生育保险	住房公积金
合计	26.2	17.6	16.7	10.5	7.8	5.5
外出农民工	29.7	18.2	16.4	9.8	7.1	5.6
本地农民工	21.1	16.8	17.2	11.5	8.7	5.3
合计	1.2	0.5	0.5	0.7	0.6	0.5
外出农民工	1.2	0.6	0.7	0.7	0.5	0.6
本地农民工	1.0	0.4	0.3	0.9	0.8	0.4

资料来源：《2014 年全国农民工监测调查报告》，国家统计局网站，http://www.stats.gov.cn/tjsj/zxfb/201504/t20150429_797821.html，2015 年 4 月 29 日。

在城市，让农民工在医疗、就业、教育、住房等方面有所保障，让农民工和城市居民一样平等地享有城市建设和发展的成果，让城市的基本公

① 《2014 年全国农民工监测调查报告》，国家统计局网站，http://www.stats.gov.cn/tjsj/zxfb/201504/t20150429_797821.html，2015 年 4 月 29 日。

共服务均等化，是提高农民工生活水平、让农民工真正融入城市的基本前提。正如有学者提出的："融入城市，不在于人的神情举止、饮食穿戴，而在于能够平等享有城市建设和发展的成果，推进基本公共服务均等化。"① 2011 年，民政部以民发〔2011〕210 号印发《关于促进农民工融入城市社区的意见》。该意见从"构建以社区为载体的农民工服务管理平台""落实政策扎实做好农民工社区就业服务工作""切实保障农民工参与社区自治的权利""健全覆盖农民工的社区服务和管理体系""大力发展丰富多彩的社区文化生活"等五个方面对如何促进农民工融入城市社会做出了部署，是健全城市农民工社会保障机制、提高农民工物质和精神文化生活水平的有益尝试。

根据国家统计局《2016 年农民工监测调查报告》的数据，农民工进一步融入城市还需要进一步的努力与政策保障。在城市生活中，除家人外，进城农民工业余时间人际交往时，老乡占 35.2%，比上年提高 1.6 个百分点；当地朋友占 24.3%，比上年提高 0.8 个百分点；同事占 22.2%，比上年提高 0.7 个百分点；其他外来务工人员占 3.1%，比上年下降 1.1 个百分点；基本不和他人来往占 12.7%，比上年下降 1.6 个百分点。可见，农民工的社会交往有待进一步丰富。据《2017 年农民工监测调查报告》，进城农民工中，38% 认为自己是所居住城市的"本地人"，比上年提高 2.4 个百分点。从进城农民工对本地生活的适应情况看，表示对本地生活非常适应和比较适应的占 80.4%，一般的占 18.3%，不太适应和非常不适应的占 1.3%。分城市类型看，城市规模越大，农民工对所在城市的归属感越弱，对城市生活的适应难度越大。但进城农民工的社会活动仍比较单一，情况与 2016 年基本相同。

同时，应加强在城市务工的农民工的创业培训，为农民工提供政策咨询、项目推荐、创业指导、后续支持等服务，落实创业担保贷款、创业补贴、税费减免等优惠扶持政策。近年来，接受职业技能培训的农民工人数不断增加，占农民工总数的比重也不断提高（见表 6-3）。

---

① 李强：《打破城乡壁垒　需要更多关怀》，《人民日报》2012 年 1 月 5 日，第 23 版。

表 6 - 3　2015 年和 2016 年接受过技能培训的农民工比重

单位：%

项目	接受农业技能培训		接受非农职业技能培训		接受技能培训	
	2015 年	2016 年	2015 年	2016 年	2015 年	2016 年
合计	8.7	8.7	30.7	30.7	33.1	32.9
本地农民工	10.2	10.0	27.7	27.8	30.8	30.4
外出农民工	7.2	7.4	33.8	33.8	35.4	35.6

资料来源：《2016 年农民工监测调查报告》，国家统计局网站，http://www.stats.gov.cn/tjsj/zxfb/201704/t20170428_1489334.html，2018 年 4 月 28 日。

2017 年的数据与 2016 年基本持平。数据显示，2017 年接受过农业或非农职业技能培训的农民工占 32.9%，与上年基本持平。其中，接受非农职业技能培训的占 30.6%，比上年下降 0.1 个百分点；接受农业技能培训的占 9.5%，比上年提高 0.8 个百分点；农业和非农职业技能培训都参加过的占 7.1%，比上年提高 0.6 个百分点。其中，本地农民工接受农业或非农职业技能培训的占 30.6%，比上年提高 0.2 个百分点；外出农民工接受农业或非农职业技能培训的占 35.5%，比上年下降 0.1 个百分点。[1]

健全农民工劳动权益保护机制，鼓励农民工与用人单位签订劳动合同。2016 年与雇主或单位签订了劳动合同的农民工比重为 35.1%，比上年下降 1.1 个百分点。其中，外出农民工与雇主或单位签订劳动合同的比重为 38.2%，比上年下降 1.5 个百分点；本地农民工与雇主或单位签订劳动合同的比重为 31.4%，比上年下降 0.3 个百分点。[2] 应不断增强农民工的维权意识。同时鼓励农民工积极创业，实行城乡统一的就业失业登记制度，在就业创业所在地进行就业失业登记的，享受同等公共就业创业服务。

在农村，加大公共财政对新农村建设和农村社保的投入，完善农村基础设施建设，提高农村公共服务水平，改善农村居民的各项社保待遇，逐

---

[1] 《2017 年农民工监测调查报告》，国家统计局网站，http://www.stats.gov.cn/tjsj/zxfb/201804/t20180427_1596389.html，2018 年 4 月 27 日。

[2] 《2016 年农民工监测调查报告》，国家统计局网站，http://www.stats.gov.cn/tjsj/zxfb/201704/t20170428_1489334.html，2018 年 4 月 28 日。

步实现城乡基本公共服务和社会保障水平均等化。要推进农村集体产权制度改革，探索集体经济有效实现形式，保护成员的集体财产权和收益分配权。完善农村产权交易市场，推动农村产权流转交易公开、公正、规范运行。探索建立农村土地承包经营权、集体收益分配权依法自愿有偿转让机制和宅基地使用权依法自愿有偿转让方式，依法保护进城务工农民工在农村的合法权益。

第三，向符合条件并愿意落户城镇的农民工提供配套政策保障。《国家新型城镇化规划（2014～2020 年）》对农业人口市民化提出了较高的要求："以人为本，公平共享。以人的城镇化为核心，合理引导人口流动，有序推进农业转移人口市民化，稳步推进城镇基本公共服务常住人口全覆盖，不断提高人口素质，促进人的全面发展和社会公平正义，使全体居民共享现代化建设成果。"为此，要建立健全由政府、企业、个人共同参与的农业转移人口市民化成本分担机制，根据农业转移人口市民化成本分类，明确成本承担主体和支出责任。政府要承担农业转移人口市民化在义务教育、劳动就业、基本养老、基本医疗卫生、保障性住房以及市政设施等方面的公共成本。企业要落实农民工与城镇职工同工同酬制度，加大职工技能培训投入，依法为农民工缴纳职工养老、医疗、工伤、失业、生育等社会保险费用。农民工要积极参加城镇社会保险、职业教育和技能培训等，并按照规定承担相关费用，提升融入城镇社会的能力。

2016 年国务院办公厅发布的《关于印发推动 1 亿非户籍人口在城市落户方案的通知》进一步明确提出："促进有能力在城镇稳定就业和生活的农业转移人口举家进城落户，是全面小康社会惠及更多人口的内在要求，是推进新型城镇化建设的首要任务，是扩大内需、改善民生的重要举措。"[①] 同时强调，从"将进城落户农民完全纳入城镇住房保障体系""落实进城落户农民参加城镇基本医疗保险政策""落实进城落户农民参加城镇养老保险等政策""保障进城落户农民子女平等享有受教育权利"等方

---

① 《国务院办公厅关于印发推动 1 亿非户籍人口在城市落户方案的通知》（国办发〔2016〕72 号），中央人民政府网，http://www.gov.cn/zhengce/content/2016 - 10/11/content_ 51 17442. htm，2016 年 10 月 11 日。

面保证农民工真正融入城市，推进农民的市民化进程。

二　中国农村劳动力半商品化问题的应对

以市场为导向的产业升级导致的农民工回流，是解决新时代农民工问题的一个重要契机，需要各地及时出台相关政策进行积极而恰当的引导和规划。

（一）农民工回流问题的政治经济理论基础

农民工回流并非逆马克思主义理论而行的现象，而是在马克思主义相关理论基础上的具体表现和发展。

恩格斯曾在《国民经济学批判大纲》中指出："人口过剩或劳动力过剩是始终与财富过剩、资本过剩和地产过剩联系着的。"[①] 对于怎样才能达到劳动供给与资本积累关系的平衡点，马克思在《资本论》第一卷中分析"资本积累的过程"时指出："对于这个现代工业来说，如果有下面这样的规律，那确实是太好了：劳动的供求不是通过资本的膨胀和收缩，因而不是按照资本当时的增殖需要来调节，以致劳动市场忽而由于资本膨胀而显得相对不足，忽而由于资本收缩而显得过剩，而是相反，资本的运动依存于人口量的绝对运动。"[②]

同时，技术进步不仅对劳动力需求的数量产生影响，而且对劳动力的就业结构、劳动力的素质乃至身心都会产生影响。随着生产力的提高和现代科学技术的发展，对农民工劳动力素质和技能的要求也不断提高。正如马克思所说："现在，不是生产力不足造成人口过剩，而是生产力增长要求人口减少，并且通过饥荒或移民来赶走过剩的人口。不是人口压迫生产力，而是生产力压迫人口。"[③]"采用机器不过是提高劳动生产力的许多方法之一。正是这个发展过程使简单劳动相对过剩，另一方面使熟练劳动简

---

① 《马克思恩格斯选集》（第一卷），人民出版社，2012，第41页。
② 《资本论》（第一卷），人民出版社，2004，第734页。
③ 《马克思恩格斯全集》（第十一卷），人民出版社，1995，第662页。

单化，于是也就使它贬值了。"① "由于机器生产的发展、农业的改良等等，生产同样数量产品所必需的工人越加减少了，这种完善，也就是这种使工人过剩的现象，甚至比资本的增加更要快得多。"② 在《资本论》第一卷中，马克思也指出："相对过剩人口的生产或工人的游离，比生产过程随着积累的增进本身而加速的技术变革，比与此相适应的资本可变部分比不变部分的相对减少，更为迅速。"③ 这些过剩工人形成庞大的产业后备军，一方面使工人的工资保持在低下的水平上，另一方面对社会福利和社会救济提出了更高的要求。马克思在《工资、价格和利润》一文中早就指出："现代工业的发展一定会越来越有利于资本家而有害于工人，所以资本主义生产的总趋势不是提高而是降低工资的平均水平，在或大或小的程度上使劳动的价值降到它的最低限度。"④

从马克思的经典论述中不难看出，相对过剩人口在资本积累过程中是必然会出现的："在农业中使用机器，造成了不断增长的人口过剩，这些人已经不能找到职业。这种过剩的人口涌向城市，不断给劳动市场以压力，从而使工资下降。"⑤ 马克思所论述的相对人口过剩是在资本主义经济条件之下，劳动力的供求完全是受资本控制的。即马克思所说的，资本的积累"一方面扩大对劳动的需求，另一方面又通过'游离'工人来扩大工人的供给，与此同时，失业工人的压力又迫使就业工人付出更多的劳动，从而在一定程度上使劳动的供给不依赖于工人的供给。劳动供求规律在这个基础上的运动成全了资本的专制"⑥。

此外，社会主义市场经济条件下大批农民工选择回流，是市场导向下的劳动力供给和需求的新调整。众所周知，根据马克思主义经典作家的观点，"劳动力的价值，或用流行的说法，即劳动的价值，是由生活必需品

---

① 《马克思恩格斯全集》（第二十一卷），人民出版社，2003，第 210 页。
② 《马克思恩格斯全集》（第二十一卷），人民出版社，2003，第 369 页。
③ 《资本论》（第一卷），人民出版社，1975，第 697 页。
④ 《马克思恩格斯全集》（第二十一卷），人民出版社，2003，第 211 页。
⑤ 《马克思恩格斯全集》（第二十一卷），人民出版社，2003，第 588 页。
⑥ 《资本论》（第一卷），人民出版社，2004，第 737 页。

的价值或生产这些生活必需品所需要的劳动量决定的"①。"工人要求提高工资，不过是要求获得他的劳动所增加的价值，就好像其他所有出卖商品的人在商品成本增加时，力求使其商品所增加的价值获得报酬一样。"② 但同时，马克思也指出，劳动力这种商品的价值，又不同于其他一切商品的价值，"劳动力价值的最低界限是由生理的要素决定的。这就是说，工人阶级为了维持和再生产自己，为了延续自己肉体的生存，就必须获得生存和繁殖所绝对需要的生活必需品。所以这些绝对需要的生活必需品的价值，就构成劳动的价值的最低界限。"③ 同时，马克思主义政治经济学认为，工资是劳动力价值的货币表现，而劳动力价值是由生产和再生产劳动力商品的社会必要劳动时间决定的。它的一个重要特点是"包含历史的和道德的因素"。以劳动力价值为基础的工资要能够让工人抚养家庭、让其子女接受教育，并维持必要的社会文化生活。"工人必须有时间满足精神需要和社会需要，这些需要的范围和数量由一般的文化状况决定。"④ 并且随着社会生产力和文明程度的提高，工人的工资也应该相应地得到提高。

基于马克思劳动力价值理论，可研判当下中国农民工回流的两大主要现实背景。第一，农民工在城市的生活成本提高，生活水平相对下降。2015 年，农民工人均月收入 3072 元，比上年增加 208 元，增长 7.2%，增速比上年回落 2.6 个百分点。⑤ 同时，农民工在城市生活的成本则在不断增加。国家统计局的调查数据显示，2015 年外出农民工人均月生活消费支出人均 1012 元，比上年增加 68 元，增长 7.2%，比上年加快 1.4 个百分点。其中，居住支出月人均 475 元，比上年增加 30 元，增长 6.7%。⑥ 可见，农民工工资的增长速度不及生活消费支出的增长速度，这有可能降低其相对生活水平。

---

① 《马克思恩格斯选集》（第二卷），人民出版社，2012，第 57~58 页。
② 《马克思恩格斯选集》（第二卷），人民出版社，2012，第 58 页。
③ 《马克思恩格斯选集》（第二卷），人民出版社，2012，第 64 页。
④ 《资本论》（第一卷），人民出版社，2004，第 269 页。
⑤ 《国家统计局发布 2015 年农民工监测调查报告》，新华网，http://news.xinhuanet.com/politics/2016-04/28/c_128940738.htm，2016 年 4 月 28 日。
⑥ 《国家统计局发布 2015 年农民工监测调查报告》，新华网，http://news.xinhuanet.com/politics/2016-04/28/c_128940738.htm，2016 年 4 月 28 日。

第二，改革开放初期劳动力市场上相对廉价的劳动力资源优势已不明显或不存在。相对廉价的劳动力成本一直被认为是中国经济发展的优势所在，曾经大规模的农村剩余劳动力是劳动力无限供给理论的主要基石，也是农民工工资较低的现实基础，但中国的劳动力资源优势正在消失。劳动力成本在不断提高，加之 20 世纪 80 年代以来实行的计划生育政策直接导致每年新增劳动力数量的减少，同时，随着第一批进城务工的农民工退出劳动力市场，新生代农民工因接受高等职业技术教育等原因进入劳动力市场的年龄推迟，中国多地出现了"民工荒"。与"民工荒"相伴而来的是大量农民工回流农村或当地就业。

（二）回流是解决中国农村劳动力半商品化问题的有效途径

之所以指出回流是解决中国农村劳动力半商品化问题的有效途径，主要基于中国的国情。在实现新型工业化、信息化、城镇化、农业现代化之时，中国城镇化率将达到 70%，城乡统一、覆盖全社会的社会保障制度将建立起来。即使这样，解决中国农村劳动力半商品化问题的有效路径也并非全部市民化，以产业升级倒逼部分农民工回流进而发展与壮大集体经济，是最终解决农民工半商品化问题是的有效途径。

产业升级势在必行。党的十八大以来，以习近平同志为核心的党中央为我国经济发展准确把脉，指出我国经济发展虽然面临周期性、总量性问题，但最突出的是结构性问题，矛盾的主要方面在供给侧。中国经济从高速增长转为中高速增长（速度变化），经济结构不断优化升级（结构优化）、经济增长动力从要素驱动、投资驱动转向创新驱动（动力转换），经济呈现新常态，是我国经济发展阶段性特征的必然反映，是我国经济向形态更高级、分工更优化、结构更合理的阶段演进的必经过程。面对当前中国经济发展中的结构性问题，针对生产领域的产能过剩和流通领域的库存积压问题，习近平总书记强调要支持传统产业优化升级，通过引入新技术、新管理、新模式，使之焕发巨大生机和活力。中国的经济发展已经进入新常态，并发出了警告，必须将"引进来"和"走出去"并重，是开放型经济发展到较高阶段的重要特征。正如学界所指出的："新时代的中国对外开放，引进来重在倒逼产业升级和结构调整，走出去重在提升在全球价值链中的位置，二者相辅相成、相得益彰。"[1] 中国经济发展进入新常态，必须由高速增长阶段转向高质量发展阶段，也是建设现代化经济体系的战略目标。

与经济进入新常态下产业升级和结构调整所需的高素质和拥有专业技能的技术工人相比较而言，目前我国农民工群体的知识水平与职业技能严重影响着企业技术提升与产业升级。随着我国转型升级和产业结构调整的推进，"中国制造"无疑需要真正地转向"中国创造"。习近平总书记指出："打赢供给侧结构性改革这场硬仗，要从生产端入手，促进产能过剩有效化解，促进产业优化重组，降低企业成本，发展战略性新兴产业和现代服务业，增加公共产品和服务供给。"[2] 李克强总理在主持召开"十三五"规划纲要编制工作会议时也一再强调，要在供给侧和需求侧两端发力促进产业迈向中高端。他指出："要着力推进结构性改革，更加注重供给侧结构性改革，加快新旧发展动能转换，提高全要素生产率。"[3] 这一过程中，知识水平与职业技能的不足甚至缺失必然导致大量的农民工丧失工作岗位或不得不转业转岗。随着现代化步伐的推进，在国民经济向世界经济体系的中高端产业链迈进的同时，这种结构性的就业矛盾在所难免，产业升级必然会加剧农民工的回流。

同时，回流的农民工并不都是产业升级之下文化程度较低或无技能的农民工。相反，他们中有很多有着先进经营理念、拥有技术和大量资金。然而，无论是什么原因导致的回流，都在促使我们去思考如何彻底解决农民工半商品化的问题。回流给我们提供了一个彻底解决农民工问题的视角和突破口，那就是大力发展农村集体经济。在中国经济进入新常态的背景下，促进农村集体经济发展，壮大农村集体经济实力，是完善统分结合双层经营体制的根本举措，是解放生产力、发展生产力的内在要求，是推进

---

① 陈二厚、赵超等：《挥写中国与世界交融发展新画卷》，《人民日报》2018年11月4日，第1版。
② 《习近平总书记系列重要讲话读本》，学习出版社、人民出版社，2016，第156页。
③ 《李克强主持召开国务院全体会议》，《人民日报》2016年1月23日，第3版。

中国特色农业现代化的重要途径，也是解决农民工半商品化问题的根本选择。

（三）回流农民工问题具体的政策解决路径

城镇化是一个国家现代化的重要途径。当下，中国正处在全面实现小康社会，推进新型城镇化的关键时期，《国家新型城镇化规划（2014~2020年）》明确提出要有序推进农业转移人口市民化，努力实现1亿左右农业转移人口和其他常住人口在城镇落户，从城镇的角度出发提出了解决农民工问题的路径之一。党的十九大报告首次提出乡村振兴战略，从重点发展农村农业现代化问题上为解决农民工问题提供了重要突破口。在此背景之下，解决回流农民工问题显得尤为重要和紧迫。具体来说，解决回流农民工问题的措施主要有以下几点。

（1）支持回流农民工返乡创业。加快新型农村建设步伐，发展乡村产业，吸引农民工返乡创业，从而实现农民工就地城镇化。农民工回流问题是改革开放的产物。改革开放的最初10年，农村劳动力一般是就地实现转移。20世纪90年代，开始出现农民工向大中城市转移的"民工潮"现象，与此同时也出现农民工的回流。进入21世纪以来，农民工已经成为我国改革开放和工业化、城镇化进程中涌现的一支新型劳动大军和不可或缺的重要组成部分。2006年，国务院颁发《关于解决农民工问题的若干意见》，指出"大量农民进城务工或在乡镇企业就业，对我国现代化建设作出了重大贡献"[1]，并强调农民工的权益必须予以保障。其中对引导加强农民工就业问题提出了指导性意见："实行农村劳动力异地转移与就地转移相结合。既要积极引导农民进城务工，又要大力发展乡镇企业和县域经济，扩大农村劳动力在当地转移就业。"[2] 而且肯定了返乡农民工的创业之举，认为

---

[1] 《国务院关于解决农民工问题的若干意见》（国发〔2006〕5号），人力资源和社会保障部网站，http://www.mohrss.gov.cn/nmggzs/NMGGZSzhengcewenjian/200612/t20061220_83073.htm，2006年12月20日。

[2] 《国务院关于解决农民工问题的若干意见》（国发〔2006〕5号），人力资源和社会保障部网站，http://www.mohrss.gov.cn/nmggzs/NMGGZSzhengcewenjian/200612/t20061220_83073.htm，2006年12月20日。

"返乡创业的农民工，带回资金、技术和市场经济观念，直接促进社会主义新农村建设"①。

但 2008 年以来，受国际金融危机的影响，中国经济下行压力逐渐凸显。在国际金融风暴的袭扰下，我国东部沿海地区部分外向型企业遭遇新的挑战，产品订单减少、企业利润下滑，大批工人被裁或被迫休假，农民工回流问题、"民工荒"进一步加剧，也越来越引起党中央和国务院的重视。各省区市均出现了大批农民工"返乡潮"。以陕西省为例，陕西农民工监测摸底调查结果显示，截至 2009 年 1 月，陕西农民工总数为 642.9 万人，其中外出农民工 442.0 万人，占本省农民工总数的 68.8%；本地农民工 200.9 万人，占本省农民工总数的 31.2%。提前返乡农民工（不含正常回家过春节的人）总数 62 万人，占外出农民工总数的 14.0%。② 大批农民工返乡使产业结构调整以及富余劳动力培训等问题变得迫在眉睫。近些年来，农民工回流的规模还在不断变大，农民工回流的数量也在增加。《2012 年全国农民工监测调查报告》显示，全国农民工总数达到 26261 万人，其中外出农民工 16336 万人，本地农民工 9925 万人。③ 根据国家统计局抽样调查结果，2014 年全国农民工总量为 27395 万人，比上年增加 501 万人，增长 1.9%。其中，外出农民工 16821 万人，比上年增加 211 万人，增长 1.3%；本地农民工 10574 万人，增加 290 万人，增长 2.8%。④

2017 年农民工总量达到 28652 万人，比上年增加 481 万人，增长 1.7%，增速比上年提高 0.2 个百分点。在农民工总量中，外出农民工 17185 万人，比上年增加 251 万人，增长 1.5%，增速较上年提高 1.2 个百分点；本地农民工 11467 万人，比上年增加 230 万人，增长 2.0%，增速

① 《国务院关于解决农民工问题的若干意见》（国发〔2006〕5 号），人力资源和社会保障部网站，http://www.mohrss.gov.cn/nmggzs/NMGGZSzhengcewenjian/200612/t20061220_83073.htm，2006 年 12 月 20 日。
② 国家统计局陕西调查总队：《2008 年陕西农民工监测调研报告》，陕西经济信息网，http://www.sei.gov.cn/ShowArticle2008.asp？ArticleID=176024，2009 年 3 月 24 日。
③ 《2012 年全国农民工监测调查报告》，国家统计局网站，http://www.stats.gov.cn/tjsj/zxfb/201305/t20130527_12978.html，2013 年 5 月 27 日。
④ 《2014 年全国农民工监测调查报告》，中央人民政府网站，http://www.gov.cn/xinwen/2015-04/29/content_2854930.htm，2015 年 4 月 29 日。

仍快于外出农民工增速。在外出农民工中，进城农民工 13710 万人，比上年增加 125 万人，增长 0.9%。[①]

在农民工回流规模不断提升的情况下，完善和落实促进农民工就业创业的政策，鼓励农民工就地就近转移就业、扶持农民工返乡创业显得尤为重要与迫切。

具体来说，支持回流的农民工返乡创业的具体措施有以下三点。第一，中西部地区应以培育中小城市和特色小城镇的发展机遇为契机，为农民工返乡创业就业提供动力支撑。农民工就地、就近城镇化，是目前中国新型城镇化建设的重要途径。2016 年 2 月，国务院下发《关于深入推进新型城镇化建设的若干意见》，其中指出："加大对中西部地区发展潜力大、吸纳人口多的县城和重点镇的支持力度。"[②] 要求提升县城和重点镇基础设施水平，加快培育中小城市和特色小城镇。为此，地方政府应以此为契机，进一步完善城镇化工作机制，结合中央要求，统筹推进本地区新型城镇化工作，不断改善与提高本地区基础设施水平，并突出本地区的特色，因地制宜、创新机制，在充分发挥市场主体作用的同时，落实中央将"推动小城镇发展与疏解大城市中心城区功能相结合、与特色产业发展相结合、与服务'三农'相结合"的要求，将本地区发展成为具有特色优势的休闲旅游、商贸物流、信息产业、先进制造、民俗文化传承、科技教育等魅力县乡及小镇，结合特色，定位明确，以此带动农业现代化和农民就近城镇化、就地城镇化，为农民工返乡创业就业提供发展的动力支撑。

第二，落实与加强对农民工返乡创业就业的政策扶持。就业事关经济发展和民生改善的大局。很多返乡农民工是带着技术或资金回来的，他们多年在大城市从事第二、第三产业的工作，掌握了先进的生产管理技术和一定的生产技能，这些是发展现代化农业，农村经济发展的助推器。为此，中央明确规定："必须着力培育大众创业、万众创新的新引擎，实施

---

① 《2017 年农民工监测调查报告》，国家统计局网站，http://www.stats.gov.cn/tjsj/zxfb/201804/t20180427_1596389.html，2018 年 4 月 27 日。

② 《国务院关于深入推进新型城镇化建设的若干意见》（国发〔2016〕8 号），中央人民政府网站，http://www.gov.cn/zhengce/content/2016 - 02/06/content_5039947.htm，2016 年 2 月 6 日。

更加积极的就业政策，把创业和就业结合起来，以创业创新带动就业，催生经济社会发展新动力，为促进民生改善、经济结构调整和社会和谐稳定提供新动能。"① 并再次明确提出要支持农民工返乡创业，以创业带动就业："支持农民工返乡创业，发展农民合作社、家庭农场等新型农业经营主体，落实定向减税和普遍性降费政策。依托现有各类园区等存量资源，整合创建一批农民工返乡创业园，强化财政扶持和金融服务。"② 为了推进中央政策的落实和具体目标的实现，除了督促和加强中央、省级政策在县乡一级的落实外，还要进一步加大财税支持和税收优惠力度，减轻农民工创业负担，提升待遇；优化融资环境，鼓励和支持那些有创业技能和创业愿望的潜在创业者成为真正的创业者，以此带动更多的农民工就业，共同建设新农村。

第三，根据返乡农民工创业就业意愿，增强对其技能培训的针对性。返乡的农民工群体再就业的意愿是很强烈的。根据学者对湖南省 2008 年国际金融危机以后返乡农民工的意愿调查来看，愿意从事农业生产的占返乡农民工总数的 17.12%，愿意到城镇再打工的占返乡农民工总数的 79.78%，愿意返乡创业的占农民工总数的 3.1%。③ 针对这种情况，结合返乡农民工的不同需求，在开展提升其技能的培训时，增强针对性和有效性。对于愿意从事农业生产的返乡农民工，开展关于农业生产、农作物种植、养殖业等方面的培训，同时加强先进农业生产工具的推广和补贴力度，以此促进农业现代化，向培养职业农民进军。针对绝大多数有就业意愿的返乡农民工，按照其就业要求，并结合市场需求，与当地的职业技能学校、技工学校合作，对返乡就业的农民工进行职业技能培训，提高返乡农民工再就业的能力。针对有创业意愿的返乡农民工，要结合市场需求和

---

① 《国务院关于进一步做好新形势下就业创业工作的意见》（国发〔2015〕23 号），中央人民政府网站，http://www.gov.cn/zhengce/content/2015-05/01/content_9688.htm，2015 年 5 月 1 日。

② 《国务院关于进一步做好新形势下就业创业工作的意见》（国发〔2015〕23 号），中央人民政府网站，http://www.gov.cn/zhengce/content/2015-05/01/content_9688.htm，2015 年 5 月 1 日。

③ 吴易雄：《农民工返乡创业调查》，湖南人民出版社，2013，第 16 页。

当地实际情况，加强其创业理念，具体创业项目的培训，增强其创业能力和创业的针对性。

（2）发展与壮大农村集体经济，为回流农民工提供直接的制度根基。发展集体经济进而发展到公有制经济是马克思主义经典作家的主要观点，它既是社会主义的本质属性，也是社会主义市场经济的题中应有之义，更是解决农民工半商品化问题的根本路径选择。马克思主义经典作家历来强调集体对于个人和社会发展的重要性，指出："个人力量（关系）由于分工转化为物的力量……只能靠个人重新驾驭这些物的力量并消灭分工的办法来消灭。没有集体，这是不可能实现的。"[1] 马克思、恩格斯详细论述了通过集体的力量最终建立一个使每一个人都获得自由的集体，那就是通过无产阶级革命活动建立的无产阶级专政，是"在一个集体的、以共同占有生产资料为基础的社会中"[2]，在这里，个体的生产资料的占有方式会日益被进步工业生产所排斥，并最终实现全部生产资料的集体所有制。同时必须帮助分散的小农实现对土地所有者权和劳动果实所有权的转变。马克思指出，无产阶级在夺取国家的控制权后，应"以政府的身份采取措施，直接改善农民的状况……应当促进土地私有制向集体所有制的过渡，让农民自己通过经济的道路来实现这种过渡"[3]。列宁进一步将改造小农的方式具体化，通过合作社的方式来改造传统的小农经济。他指出，合作企业是集体企业，是"与社会主义企业没有区别"的，因为农民合作社占有的土地和生产资料是属于工人阶级的，所以"合作社的发展也就等于社会主义的发展"[4]。从马克思主义经典作家的论述中不难看出，在社会主义条件下，农村经济的必然道路是大力发展集体所有制下的集体经济。

新中国成立之后，重视对农业进行社会主义改造，用合作社的方式来改造传统的小农经济。1956 年完成对农业、手工业和资本主义工商业的改造之后，社会主义基本制度在中国确立起来，农村也以合作社的形式确立

---

① 《马克思恩格斯全集》（第三卷），人民出版社，1960，第 84 页。
② 《马克思恩格斯全集》（第十九卷），人民出版社，1963，第 20 页。
③ 《马克思恩格斯全集》（第十八卷），人民出版社，1964，第 695 页。
④ 《列宁专题文集：论社会主义》，人民出版社，2009，第 354 页。

了农村集体经济的地位。1978 年十一届三中全会拉开了中国改革开放的序幕，农村实行家庭联产承包责任制，充分发挥农民的积极性，将土地所有权和承包经营权分设，所有权归集体，承包经营权归农户，极大地调动了亿万农民的积极性，有效解决了温饱问题，农村改革取得重大成果。

经过 40 多年改革开放的深入实践，农村集体经济在改革和发展中取得了一定的成效，而我们在改革中始终保证和维护农村土地集体所有制的形式和农民的利益。1991 年十三届八中全会通过的《中共中央关于进一步加强农业和农村工作的决定》，正式提出"统分结合的双层经营体制"，要求乡村集体经济组织尊重群众要求，提供生产服务、资源开发服务，组织基本建设，并协调各种利益关系，管理集体财产。1993 年的《宪法》修正案写明上述内容，明确了农村土地所有权和承包经营权"两权分立"的土地制度。

为了完善土地承包关系，切实保障农民利益，党中央于 1998 年十五届三中全会上再次强调要长期稳定统分结合的双层经营制度，并于 2002 年将其写入《农村土地承包法》。中共十八大之后，中央更加重视促进农村土地流转和农村经济的集约化发展。2013 年的《中共中央关于全面深化改革若干重大问题的决定》要求在"坚持和完善最严格的耕地保护制度前提下""允许农民以承包经营权入股发展农业产业化经营"。2014 年中央出台意见，允许农户以承包土地的经营权向金融机构抵押贷款。进一步完善和保护了农民对土地的所有权。

之后，习近平总书记于 2016 年 4 月 25 日在安徽省凤阳县小岗村主持召开农村改革座谈会并发表重要讲话时强调："不管怎么改，都不能把农村土地集体所有制改垮了，不能把耕地改少了，不能把粮食生产能力改弱了，不能把农民利益损害了。"① 2016 年 10 月中央印发《关于完善农村土地所有权承包权经营权分置办法的意见》，提出农村土地集体所有权、农户承包权、土地经营权"三权分置"的改革制度，是继家庭联产承包责任制后又一制度创新。并明确了今后农村改革的方向和目标："逐步建立规

---

① 《习近平在小岗村主持农村改革座谈会 强调：加大推进新形势下农村改革力度 促进农业基础稳固农民安居乐业》，《人民日报》2016 年 4 月 29 日，第 1 版。

范高效的'三权'运行机制，不断健全归属清晰、权能完整、流转顺畅、保护严格的农村土地产权制度，优化土地资源配置，培育新型经营主体，促进适度规模经营发展，进一步巩固和完善农村基本经营制度，为发展现代农业、增加农民收入、建设社会主义新农村提供坚实保障。"① 同时，中共中央、国务院下发的《关于稳步推进农村集体产权制度改革的意见》指出，要"适应健全社会主义市场经济体制新要求，不断深化农村集体产权制度改革，探索农村集体所有制有效实现形式，盘活农村集体资产，构建集体经济治理体系，形成既体现集体优越性又调动个人积极性的农村集体经济运行新机制"②。

引导回流的农民工从事大规模的集体经营，要确保土地顺利流转并创造积极效应。首先就要明确土地物权属性，完善土地登记制度，理顺流转关系，规范流转程序及利益分配，使土地流转到最需要的农民手中，尤其是回流的具有先进管理经验、善于经营的农民工手中。要创新流转形式，从单一的租金流转到入股流转、分红流转等多种形式，激发农民流转土地的兴趣；同时要加快探索农村养老保险制度，完善农民最低生活保障制度，加快农村医疗、教育、文化等方面的建设，解除农民土地流转的后顾之忧。

其次就是从实际出发探索发展集体经济有效途径。农村集体经济组织可以利用未承包到户的集体"四荒"地（荒山、荒沟、荒丘、荒滩）、果园、养殖水面等资源，集中开发或者通过公开招投标等方式发展现代农业项目；可以利用生态环境和人文历史等资源发展休闲农业和乡村旅游；可以在符合规划的前提下，探索利用闲置的各类房产设施、集体建设用地等，以自主开发、合资合作等方式发展相应产业。支持农村集体经济组织为农户和各类农业经营主体提供产前产中产后农业生产性服务。鼓励整合利用集体积累资金、政府帮扶资金等，通过入股或者参股农业产业化龙头

---

① 《关于完善农村土地所有权承包权经营权分置办法的意见》，中央人民政府网站，http://www.gov.cn/xinwen/2016－10/30/content_5126200.htm，2016年10月30日。
② 《中共中央　国务院关于稳步推进农村集体产权制度改革的意见》，《光明日报》2016年12月30日，第1版。

企业、村与村合作、村企联手共建、扶贫开发等多种形式发展集体经济。大力发展合作经济、创新合作社经济的模式与形式，进而壮大集体经济，既符合改革开放以来党对农村改革发展的总体思路和一贯要求，也是对马克思主义中国化的进一步创新与发展。

1982 年《中华人民共和国宪法》的第一章第八条指出："农村人民公社、农业生产合作社和其他生产、供销、消费等各种形式的合作经济，是社会主义劳动群众集体所有制经济。"① 1993 年《中华人民共和国宪法修正案》将之修改为："农村中的家庭联产承包为主的责任制和生产、供销、信用、消费等各种形式的合作经济，是社会主义劳动群体集体所有制经济。"② 1999 年《中华人民共和国宪法修正案》进一步将之修改为："农村集体经济组织实行家庭联产承包经营为基础、统分结合的双层经营体制。农村中的生产、供销、信用、消费等各种形式的合作经济，是社会主义劳动群体集体所有制经济。"③ 此后，2014 年和 2018 年的宪法修正案都继续沿用了 1999 年的表述。宪法修改后，去除了农村人民公社及"纯而又纯"的生产领域合作社等指令性集体经济的弊端，把农民以各种形式自愿联合的合作经济作为集体经济的重要实现形式。

近年来，中央文件逐渐强调深化农村集体产权制度改革、发展农民专业合作和股份合作，把合作经济作为集体产权改革的重要实现形式。党的十八大报告明确指出："壮大集体经济实力，发展多种形式规模经营，构建集约化、专业化、组织化、社会化相结合的新型农业经营体系。"④ 2013年，农业部、财政部、民政部、审计署联合下发《关于进一步加强和规范村级财务管理工作的意见》（农经发〔2013〕6 号），提出切实加强和规范村级财务管理工作。由此，在全国开展了农村集体资产清产核资的工作。截至 2013 年底，我国村组两级集体资产量化总额达 4362.2 亿元，设立个

---

① 《中华人民共和国宪法》，法律出版社，2018，第 8 页。
② 《中华人民共和国宪法》，法律出版社，2018，第 46 页。
③ 《中华人民共和国宪法》，法律出版社，2018，第 52 页。
④ 胡锦涛：《坚定不移沿着中国特色社会主义道路前进　为全面建成小康社会而奋斗——在中国共产党第十八次全国代表大会上的报告》，《求是》2012 年第 22 期，第 23 页。

人股东 4202.1 万个。[1]

2015 年中央一号文件《中共中央 国务院关于加大改革创新力度加快农业现代化建设的若干意见》进一步提出要"推进农村集体产权制度改革","探索农村集体所有制有效形式,创新农村集体经济运行机制",并要求"对经营性资产,重点是明晰产权归属,将资产折股量化到本集体经济组织成员,发展多种形式的股份合作"。[2] 十九大报告明确指出,要"深化农村集体产权制度改革,保障农民财产收益,壮大集体经济"。[3] 可见,发展与壮大农村集体经济是党一贯的主张和要求。新形势下,要求探索、创新和发展农村合作化经济的多种形式,其落脚点和初衷是要壮大农村集体经济,引导农民走上共同富裕的社会主义道路。

发展与壮大农村集体经济,引导农民走上集体化的道路是新时代解决"三农"问题的制度安排,是回流农民工的最终出路,也是新时代解决农民工半商品化问题的关键所在。不断深化农村集体经济产权改革,不断探索保护农民产权的集体经济模式,是新时代农村改革的方向所在。

《全国农业现代化规划(2016～2020 年)》明确指出:"着力推进农村集体资产确权到户和股份合作制改革,赋予农民对集体资产股份占有、收益、有偿退出及抵押、担保、继承权。有序推进农村集体资产股份权能改革试点,到 2020 年基本完成经营性资产折股量化到本集体经济组织成员,健全非经营性资产集体统一运行管护机制。"[4] 为发展和壮大农村集体经济制定出了时间表和路线图,是全面建成小康社会的重要保障。通过回流解决农民工半商品化的问题进而壮大农村集体经济的实力,是一个复杂而长期的系统工程,需要从多个方面予以完善与推进。

(3)培养新型职业农民。所谓新型职业农民是指具有科学文化素质、

① 《2014 年中国农业发展报告》,中国农业出版社,2014,第 114 页。
② 《十八大以来重要文献选编》,中央文献出版社,2016,第 285 页。
③ 习近平:《决胜全面建成小康社会 夺取新时代中国特色社会主义伟大胜利——在中国共产党第十九次全国代表大会上的报告(2017 年 10 月 18 日)》,《人民日报》2017 年 10 月 28 日,第 1 版。
④ 《国务院关于印发全国农业现代化规划(2016～2020 年)的通知》(国发〔2016〕58 号),中央人民政府网站:http://www.gov.cn/zhengce/content/2016 - 10/20/content_5122217.htm,2016 年 10 月 20 日。

掌握现代农业生产技能、具备一定经营管理能力，以农业生产、经营或服务作为主要职业，以农业收入作为主要生活来源，居住在农村或集镇的农业从业人员。也有学者认为新型职业农民即以农业为主要职业和收入来源，作为市场主体参与农业市场活动，能够满足现代化农业建设需求，兼具较高科技文化素养、农业专业技能以及一定农业经营规模的现代农业从业人员。①

2007年的中央一号文件《关于积极发展现代农业扎实推进社会主义新农村建设的若干意见》首次提出培养新型农民这一要求，指出："建设现代农业，最终要靠有文化、懂技术、会经营的新型农民。必须发挥农村的人力资源优势，大幅度增加人力资源开发投入，全面提高农村劳动者素质，为推进新农村建设提供强大的人才智力支持。"② 同年10月，"培养新型农民"被写入党的十七大报告。2012年的中央一号文件《关于加快推进农业科技创新持续增强农产品供给保障能力的若干意见》指出："大力培育新型职业农民，对未升学的农村高初中毕业生免费提供农业技能培训，对符合条件的农村青年务农创业和农民工返乡创业项目给予补助和贷款支持。"③ "十三五"规划纲要在"培育新型农业经营主体"章节强调："健全有利于新型农业经营主体成长的政策体系，扶持发展种养大户和家庭农场，引导和促进农民合作社规范发展，培育壮大农业产业化龙头企业，大力培养新型职业农民，打造高素质现代农业生产经营者队伍。鼓励和支持工商资本投资现代农业，促进农商联盟等新型经营模式发展。"④ 2016年10月，国务院印发的《全国农业现代化规划（2016～2020年）》指出，要

① 周柏春、娄淑华：《新型城镇化的主体维度分析：来自于政府与农民的考察》，《农业经济问题》2015年第4期。
② 《中共中央 国务院关于积极发展现代农业扎实推进社会主义新农村建设的若干意见》，中国农业新闻网，http://www.farmer.com.cn/ywzt/wyhwj/yl/201502/t20150205_1011776_7.htm，2015年2月5日。
③ 《中共中央 国务院关于加快推进农业科技创新持续增强农产品供给保障能力的若干意见》，中国农业新闻网，http://www.farmer.com.cn/uzt/ywj/gea/201601/t20160128_1176629.htm，2016年1月28日。
④ 《中华人民共和国国民经济和社会发展第十三个五年规划纲要》，新华网，http://www.xinhuanet.com/politics/2016lh/2016-03/17/c_1118366322_6.htm，2016年3月17日。

加大政府创业投资引导基金对农民创业的支持力度，中小企业专项资金要按规定对农民工和大学生返乡创业予以支持；实施农民工等人员返乡创业行动计划，开展百万乡村旅游创客行动，引导有志投身现代农业建设的农村青年、返乡农民工、农村大中专毕业生创办领办家庭农场、农民合作社和农业企业。以此带动培育新型职业农民，从回流农民工中培养现代化职业农民。

2017 年 1 月 9 日，农业部出台《"十三五"全国新型职业农民培育发展规划》，指出：到 2020 年全国新型职业农民总量超过 2000 万人。同时强调，以提高农民、扶持农民、富裕农民为方向，以吸引年轻人务农、培养职业农民为重点，通过培训提高一批、吸引发展一批、培育储备一批，加快构建一支有文化、懂技术、善经营、会管理的新型职业农民队伍。

新型职业农民的提出，主要是基于我国农村劳动力的现实情况和发展趋势，主要表现为：一是数量萎缩，当前农民工总量约有 2.6 亿人，每年以 900 万～1000 万人的速度加速转移，务农农民尤其是青壮年农民急剧减少，农村出现空心化；二是结构失衡，年龄结构老龄化，平均年龄接近 50 岁，妇孺化严重；三是素质堪忧，小学、初中文化程度占 70% 以上；四是后继乏人，应届初高中毕业生就读涉农专业人数大幅萎缩，新生代劳动力离农去农现象严重。在此情况下，新型职业农民的培养必须被提上议事日程。

可以预见，新型职业农民将是中国新型城镇化建设和乡村振兴的主力军。新型职业农民与新型城镇化和乡村振兴战略是一种互动共生、协同促进的关系。一方面，新型城镇化和乡村振兴战略为新型职业农民的产生和发展提供了基础条件和政策保障，为农民工的职业化转变提供了产业结构、资源要素、政策要素等方面的支持。新型城镇化是以人为核心的大中小城市、小城镇、新型农村社区协调发展、互促共进的城镇化。其中本身就涵盖新型农村建设，新型农村建设需要新型职业农民作为主体参与其中，才能不断释放农村的生产力和活力；乡村振兴战略直面中国经济社会发展中存在的短板问题，直面农业、农村和农民问题，而农民是"三农"问题解决的最主要的因素和内生动力，乡村振兴战略的提出，也向新型职业农民培育吹响了号角。另一方面，新型职业农民代表着农村最先进的生产力，是新型城镇化建设和乡村振兴战略的主力军和生力军，新型职业农民将以科技助推农业、农村的现代化发展，为新型城镇化演变和乡村振兴提供充足的后备力量和内生动力源泉。

同时，新型职业农民也是未来农民工的主要职业和趋向选择。2012 年 12 月，温家宝总理在国务院召开常务会议，听取农业和农村工作汇报并通过《中华人民共和国土地管理法修正案（草案）》。会议指出，在农业和农业人口比重逐步下降的情况下，稳定发展农业、调动农民积极性，必须坚持不懈地加大强农惠农富农政策力度；采取有效措施，使一部分年轻人愿意在农村留下来搞农业，培养和稳定现代农业生产队伍。未来发展现代农业，必须靠新型职业农民。中央强调培育新型职业农民，抓住了"三农"问题的"牛鼻子"，将新型职业农民作为农民一份值得自豪的职业，用看得见的经济效益来调动亿万农民的积极性从而进一步增强农民的职业自豪感。目前的新型职业农民已经初步显示出了其发展集体经济的强大优势。来自吉林省的调查显示："规模在 20—30 亩、30—70 亩的玉米种植大户，每户平均净收入分别为 1.2 万元和 2.3 万元，基本与外出务工经商的农民工收入相当，这部分人成为职业农民后不会轻易离开农村。"[1] 可见，新型职业农民是建立在经济收入较高的基础之上的，也是吸引农民留在农村的重要法宝，在这个意义上来说，"未来的农民概念应该和现在不一样。必须在稳定提高农业比较效益的基础上，壮大新型职业农民队伍"[2]。

（4）大力推进农业现代化建设，缩小城乡差距，为回流农民工问题的解决提供物质基础与现实载体。目前，城乡差距仍然是导致大量农村劳动力外流的重要因素，逐步缩小城乡差距，是吸引农村人才留在农村、建设农村和农业的重要条件。而农业现代化，是缩小城乡差距的主要推动力量。农业是全面建成小康社会和实现现代化的基础，也是"三农"问题解决的突破点和关键所在。

但目前，农业现代化建设面临较大挑战，农业现代化的内外部环境更

---

① 《保障粮食安全呼唤新农民》，《光明日报》2013 年 5 月 20 日，第 10 版。
② 《保障粮食安全呼唤新农民》，《光明日报》2013 年 5 月 20 日，第 10 版。

加错综复杂。从国内矛盾上看，在居民消费结构升级的背景下，部分农产品供求结构性失衡的问题日益凸显。优质化、多样化、专用化农产品发展相对滞后，大豆供需缺口进一步扩大，玉米增产超过了需求增长，部分农产品库存过多，确保供给总量与结构平衡的难度加大。农业供给侧结构性改革难度加大。同时，在农业发展方式上，粗放式农业发展的问题日益凸显。加之工业"三废"和城市生活垃圾等污染向农业农村扩散，耕地数量进一步减少，耕地的质量下降、地下水超采、投入品过量使用、农业源污染问题加重。此外，农产品质量安全风险进一步增多，推动绿色发展和资源永续利用显得十分迫切。从国际矛盾来分析，在国内外农产品市场深度融合的背景下，国内农业竞争力不强的问题日益凸显。劳动力、土地等生产成本持续攀升，主要农产品国内外市场价格倒挂，部分农产品进口逐年增多，传统优势农产品出口难度加大，导致我国农业大而不强、多而不优的问题更加突出。这些国内国际上的制约条件，直接导致农民持续增收难度加大的问题日益凸显，农产品价格提升空间较为有限，依靠转移就业促进农民收入增长的空间收窄，家庭经营收入和工资性收入增速放缓，为缩小城乡差距增添了难度。

因此，必须明确，在全面实现小康社会的道路上，加快缩小城乡居民收入差距、确保如期实现农村全面小康任务意义重大。《全国农业现代化规划（2016~2020年）》明确指出："农业的根本出路在于现代化，农业现代化是国家现代化的基础和支撑。没有农业现代化，国家现代化是不完整、不全面、不牢固的。在新型工业化、信息化、城镇化、农业现代化中，农业现代化是基础，不能拖后腿。"[1]

为此，就必须加快转变农业发展方式，着力构建现代农业产业体系、生产体系、经营体系，提高农业质量效益和竞争力，走产出高效、产品安全、资源节约、环境友好的农业现代化道路。

农业现代化是各方面综合成果的体现，是社会化的反映。没有现代化

---

[1] 《国务院关于印发全国农业现代化规划（2016~2020年）的通知》（国发〔2016〕58号），中华人民共和国中央人民政府网站：http://www.gov.cn/zhengce/content/2016-10/20/content_5122217.htm，2016年10月20日。

的工业和先进的科学技术武装农业，不可能实现农业现代化。但究其本质，农业现代化的核心是人的现代化，没有现代化新型农民的农村，也不可能实现农业现代化。因此，必须重视回流的农民工，这是实现农业现代化的客观要求。实现农业现代化，建立社会主义的大农业，要求改变以小农经济为特征的、以粮为主的单一经济结构；要求开展多种经营，发展以农工商相结合，产、供、销一条龙的经济结构。这种生产方式的改革，相应地要求建立工业、副业、商业的生产基地和比较配套的生活基地。而我国原有的在小农经济基础上形成的分散、落后、零乱的村落，不可能满足这种要求，必须逐步发展现代化的小城镇。而且农业现代化的发展，必将逐步解放出大批劳动力，大城市容纳不了那么多人，需要在农村广开生产和就业门路，就地安排。大批劳动力能不能在农村稳定下来的关键，一是能否使农、工、副业的生产有一个持续增长的速度；二是生活福利设施能否相应地跟上去。两者如能妥善解决，农民并不一定愿意进城。

让广大农民工回流参与乡村振兴建设，参与建设新农村，发展小城镇，是广大农村发展的方向。我们的长远目标是，逐步缩小以至消灭城乡差别，但是，不能走资本主义大城市恶性膨胀、畸形发展的老路。现在，我国的许多大城市，交通拥挤、供水不足、住房紧张、污染严重，这些"不利的后果"已经充分暴露出来。在实现农业现代化以及乡村振兴的过程中，在全国范围内以农村为基点星罗棋布地建设许多小城镇，不仅可以分散和缓冲大城市的压力，而且可以带动广大农村更快地繁荣起来，是缩小城乡差别、实现乡村振兴的一条有效途径；不仅符合经济社会发展的客观规律，而且是社会主义经济的本质要求和体现。

三　农民工半商品化的未来趋势及问题解决方案

（一）彻底商品化会引发更严重的失衡

目前有部分学者撰文讨论中国农民工的未来走向问题，如孟捷等人认为，未来农民工的趋势就是实现无产阶级化，完成马克思主义经典作家真正意义上的彻底商品化，从而实现农民向市民的转化。当然，不可否认这也是未来农民工半商品化的趋势之一以及解决农民工问题的路径之一。

农民工的市民化意味着突破目前劳动力半商品的状态，转变为完全的商品化，但如果城市的相关配套措施跟不上，大量农民工落户城市，就会是城市的极大负担。以农民工市民化的住房保障措施为例，目前中国的住房市场是商品化程度较高的领域，也就是说存在过度商品化的倾向。在住房商品化的条件下，农民工作为完全的劳动力商品与住房商品存在如下悖论，这些悖论是目前中国住房过度商品化带来的主要问题。

悖论之一：劳动力再生产所需的生活必需品与住房商品之间的矛盾。根据马克思主义经典作家的分析，住房属于劳动力再生产过程中的生活必需品，在这个过程中，工人的劳动生产剩余价值，是资本积累的基础。同时，工人的劳动也生产维持和发展自身所需的一切生活资料，正如马克思所指出的那样，劳动者"为自己生产的是工资，而绸缎、黄金、高楼大厦对于他都变成一定数量的生活资料"[1]，而且"生活资料的总和应当足以使劳动者个人能够在正常生活状况下维持自己"[2]。住房商品化的前提是消费者有足够的支付能力购买商品化住房，维持其基本的生活。但在市场经济条件下，劳动力作为商品，劳动者的支付能力是以劳动力价值为基础，而这种劳动力价值仅局限于劳动力再生产所需要的生活必需品的价值，即马克思所说的："劳动是工人本身的生命活动，是工人本身的生命的表现。工人正是把这种生命活动出卖给别人，以获得自己所必需的生活资料。"[3]因此，一方面是劳动力所能承担和支付的仅是维持其基本生活资料的必需品的价值，但另一方面，过度商品化条件下的住房作为商品的价值同时包含商品化住房的绝对地租份额，这已经超出了劳动力价值所能承担的范畴。

同时，马克思也指出："不仅人口的增加，以及随之而来的住房需要的增大，而且固定资本的发展（这种固定资本或者合并在土地中，或者扎根在土地中，建立在土地上，如所有工业建筑物、铁路、货栈、工厂建筑

---

① 马克思：《雇佣劳动与资本》，人民出版社，1961，第15页。

② 《资本论》（第一卷），人民出版社，2004，第199页。

③ 马克思：《雇佣劳动与资本》，人民出版社，1961，第15页。

物、船坞等等），都必然会提高建筑地段的地租。"① 因此，商品化住房价值中的绝对地租份额以及不时提高的建筑地段的房租，已经远远超出了劳动力商品化条件下劳动力的价值，因此住房商品化不足以解决一般工薪阶层的住房问题。

悖论之二：作为资本家成本之一的劳动力商品价值与过分关注价值属性的住房商品之间的矛盾。使用价值和价值是商品的二重性，住房商品化条件下，过度关注住房的价值，而忽视其使用价值，是当下中国房地产市场的一个不容忽视的问题，也是导致"炒房热"、房价居高不下的重要原因。马克思曾指出："要成为商品，产品必须通过交换，转到把它当作使用价值使用的人的手里。"② 然而目前在房地产市场，住房作为一种特殊商品，人们更看重的是住房的价值，将其用作投机的资本；而作为商品属性的使用价值的地位和作用被降低了甚至被忽视了，从而导致房子是用来投资而不是用来住的问题。马克思在分析商品价值重要性的同时也指出："如果把商品体的使用价值撇开，商品体就只剩下一个属性，即劳动产品这个属性。"③ 由此可见作为商品的使用价值在产品转化为商品过程中的重要性和意义。而在当下中国的房地产市场，我们却看到了相反的事实，人们弃住房的使用价值于不顾，出于投机的目的更关注商品的价值属性，陷入"房子不是用来住的，而是用来炒的"怪圈。

此外，住房作为特殊的商品，在资本逐利的刺激下，价值被大大提高了，而同时，劳动力作为商品，作为资本家的成本之一，其价格会不断被压低，因为"工资不是工人在他所生产的商品中占有的一份。工资是原有商品中由资本家用以购买一定量的生产劳动的那一部分"④。同样是商品，住房价格不断被拉高，劳动力价格不断被拉低，导致劳动者对住房的购买力不足，买不起房，进而导致劳动力再生产不能顺利进行。即使劳动者的工资在一定时期内有所提高，但在过度商品化条件下，消费者也还是无法

---

① 《资本论》（第三卷），人民出版社，2004，第875页。
② 《资本论》（第一卷），人民出版社，2004，第54页。
③ 《资本论》（第一卷），人民出版社，2004，第50~51页。
④ 马克思：《雇佣劳动与资本》，人民出版社，1961，第15页。

承担住房这一生活必需品的费用。因为劳动者工资的提高幅度远远不及房价的上涨幅度。"工人阶级总是把自己的收入花费在并且不得不花费在生活必需品上。所以工资水平的普遍提高总要引起对生活必需品的需求的提高，从而引起生活必需品市场价格的提高。"① 但这并非高房价的真正原因，因为"只有影响这些商品的实际供求关系，才能影响商品的价格"②。因此，在住房商品化的条件下，住房作为一种特殊的被过度商品化的商品，消费者关注的重点不在于它的使用价值，而是它的价值，这一投资动机，刺激了消费需求，也是造成房地产泡沫的一个重要原因。

悖论之三：社会主义公有制本质属性与房地产行业过度市场化的矛盾。在社会主义公有制本质属性之下，房地产市场理应为了满足广大人民群众对住房的客观需求而存在，但事实并非如此。随着改革开放以来对房地产市场的宽松政策，资本的逐利本性暴露无遗，房地产行业追求利润的最大化导致房地产商不断涌入这个行业，加之本来土地就是稀缺资源，而房地产商之间的竞争并没有使房价下降，反而使住房价格不断上涨，从而必然导致急需住房的劳动者买不起；而大量投机者进入此领域，这部分人更多关注住房的价值及其潜在的升值可能性，而并不是房屋的使用价值。马克思指出："由竞争关系造成的价格永恒波动，使商业完全丧失了道德的最后一点痕迹。至于价值就无须再谈了。这种似乎非常重视价值并以货币的形式把价值的抽象推崇为一种特殊存在物的制度，本身就通过竞争破坏着一切物品所固有的任何价值，而且每日每时改变着一切物品相互的价值关系。"③ 由于竞争造成住房价值的无道德性，进而大量投机者进入房地产市场，住房价格进一步上升，普通劳动者更买不起住房。因为"在这个漩涡中，哪里还可能有建立在道德基础上的交换呢？在这种持续地不断涨落的情况下，每个人都必定力图碰上最有利的时机进行买卖，每个人都必定会成为投机家"④。

---

① 《马克思恩格斯选集》（第二卷），人民出版社，2012，第21～22页。
② 《马克思恩格斯选集》（第二卷），人民出版社，2012，第21页。
③ 《马克思恩格斯选集》（第一卷），人民出版社，2012，第36页。
④ 《马克思恩格斯选集》（第一卷），人民出版社，2012，第36～37页。

因此，在社会主义市场经济条件下，作为公有制本质属性的体现，房地产市场必须避免资本主义私有制条件下住房过度商品化带来的种种弊端。即使是在资本主义高度发展的美国，住房商品化的过程中也必须有相关制度作为保障，连美国国内的学者也承认："住房是最难实现完全商品化的生活必需品。"① 因此，作为社会主义国家的中国，必须保障劳动者的住房权及劳动力再生产过程的顺利实现，在此基础上，促进社会经济的健康、全面发展。

笔者始终认为，农民工的未来不一定全部市民化，也就是不必让全部农民工彻底商品化以完成其城镇化的历史进程，成为所谓的市民；主张大量农民工市民化也并不能从根本上完全解决农民工的半商品化问题，反而会引发更严重的社会失衡。在农民工彻底商品化的情况下，当地劳动力市场必须提供足够的就业机会和空间，保证这些劳动者能够全部进入乡镇企业或者集体化的大农场，使劳动力商品与集体所有制下的乡镇企业或大农场的生产资料相结合。同时，由于这部分完全商品化的劳动力是与集体所有制经济的生产资料相结合，就必须保证劳动者的劳动所得能在最大限度上归个人所有。除此之外，乡镇企业要保障劳动者享受该有的社会保障，只有这样，农民工才能就地城镇化，成为当下新型城镇化建设的主力军，从而解决农民工问题。赞同此方案的学者认为，在劳动力彻底商品化的理想模式下，因为没有了城乡壁垒，可以避免户籍制度之下损害资源配置效率，抑制激励机制，形成城乡之间巨大收入差距的现象。②

但不得不指出的是，规模越来越大的回流农民工全部成为彻底的劳动力商品涌入劳动力市场，将是地方乡镇企业的极大负担。如若短期之内吸收不了这么多的劳动力商品，而农民工本身又已经与自己的生产资料相分离，则会出现大量的农村失业劳动力，那么回流就意味着失业，如此这将是新型城镇化建设过程中最不稳定的因素，造成失衡矛盾。因此，农民工

---

① 边燕杰、约翰·罗根：《"单位制"与住房商品化》，《社会学研究》1996 年第 1 期，第 83 页。

② Dennis Tao Yang, and Fang Cai, *The Political Economy of China's Rural-Urban Divide*（Stanford：Stanford University Press, 2003），p. 389.

的彻底商品化能否达到方案设计者的预期效果，从根本上取决于资本积累是否能够提供充足的劳动需求。从目前的经济新常态阶段看，不仅资本积累的速度在放缓，而且面临技术进步和产业升级的迫切压力，这对于吸纳农民工而言都是非常不利的，将农民工彻底商品化有可能引发更为严重的失衡。因为这并不符合社会主义生产资料公有制的本质。农民工作为劳动者除了自己的劳动力可以出卖外，其他的一无所有，劳动力作为纯粹的商品在劳动力市场上流转，而在没有社会和国家兜底的情况下极有可能沦为"三无农民"，如果出现这种情况，就与马克思所设想的自由人的联合体的目标背道而驰。

因此，劳动力半商品化的合理突破，需要寻找新的出路。可以在政府的积极引导和合理疏通的情况下，遵循市场对劳动力的配置规律，积极引导农民工回流，成为职业农民，完成对自身的升级与改造。

新型职业农民要与市场相对接，但这并不意味着一定要有资本进入农村；相反，大量资本的进入会破坏农村原有的政治、经济、文化生态。马克思曾指出："资本主义生产一旦占领农业，或者依照它占领农业的程度，对农业工人人口的需求就随着在农业中执行职能的资本的积累而绝对地减少，而且对人口的这种排斥不像在非农业的产业中那样，会由于更大规模的吸引而得到补偿。因此，一部分农村人口经常准备着转入城市无产阶级或制造业无产阶级的队伍，经常等待着有利于这种转化的条件。"[①] 也就是说，大量资本的介入，反而会造成大量的无业农民、产业后备军，造成回流农民工的倒流。

住房是一种特殊的商品，劳动力也是如此，不仅关系一个国家的经济问题，还关系国民的生活问题，更为重要的是还对应的是一个社会问题。在社会主义市场经济条件下，农村劳动力这一特殊商品和住房一样不应被完全、过度市场化，不应完全放任市场自发调节，应从劳动力商品化和再生产的视角来保障和解决农民工半商品化的问题，将农民工半商品化问题纳入社会生产的全过程来审视，这才是社会主义本质的题中应有

---

① 《马克思恩格斯选集》（第二卷），人民出版社，2012，第287页。

之义。

（二）依托集体经济实现对劳动力半商品化的超越

党的十八大报告里首次提出全面建成小康社会的奋斗目标。习近平总书记在 2013 年中央农村工作会议上再一次强调："小康不小康、关键看老乡。一定要看到，农业还是'四化同步'的短腿，农村还是全面建成小康社会的短板。中国要强，农业必须强；中国要美，农村必须美；中国要富，农民必须富。农业基础稳固，农村和谐稳定，农民安居乐业，整个大局就有保障，各项工作都会比较主动。"[1] 农民工是这个短板中的重要一环，农民工问题的解决，不仅事关人民的利益福祉、农村的产业结构升级，而且事关脱贫攻坚任务的完成以及全面小康社会的建成，是社会主义的本质要求。

而依托集体经济实现对劳动力半商品化的超越才是最终解决农民工半商品化问题的最佳方案。国内有诸多学者也持相似的观点，认为："有效推进农村改革与发展，关键是抓住所有制问题，就是要在农村巩固公有制的主体地位，大力重建已被严重削弱的集体经济，进而大力发展集体经济，彻底改变以个体农户为生产单位的落后的小农经济格局，走发展集体经济，尊重和保护农民的主人翁地位和权益，实现共同富裕的康庄大道。"[2]

在走向共同富裕的过程中，土地是农业和农村经济得以发展的关键性生产资料，拥有农村土地承包经营权的农民工，以土地为纽带发展集体经济，是解决我国农民工半商品化问题的根本之道。在马克思设想的未来社会中，"有一个自由人联合体，他们用公共的生产资料进行劳动，并且自觉地把他们许多个人劳动力当做一个社会劳动力来使用"[3]。以土地为纽带发展农村集体经济，意味着农民工不仅可以凭借劳动者身份获得工资收

---

[1] 《中央农村工作会议在北京举行 习近平李克强作重要讲话》，《光明日报》2013 年 12 月 25 日，第 1 版。

[2] 李炳炎：《我国农村改革与发展的关键在于重建和发展集体经济》，《学习论坛》2010 年第 3 期，第 26 页。

[3] 《马克思恩格斯文集》（第五卷），人民出版社，2009，第 96 页。

入，而且可以凭借所有者身份获得集体经济的分红收入。这种收入来源的多元化，保证了农民工在资本积累过程中不会因资本有机构成的提高而面临失业和贫困；相反，技术进步所形成的劳动生产率及产量的增长将惠及农民工，其生产生活条件和个人综合素质将具有更广阔的发展空间。依托农村集体经济，"劳动力占有者和货币占有者在市场上相遇，彼此作为身份平等的商品占有者发生关系，所不同的只是一个是买者，一个是卖者，因此双方是在法律上平等的人"①。在此过程中，当地劳动力市场提供足够的就业机会和空间，劳动力进入乡镇企业或者集体化的大农场（农业集体化的大农场），劳动力商品与集体所有制下的乡镇企业或大农场的生产资料相结合，努力向着马克思所设想的"自由人的联合体"这样的共产主义目标努力。同时，由于这部分完全商品化的劳动力是与集体所有制经济的生产资料相结合的，这就保证了劳动者的劳动所得能在最大限度上归个人所有。在此一趋势下的劳动者享受该有的社会保障。

为了进一步保障农民对土地的所有权，党的十九大报告明确提出保持土地承包关系稳定并长久不变，"第二轮土地承包到期后再延长三十年"的承诺。从农业、农村的现实情况看，随着富余劳动力转移到城镇就业，各类合作社、农业产业化龙头企业等新型经营主体大量涌现，土地流转面积不断扩大，规模化、集约化经营水平不断提升，呈现"家庭承包，多元经营"格局。农业产业化、水利化、机械化及科技进步等，都对完善农村生产关系提出新的要求。因此，在之后的《中华人民共和国农村土地承包法修正案（草案）》中也明确规定：国家依法保护农村土地承包关系稳定并长久不变。为了给予农民稳定的土地承包经营预期，草案还规定，耕地承包期届满后再延长 30 年。这也标志着党的十九大报告中对广大农民的庄严承诺将被体现在法律条文中。

依托农村集体经济的农村劳动力市场，农民携带自己的土地生产资料加入新型集体农业合作化组织，或称之集体大农场，成为农村集体经济中的一个股东，弥补劳动者作为独立个体小私有者的缺陷与不足之处。因为

---

① 《资本论》（第一卷），人民出版社，2004，第 195 页。

农民还是农业生产的所有者，是和公有资本主导的现代大农业生产相一致的，农业劳动力的富余恰恰会形成个人的自由发展，这就是社会主义的方向和优势。马克思曾强调指出："只有在劳动者是自己使用的劳动条件的自由私有者，农民是自己耕种的土地的自由私有者，手工业者是自己运用自如的工具的自由私有者的地方，它才得到充分发展，才显示出它的全部力量，才获得适当的典型的形式。"[①] 然而在马克思那里，这种小生产者的社会生产方式最终是要消亡的，因为"它发展到一定的程度，就产生出消灭它自身的物质手段"[②]。恩格斯在《国民经济学批判大纲》中进一步补充道："只要私有制存在一天，一切终究会归结为竞争。""因为私有制把每一个人隔离在他自己的粗陋的孤立状态中，又因为每个人和他周围的人有同样的利益，所以土地占有者敌视土地占有者，资本家敌视资本家，工人敌视工人。在相同利益的敌对状态中，正是由于利益的相同，人类目前状态的不道德已经达到极点，而这个极点就是竞争。"[③]

另外，回流的农民又是大农场的主人及参与者，生产的产品为自己所有，属于集体所有制的一分子，保证了集体大农场社会主义的本质属性。正如马克思所指出的："私有制作为社会的、集体的所有制的对立物，只是在劳动资料和劳动的外部条件属于私人的地方才存在。但是私有制的性质，却依这些私人是劳动者还是非劳动者而有所不同。"[④]

家庭联产承包责任制实施以后，在全国大多数村庄选择以家庭分散经营为主的同时，仍有一些村庄始终坚持以集体经营为主导，这些村庄以华西村等为代表，也有先实行家庭联产承包责任制后又改走集体化的道路，学界将这类村庄称为"再集体化创业型村庄"[⑤]。以南街村、大寨村等为代表的再集体化创业型村庄，起初和其他村庄一样实行了家庭联产承包经营，在经过一段时间的发展后，根据群众意愿和村庄发展实际，再次实现

---

① 《资本论》（第一卷），人民出版社，2004，第 872 页。
② 《资本论》（第一卷），人民出版社，2004，第 873 页。
③ 《马克思恩格斯全集》（第三卷），人民出版社，2002，第 458～459 页。
④ 《资本论》（第一卷），人民出版社，2004，第 872 页。
⑤ 冯道杰：《集体化村庄可持续发展的路径探讨》，《马克思主义研究》2014 年第 9 期，第 62 页。

集体化。这类村庄根据农业用地的经营方式，又可以分为土地集体统一经营的村庄和土地家庭承包基础上完善集体层面统一经营的村庄两种。以南街村等为代表，根据群众要求，陆续把承包土地又收回集体，再次实行土地由集体统一经营。以大寨村等为代表，较长时期内坚持农业家庭经营，同时，加强和完善集体层面的统一经营与服务。不管步骤如何，最终它们都是以集体经济为基础，以组织化、合作化、集体化为组织形式，依靠集体化和组织化的力量逐步走出了一条共同富裕的集体化发展道路，其中蕴含的主要经验有以下几个方面。

第一，始终坚持发展和壮大农村集体经济，以集体经济发展推动共同富裕目标的实现。改革开放之初，华西村在中央文件"宜统则统、宜分则分"精神的指导之下，坚持守住集体经济道路。同时，华西村却没有远离市场经济，而是积极地把握住改革开放带来的每一个机遇。1985年，党委书记吴仁宝开始将股份制引入华西村，鼓励村民每人拿出2000元入股，由村委会统筹安排到各个企业，企业赚钱，村民分红。后来的华西村，也用事实证明了当初的决定是正确的。正是将农村集体经济与市场体制相结合，释放出了农村集体经济前所未有的巨大能量，到1994年，华西村拥有钢铁、毛纺、化工、铝型材、钢型材、带管等45家企业，并于同年组建了华西集团。

华西村集体经济释放出来的强大经济效益，不仅在村庄内部产生了示范效应，同时也对全国产生了积极影响。在华西村等的影响下，南街村、黑龙江新兴村等在结合自身分散经营多年的经验和教训后又采用合作社的形式发展集体经济。南街村在改革开放初期的分散经营并没有大幅提高村民的务农积极性，大量劳动力外出打工。在土地撂荒或粗放经营的现象特别严重的情况下，1984年村委会决定，收回村办企业和承包地，实行统一经营。黑龙江新兴村在2003年组建了农机作业合作社，通过土地承包经营权流转集中村内耕地后进行统一种植，取得了良好的经济收益，初步实现了村集体与集体成员的双赢。农村集体经济的存在与壮大，有利于促进农村经济发展和农民持续增收。发展农村集体经济不仅可以直接解决部分农民的就业问题，直接增加农民收入，同时对于吸引农民工回流也起到了积极的示范作用。

第二，根据市场环境的变化，不断创新农村经济集体经济的实现形式。在被称为"中国农村的希望所在"的华西村，村民最初以土地、现金入股，村集体经济走向现代化之后，也通过技术、专利、管理、信息、商标等形式入股。其中土地作为农村集体最重要的资产，是折股量化的核心，土地可分为农用地和非农用地，农用地的承包经营权可以折价入股，非农用地自身以及其上方建筑设施可以折价入股。

同时，以市场为导向，在与市场经济融合的过程中，积极发展村级集体企业，进一步提高农民的收入，释放集体经济的优越性。华西村、南街村等在发展的过程中都十分重视乡镇企业的发展与建设，乡镇企业的异军突起为农村集体经济注入了活力。正如费孝通所指出的："乡镇工业始终是以繁荣农村经济为目标，充分利用最基层的集体经济力量和丰富的劳力资源，从农村的'草根'上兴办起来的。这种'草根工业'，不仅没有损害农业和剥夺农民，相反地促成了工农相辅和城乡协作。"[1] 而这些乡镇企业始终保持了农村集体经济公有制的属性，直到 1996 年整个苏南的乡镇企业个体私营 10% 都不到，即使完成改制之后，公有制比重仍然达到 93% 以上。[2]

第三，有权威的带头人和强有力的村级党支部。在集体化村庄中具有奉献精神的社区领袖发挥着社区农民组织者、发动者、领导者的作用，他们是大家公认的"贤能"，忠诚于党的事业，具有集体主义和无私奉献精神，有经营管理能力。华西村有吴仁宝，南街村有王宏斌这样的"能人"，这些人对农村集体经济的发展起了关键作用。正如南街村编写的宣传资料《理想之光》所称："南街村正是因为有了这样一位具有'二百五'精神的领路人，带领全村人经过多年奋斗，才由出了名的穷村发展到年产值八亿的富裕村。"[3]

---

[1] 转引自田力为《华西村式管理》，《社会观察》2013 年第 5 期，第 49 页。
[2] 田力为：《华西村式管理》，《社会观察》2013 年第 5 期，第 49 页。
[3] 刘行玉、魏宪朝：《农村集体经济发展模式探讨——基于南街村的个案分析》，《中国集体经济》2010 年第 9 期，第 6 页。

　　除了有威望的村级带头人外，还得有一个得民心、团结的党支部班子。这样就保证了即使带头人不在，也能让村庄的社会主义模式不变质。如 2013 年华西村的带头人吴仁宝去世后，全国的目光都聚焦到华西村未来的道路该怎么走的问题上。对此无论是华西村的继任者还是华西村党委都明确表示，华西村坚持集体经济的道路不会改变。现任领导人吴协恩表示，华西村将继续实行现今的"华西模式"，继续坚持"共同富裕"的理念。"共同富裕的集体经济是华西村成功的法宝，是老书记吴仁宝留给我们的好办法，这个原则必须坚持。"[①] 华西村党委副书记孙海燕也表示："华西村有两点将不会改变，其一是坚持集体经济道路不会改变，其二是坚持老百姓共同富裕的道路不会改变。"[②]

　　这些走农村集体经济道路的名村在发展的过程中确实取得了瞩目的成就，在共同富裕的道路上走在全国的前列。如华西村在集体经济模式下的发展过程中的确创造出了不俗的成果，华西集团形成了钢铁、纺织、远洋、旅游、金融五大产业，拥有 123 家企业，堪称规模宏大，华西村也因而被树立为农村走共同富裕道路的典型，甚至被称为"天下第一村"。但在发展的过程中也积累了一些矛盾，近年来，华西村的发展并不没有表面那么光鲜，负债严重，2016 年资产负债率已达到 68.78%，企业业绩也遇到了困境。[③] 在未来的发展模式和路径上陷入困境。

　　从以上的分析不难看出，在人多地少、工业化和城镇化水平比较低下的中国，走农业合作化、集体化的道路是中国农民工的主要出路。主张土地私有化最终只能导致农村的贫富分化加大，解决不了中国的农民工问题。一旦土地完全私有化，天灾人祸、生老病死、劳动力缺乏等原因会使不少农民不得不出卖自己的土地，从而再次失去土地；部分又由于缺乏能力和就业机会而无法进城务工经商，只能再次沦为无地雇农或等待国家救济的穷人，成为真正的"三无农民"，这就是中国农村必须走向社会主义

---

① 《华西模式争议：是集体经济还是混合经济》，《华夏时报》2013 年 3 月 23 日，第 7 版。
② 《华西模式争议：是集体经济还是混合经济》，《华夏时报》2013 年 3 月 23 日，第 7 版。
③ 毛敏康、叶松、张小斌：《农村股份合作制的探索与反思——基于华西村发展历史与现状的研究》，《农村经济与科技》2018 年第 1 期，第 48 页。

集体经济道路的重要原因。目前有些地方在农业合作化和集体化方面有一些有益的探索，但也存在过急、过快、过猛、经营管理体制不合理等缺陷，但合作化、集体化的大方向是不能全盘否定的，发展壮大农村集体经济，是社会主义市场经济条件下解决农民工半商品化问题的关键所在。对于农村集体经济发展过程中存在的问题和主要障碍，关键在于改造"资本"的形式，以适应农村集体经济的社会主义性质。从国有经济改革经验看，按照社会主义国有制的本质属性来改造"资本"的形式，建立适合中国特色社会主义国情要求的"国有资本"运营模式，在理论和实践上都是可行的。在这方面，按照社会主义集体经济的本质属性来改造"资本"的形式，建立针对我国"三农"问题的农村集体资本运营模式，也一定是大有可为的探索之路。

小　结

中国农村劳动力迁移贯穿改革开放的全过程。随着新型城镇化建设的推进，在产业结构调整和发生变化的同时，劳动力市场也在经历着变化，从"民工潮"开始转向"民工荒"，并出现大量农民工回流。对中国农民工及回流等问题的分析与阐释最终还是要结合中国的实际情况，回到马克思主义政治经济学的相关理论上来。以马克思主义政治经济学的农业剩余劳动力转移理论、劳动力商品理论、农民理论等为基础，通过对西方经济学理论在分析中国农民工问题上的认识误区的批判，构建马克思劳动力商品理论下分析与认识中国农民工问题的理论框架，进一步厘清中国农民工半商品化问题的特殊性以及存在的主要矛盾；通过对改革开放以来迁徙与回流中的农民工问题的政治经济学分析，探讨农民工半商品化的主要趋势并提出问题解决方案，加快中国特色社会主义政治经济学话语体系的构建，是马克思主义政治经济学的使命与担当，也是政治经济学理论学者回应社会的关切与应有的社会责任。相信在以习近平同志为核心的党中央的领导之下，农村的全面小康及农业现代化定将在中国特色社会主义道路上大放异彩，最终实现全面建成小康社会的目标。在此过程中，"我们要继续高扬马克思主义伟大旗帜，让马克思、恩格斯设想的人类社会美好前景不断在中国大地上生动展现出来！"[1]

---

[1] 习近平：《在纪念马克思诞辰 200 周年大会上的讲话》，《人民日报》2018 年 5 月 5 日，第 1 版。

参考文献

［1］中共中央编译局编《马克思恩格斯选集》（第1～4卷），人民出版社，2012。

［2］中共中央编译局编《马克思恩格斯全集》（第1卷），人民出版社，2002。

［3］中共中央编译局编《马克思恩格斯全集》（第2卷），人民出版社，2005。

［4］中共中央编译局编《马克思恩格斯全集》（第10卷），人民出版社，1998。

［5］中共中央编译局编《马克思恩格斯全集》（第12卷），人民出版社，1998。

［6］马克思：《资本论》（第1～3卷），人民出版社，2004。

［7］中共中央编译局编《列宁选集》（第1～2卷），人民出版社，2012。

［8］中共中央文献研究室编《毛泽东年谱（1949～1976）》（第1～6卷），中央文献出版社，2013。

［9］《邓小平文选》（第1～3卷），人民出版社，1993/1994。

［10］《江泽民文选》（第1～3卷），人民出版社，2006。

［11］《胡锦涛文选》（第1～3卷），人民出版社，2016。

［12］习近平：《习近平谈治国理政》（第一卷），外文出版社，2014。

［13］习近平：《习近平谈治国理政》（第二卷），外文出版社，2017。

［14］胡钧主编《〈资本论〉导读》，中国人民大学出版社，2013。

［15］吴易风主编《马克思主义经济学与西方经济学比较研究》，中国人民大学出版社，2014。

［16］张宇：《中国特色社会主义政治经济学》，中国人民大学出版社，

2016。

[17] 张旭昆编著《经济思想史》，中国人民大学出版社，2017。

[18] 张宇、谢富胜和刘凤义等：《中级政治经济学》，中国人民大学出版社，2016。

[19] 何自力、张俊山和刘凤义主编《高级政治经济学——马克思主义经济学的发展与创新探索》，经济管理出版社，2010。

[20] 张宇、孟捷和卢荻主编《高级政治经济学》，中国人民大学出版社，2012。

[21] 张俊山主编《政治经济学——当代视角》，清华大学出版社，2015。

[22] 余陶生、刘兴斌和柳新元编著《马克思主义政治经济学原理》，首都经济贸易大学出版社，2003。

[23] 张薰华、洪远朋：《〈资本论〉提要》，上海人民出版社，1977。

[24] 王峰明：《马克思劳动价值论与当代社会发展》，社会科学文献出版社，2008。

[25] 陈岱孙：《从古典经济学派到马克思》，商务印书馆，2016。

[26] 经济学系列教材编写组编《政治经济学》，经济科学出版社，2014。

[27] 刘诗白主编《马克思主义政治经济学原理》，西南财经大学出版社，2014。

[28] 鲁友章、李宗正主编《经济学说史》，中国人民大学出版社，2013。

[29] 马克思：《剩余价值学说史》（第一卷），人民出版社，1975。

[30] 丹尼尔·贝尔、欧文·克里斯托尔编《经济理论的危机》，陈彪如译，上海译文出版社，1985。

[31] 蔡昉：《刘易斯转折点——中国经济发展新阶段》，社会科学文献出版社，2008。

[32] 弗里德里希·奥古斯特·冯·哈耶克：《个人主义与经济秩序》，邓正来编译，复旦大学出版社，2013。

[33] 弗里德里希·奥古斯特·冯·哈耶克：《致命的自负》，冯克利等译，中国社会科学出版社，2016。

[34] 新玉言：《新型城镇化：理论发展与前景透析》，国家行政学院出版

社，2013。

[35] 辜胜阻：《新型城镇化与经济转型》，科学出版社，2014。

[36] 广德福：《中国新型城镇化之路》，人民日报出版社，2014。

[37] 冯俊锋：《乡村振兴与中国乡村治理》，西南财经大学出版社，2018。

[38] 本书编写组：《中共中央国务院关于实施乡村振兴战略的意见》，人民出版社，2018。

[39] 陆学艺：《三农续论：当代中国农业、农村、农民问题研究》，重庆出版社，2013。

[40] 钟永玲主编《中国"三农"网络舆情报告（2016～2017）》，社会科学文献出版社，2017。

[41] 张世勇：《返乡农民工研究：一个生命历程的视角》，社会科学文献出版社，2014。

[42] 迈克尔·A. 莱博维奇：《超越〈资本论〉：马克思的工人阶级政治经济学》，崔秀红译，经济科学出版社，2007。

[43] 何干强：《〈资本论〉的基本思想与理论逻辑》，中国经济出版社，2005。

[44] 卫兴华：《中国特色社会主义经济理论体系研究》，中国财政经济出版社，2015。

[45] 张宇：《在实践中不断深化对社会主义市场经济的认识》，《经济导刊》2016 年第 12 期。

[46] 洪银兴：《40 年经济改革逻辑和政治经济学领域的重大突破》，《经济学家》2018 年第 12 期。

[47] 张俊山：《论马克思主义政治经济学在经济建设领域的应用》，《河北经贸大学学报》2017 年第 1 期。

[48] 杨瑞龙：《中国特色社会主义经济理论的方法论与基本逻辑》，《政治经济学评论》2019 年第 6 期。

[49] 张雷声：《习近平新时代中国特色社会主义经济思想的理论贡献》，《理论导报》2018 年第 7 期。

[50] 顾海良：《政治经济学的大历史观》，《政治经济学评论》2019 年第

4 期。

［51］ 蔡万焕：《论刘易斯拐点理论对中国经济的适用性》，《马克思主义研究》2012 年第 3 期。

［52］ 李国祥：《专家解读：十九大"乡村振兴战略"》，《农经》2017 年第 11 期。

［53］ 王生升：《马克思主义经济学的工资理论》，《政治经济学评论》2007 年第 1 期。

［54］ 周振、蔡万焕、王生升：《劳动力商品化与住房商品化悖论探析》2018 年第 1 期。

［55］ 周振、王生升：《中国农民工商品化的政治经济学分析》，《教学与研究》2017 年第 11 期。

［56］ 吴国喆、王慧娟：《农民在新型城镇化进程中的主体地位研究》，《山东社会科学》2018 年第 1 期。

［57］ 李国祥、杨正周：《美国培养新型职业农民政策及启示》，《农业经济问题（月刊）》2013 年第 5 期。

［58］ 徐育才：《农村劳动力转移：从"推拉模型"到"三力模型"的设想》，《学术研究》2006 年第 5 期。

［59］ 杨思远：《中国农民工的政治经济学考察》，博士学位论文，中央民族大学，2005。

［60］ 李淑妍：《农民工市民化视角下的农村土地流转问题研究》，博士学位论文，辽宁大学，2013。

［61］ 王枫云：《马克思主义城乡关系理论中国化的未来走向》，《经济研究导刊》2011 年第 11 期。

［62］ 孙成军：《马克思主义城乡关系理论与我们党城乡统筹发展的战略选择》，《马克思主义研究》2006 年第 4 期。

［63］ 白永秀、王颂吉：《马克思主义城乡关系理论与中国城乡发展一体化探索》，《当代经济研究》2014 年第 2 期。

［64］ 冯继康：《马克思地租理论的逻辑内涵及现代价值》，《济南大学学报》2003 年第 4 期。

［65］孙尚清：《市场经济与发展生产力》，《经济研究》1996 年第 6 期。

［66］周天勇：《托达罗模型的缺陷及其相反的政策含义——中国剩余劳动力转移和就业容量扩张的思路》，《经济研究》2001 年第 3 期。

［67］冯尚春、周振：《论中国特色城镇化道路》，《中共中央党校学报》2011 年第 4 期。

［68］周柏春、娄淑华：《新型城镇化的主体维度分析：来自于政府与农民的考察》，《农业经济问题》2015 年第 4 期。

［69］钟水映、李春香：《乡城人口流动的理论解释：农村人口退出视角——托达罗模型的再修正》，《人口研究》2015 年第 6 期。

［70］何召鹏、卫兴华：《中国特色社会主义经济理论的创新与发展》，《当代中国史研究》2018 年第 5 期。

［71］Yuheng Li, Hans Westlund, "Bottom-Up Initiatives and Revival in the Face of Rural Decline: Case Studies from China and Sweden," *Journal of Rural Studies* 47 (2016): 506 – 513.

［72］Yiu Chen, "Fiscal Decentralization, Rural Industrialization and Undocumented Labour Mobility in Rural China, 1982 – 87," *Regional Studies* 50 (2016): 1469 – 1482.

［73］Xianlei Ma, Nico Heerink, Ekko Ierland, "Land Tenure Insecurity and Rural-Urban Migration in Rural China," *Papers in Regional Science* 95 (2016): 383 – 406.

［74］Ryoshin Minami, Xinxin Ma, "The Lewis Turning Point of Chinese Economy: Comparison with Japanese Experience," *China Economic Journal* 3 (2010): 163 – 179.

［75］John Knight, Deng Quheng, Li Shi, "The Puzzle of Migrant Labour Shortage and Rural Labour Surplus in China," *China Economic Review* 22 (2011): 585 – 600.

［76］Jane Golley and Xin Meng, "Has China Run Out of Surplus Labour?" *China Economic Review* 22 (2011): 555 – 572.

［77］Nazrul Islam, Kazuhiko Yokota, "Lewis Growth Model and China's Industrialization," *Asian Economic Journal* 22 (2008): 359 – 396.

[78] P. Harvey, "Marx's Theory of the Value of Labor Power: An Assessment," *Social Research* 21 (1983): 305 – 344.

[79] Jenny Chan, Mark Selden, "China's Rural Migrant Workers, the State and Labor Politics," *Critical Asian Studies* 17 (2014): 599 – 620.

[80] Dennis Tao Yang, Fang Cai, *The Political Economy of China's Rural-Urban Divide* (Stanford: Stanford University Press, 2003) .

[81] Biplove Choudhary, "Role of Foreign Direct Investment in the Chinese Economy with Special Reference to the Overseas Chinese: Its Implication for India," *China Report* 37 (2001): 463 – 474.

[82] Christiane Gebhardt, "Upgrading the Chinese Economy by Overhauling Special Economic Zones: Innovation Model Shopping or the Emergence of a Chinese Innovation Model?" *Industry and Higher Education* 27 (2013): 297 – 312.

[83] Philip C. C. Huang, "How Has the Chinese Economy Developed So Rapidly? The Concurrence of Five Paradoxical Coincidences," *Modern China* 41 (2015): 239 – 277.

后　记

　　《迁徙与回流：城镇化进程中的农民工》一书，是在我的博士后出站报告《中国特色新型城镇化进程中的农民工问题研究》的基础上修改完成的。书中对出站报告进行了大量的修改，包括框架的重新调整、资料的补充与完善、理论内容的深入挖掘等，同时在出版社的建议下，将书名确定为目前呈现在大家面前的名称。在博士后期间及成书过程中，需要感谢的人太多，在此甘于落入俗套，用文字将感谢的话语表达出来。

　　博士毕业、工作，又回到校园开启博士后阶段的学习，再到彻底告别学生生涯从事新的工作，过程虽然有些崎岖，尤其是当时顶着巨大的压力以及被迫与无奈进入清华大学理论经济学的博士后流动站，但也正是人生的这段旅途让我收获颇丰。

　　首先，要感谢王生升老师。在清华大学社会科学学院工作与学习期间，王老师把我收在门下，让我在工作受挫后能够看见希望。他深厚的学术理论功底和逻辑清晰的课堂讲授，把我领进了政治经济学这个学科的大门，并使我坚定了对马克思主义政治经济学的信仰。他在讨论中一次一次耐心的分析讲解，为我确立了未来的研究方向，让我可以专心致力于研究政治经济学理论中当代中国农村劳动力的现实问题。从此，我的学术研究有了着力点，不再迷失于诸多的研究方向和研究点之间。令我感动的是，工作后，王老师仍在不断地督促着我学习和上进，并在学术道路上指导我，经常提醒我：虽然教学任务繁重，但不要忘记自己的学术研究。

　　在博士后期间和工作后的两年时间里，无论是在生活中还是在学术上我都有太多的困惑与不适应，而和我一起面对问题，帮助我收获学术成果，为我找到工作而真心高兴的，除了王老师外，还有亦师亦友的清华大学的蔡万焕副教授和北京师范大学的穆阿妮副教授。能够认识你们是我的幸运；能够成为我的良师益友亦是我的幸运。

感谢蔡万焕老师，每当遇到问题想不明白时，到你的办公室找你唠唠之后我就会豁然开朗，似乎所有的问题你都可以解决。我在写文章思路不顺时，在生活中迷茫时，你都能信手拈来给出决定性意见，对于急性子的我来说这着实厉害。

感谢穆阿妮老师，穆老师对我的帮助很多。无论是在发表学术论文上还是在本书的写作上，从初稿，到修改稿，再到成稿，每一稿都凝聚着穆老师的智慧和付出。本书能够付梓，穆老师在框架的搭建、内容的撰写等方面都给出了许多有建设性的意见和建议。

除此之外，要感谢的人还有很多。感谢清华大学社会科学学院的每位老师，感谢社会科学学院经济学研究所的每位老师，感谢李帮喜副教授。感谢我的师弟师妹们，感谢杨青梅师妹，我们有幸师从同一位导师，在师门里其乐融融，一起探讨学术问题、学习、进步与成长，这些经历都已成为我人生中一笔宝贵的财富。更要感谢首都师范大学马克思主义学院的领导与老师们，是你们的帮助、鼓励和肯定让我有信心坚持并完成了本书的写作。

同时，感谢社会科学文献出版社的田康编辑，他认真的校阅和专业的意见及建议，保障了本书的顺利出版。

最后，感谢我的父亲和母亲，感谢你们一直以来对儿子的理解，你们从来没有给过我压力，唯一的要求就是我健康快乐。看着你们头上渐渐增多的白发，儿子心中有万语千言，却不知如何说出。希望你们健健康康、快快乐乐。

此外，需要指出的是，由于本人能力有限，书中浅薄和粗陋之处在所难免，恳请各位学界方家和广大读者批评指正。

图书在版编目（CIP）数据

迁徙与回流：城镇化进程中的农民工／周振著. ––
北京：社会科学文献出版社，2020.6
ISBN 978 - 7 - 5201 - 6726 - 0

Ⅰ.①迁…　Ⅱ.①周…　Ⅲ.①民工 - 研究 - 中国
Ⅳ.①D669.2

中国版本图书馆 CIP 数据核字（2020）第 091971 号

迁徙与回流：城镇化进程中的农民工

著　　者／周　振

出 版 人／谢寿光
组稿编辑／陈凤玲
责任编辑／田　康

出　　版／社会科学文献出版社·经济与管理分社（010）59367226
　　　　　地址：北京市北三环中路甲29号院华龙大厦　邮编：100029
　　　　　网址：www. ssap. com. cn
发　　行／市场营销中心（010）59367081　59367083
印　　装／三河市龙林印务有限公司

规　　格／开　本：787mm × 1092mm　1/16
　　　　　印　张：15　字　数：231千字
版　　次／2020 年 6 月第 1 版　2020 年 6 月第 1 次印刷
书　　号／ISBN 978 - 7 - 5201 - 6726 - 0
定　　价／98.00 元

本书如有印装质量问题，请与读者服务中心（010 - 59367028）联系